BWL Bachelor Basics

Herausgegeben von Horst Peters

Simone Fischer

Erfolgreiches wissenschaftliches Schreiben

1. Auflage

Verlag W. Kohlhammer

1. Auflage 2015

Alle Rechte vorbehalten
© W. Kohlhammer GmbH, Stuttgart
Gesamtherstellung: W. Kohlhammer GmbH, Stuttgart

Print:
ISBN 978-3-17-022523-7

E-Book-Formate:
epub: ISBN 978-3-17-026769-5
mobi: ISBN 978-3-17-026770-1

Geleitwort des Reihenherausgebers

Das vorliegende Lehrbuch Erfolgreiches wissenschaftliches Arbeiten ist Teil der Lehrbuchreihe BWL Bachelor Basics. Dieses Buch sowie alle anderen Werke der Reihe folgen einem Konzept, das auf die Leserschaft – nämlich Studierende der Wirtschaftswissenschaften – passgenau zugeschnitten ist.

Ziel der Lehrbuchreihe BWL Bachelor Basics ist es, die zu erwerbenden Kompetenzen in einem wirtschaftswissenschaftlichen Bachelor-Studiengang **wissenschaftlich anspruchsvoll**, jedoch zugleich **anwendungsorientiert** und **kompakt** abzubilden. Dies bedeutet:

- Ein hoher wissenschaftlicher Anspruch geht einher mit einem gehoben Qualitätsanspruch an die Werke. Präzise Begriffsbildungen, klare Definitionen, Orientierung an dem aktuellen Stand der Wissenschaft seien hier nur beispielhaft erwähnt. Die Autoren sind ausgewiesene Wissenschaftler und Experten auf ihrem Gebiet. Die Reihe will sich damit bewusst abgrenzen von einschlägigen „Praktikerhandbüchern" zweifelhafter Qualität, die dem Leser vorgaukeln, Betriebswirtschaftslehre könnte man durch Abarbeiten von Checklisten erlernen.
- Zu einer guten Theorie gehört auch die Anwendung der wissenschaftlichen Erkenntnisse, denn Wissenschaft sollte kein intellektueller Selbstzweck sein. Deshalb steht stets auch die Anwendungsorientierung im Fokus. Schließlich verfolgt der Studierende das Ziel, einen berufsqualifizierenden Abschluss zu erwerben. Die Bücher haben diese Maxime im Blick, weshalb jedes Buch neben dem Lehrtext u. a. auch Praxisbeispiele, Übungsaufgaben mit Lösungen sowie weiterführende Literaturhinweise enthält.
- Zugleich tragen die Werke dem Wunsch des Studierenden Rechnung, die Lehr- und Lerninhalte kompakt darzustellen, Wichtiges zu betonen, weniger Wichtiges wegzulassen und sich dabei auch einer verständlichen Sprache zu bedienen. Der Seitenumfang und das Lesepensum werden dadurch überschaubar. So eignen sich die Bücher der Lehrbuchreihe Bachelor Basics auch hervorragend zum Selbststudium und werden ein wertvoller Begleiter der Lehrmodule sein.

Die Reihe umfasst die curricularen Inhalte eines wirtschaftswissenschaftlichen Bachelor-Studiums. Sie enthält zum einen die traditionellen volks- und betriebswirtschaftlichen Kernfächer, darüber hinausgehend jedoch auch Bücher aus angrenzenden Fächern sowie zu überfachlichen Kompetenzen. Um auf neue Themen und Entwicklungen reagieren zu können, wurde die Edition bewusst als offene Reihe konzipiert und die Zahl möglicher Bände nicht nach oben begrenzt.

Die Lehrbuchreihe Bachelor Basics richtet sich im Wesentlichen an Studierende der Wirtschaftswissenschaften an Hochschulen für angewandte Wissenschaften, an dualen Hochschulen, Verwaltungs- und Wirtschaftsakademien und anderen Einrichtungen, die den Anspruch haben, Wirtschaftswissenschaften anwendungsorientiert und zugleich wissenschaftlich anspruchsvoll zu vermitteln. Angesprochen werden aber auch Fach-und Führungskräfte, die im Sinne der beruflichen und wissenschaftlichen Weiterbildung ihr Wissen erweitern oder auffrischen wollen. Als Herausgeber der Lehrbuchreihe möchte ich mich bei allen Autorinnen und Autoren bedanken, die sich für diese Reihe engagieren und einen Beitrag hierzu geleistet haben.

Ich würde mich sehr freuen, wenn das ambitionierte Vorhaben, wissenschaftliche Qualität mit Anwendungsorientierung und einer kompakten, lesefreundlichen und didaktisch an die Bachelor-Studierenschaft abgestimmten Gestaltung zu kombinieren, dem Leser bei der Bewältigung des Bachelor-Lernstoffes hilfreich sein wird und es die Anerkennung und Beachtung erhält, die es meines Erachtens verdient.

Horst Peters

Autorenvorwort

Die Zeit drängt, die Vorbereitungen für die Abschlussarbeit rücken näher und eigentlich hapert es noch an allem – die Struktur fehlt irgendwie und die Motivation weicht der klammheimlich aufkommenden Panik... Hinzu kommen Plagiatsvorwürfe und Plagiatsbestätigungen in einigen wirtschafts- und politikwissenschaftlichen Arbeiten ranghoher Persönlichkeiten, die medial für Aufsehen sorgten und bei vielen Verfassern einer akademischen Arbeit zunehmende Unsicherheit im Umgang mit Zitaten hervorrufen. Dieses Szenario ist den meisten Studierenden bekannt. Doch ist es – um die **gute Nachricht** gleich vorwegzunehmen – unbegründet. Um eine solche Albtraumvorstellung gar nicht erst entstehen zu lassen, soll Sie das vorliegende Buch konstruktiv unterstützen. Es ist auf eine frühzeitige, umfassende Planung angelegt, die dafür Sorge trägt, dass erst gar kein mulmiges Gefühl aufkommen muss.

Vor diesem Hintergrund richtet es sich vor allem an Bachelor-Studierende der Wirtschaftswissenschaften an Universitäten, Fachhochschulen sowie weiterer Bildungseinrichtungen mit wissenschaftlichem Anspruch. Es ist Leitlinie und hilfreicher Unterstützer zugleich: Zum einem vermittelt es die inhaltlichen und formalen Anforderungen an eine wissenschaftliche Arbeit. Zum anderen erklärt es, warum Prüfungsordnungen für Bachelorarbeiten und Zitierregeln nicht nur wichtig und notwendig sind, sondern – vielmehr noch – eine wertvolle Stütze sein können.

Ziel ist es, jeden Studierenden mit Berührungsängsten vor dem Anfertigen wissenschaftlicher Arbeiten vor und während seiner Bachelorarbeit zu begleiten. Das heißt: mit Beginn der Vorbereitung bis zur Endkontrolle. Daher ist der Aufbau an die Schritte einer Bachelorarbeit angelehnt. Gleichzeitig sind die einzelnen Kapitel und Unterkapitel inhaltlich weitgehend abgeschlossen, so dass auch Studierende, die ihre Kenntnisse in einzelnen Aspekten des wissenschaftlichen Arbeitens vertiefen oder wiederholen möchten, Anregungen und Hilfestellungen finden werden. In diesem Sinne kann das Buch auch als Nachschlagewerk und Begleiter während des Studiums, etwa bei der Anfertigung von Seminar- oder Masterarbeiten, genutzt werden.

Von der Themenfindung und -eingrenzung, dem Aufbau der Thesis über den individuellen Zeitplan, Literaturrecherche, effizientes Lesen und Materialauswertung bis hin zum richtigen Zitieren lernen Sie den sicheren Umgang mit den wissenschaftlichen Handwerkszeugen. Ebenfalls berücksichtigt und einbezogen sind die Entwicklung und die sinnvolle Nutzung der elektronischen Medien. Sachlich und strukturiert –

und wo es sein darf, auch direkt auf häufige Hemmschwellen, Unsicherheiten oder Fehlerquellen motivierend eingehend – wird jeder Studierende sicher und konkret an das wissenschaftliche Arbeiten und Schreiben herangeführt. Zahlreiche Praxisbeispiele sowie aussagekräftige und übersichtliche Darstellungen erleichtern jedem die Übergänge der einzelnen Arbeitsschritte, die anschaulich beschrieben und anwendungsbezogen erläutert werden. Auf die Verwendung beider Geschlechtsformen wird dabei der Einfachheit halber und mit Blick auf die bessere Lesbarkeit des Textes verzichtet.

Der Stoff basiert auf den gültigen formalen Standards, die das Grundgerüst jeder wissenschaftlichen Arbeit bilden, sowie auf meinen jahrelangen Seminarerfahrungen als Lehrbeauftragte an der Fachhochschule Düsseldorf und der Europäischen Medien- und Business-Akademie (EMBA). Besonderen Wert habe ich daher auf praxisrelevante Beispiele aus den Wirtschaftswissenschaften gelegt.

Das Buch ist lösungsorientiert aufgebaut und gleichermaßen ideal zum Selbststudium sowie für den Lehrbetrieb geeignet. Es zeigt, dass inhaltliche und formale Vorgaben keine mühsamen Pflichterfüllungen sind. Stattdessen weckt es Neugierde und die Lust, endlich zu beginnen! Also, worauf warten Sie noch? Legen Sie los! Achten bei der Lektüre immer auf folgende Symbole:

☺ Wichtige Tipps und Empfehlungen für die erfolgreiche Arbeit
(!) Achtung – häufige und vermeidbare Fehlerquellen

Auf die Verwendung beider Geschlechtsformen habe ich der Einfachheit halber und mit Blick auf die bessere Lesbarkeit des Textes verzichtet.

Sollten sich in dem Manuskript Fehler oder Dinge, die Sie sich noch genauer oder anders gewünscht hätten, entdeckt haben, freue ich mich sehr über Ihre Hinweise, Anregungen und Verbesserungsvorschläge an simone.fischer@fh-duesseldorf.de. Zugleich möchte ich mich schon an dieser Stelle dafür bei Ihnen bedanken.

Ich wünsche Ihnen viel Freude und gutes Gelingen!

Düsseldorf, im Oktober 2014   Simone Fischer M.A.

Inhaltsverzeichnis

Abbildungs- und Tabellenverzeichnis 12

I	**Die effiziente Vorbereitung**	**15**
1.1	Die Bachelorarbeit	15
1.2	Zeitmanagement	16
1.3	Themenfindung	20
1.3.1	Themen sammeln	21
1.3.2	Persönliche Interessen und konkreter Nutzen – die perfekte Symbiose	22
1.4	Themeneingrenzung	25
1.4.1	Zentrale Frage und Definition	26
1.4.2	Mögliche Vorgehensweisen	28
1.5	Das Fundament – die Grobgliederung	30
1.6	Gliederung	32
1.7	Die Funktion des Betreuers	39
1.7.1	Vorbereitung des Betreuergespräches	40
1.7.2	Die Kommunikationsmöglichkeiten	42
1.8	Zusammenfassende Tipps	44
2	**Literaturrecherche und Materialauswertung**	**45**
2.1	Fachliteratur erschließen	45
2.1.1	Die wichtigsten Literaturquellen	46
2.1.2	Ausgangspunkte für die Literatursuche	53
2.2	Möglichkeiten der Literaturrecherche	56
2.2.1	Klassische Vorgehensweise	56
2.2.2	Elektronische Datenbanken	60
2.2.3	Literaturrecherche im Internet mit Metasuchmaschinen	61
2.3	Literatur außerhalb des eigenen Standortes beschaffen	63
2.4	Materialauswertung	65
2.5	Literatur richtig organisieren	67
2.5.1	Möglichkeiten der Literaturverwaltung	68
2.5.2	Gelesenes wiederfinden – strukturierte Bearbeitung	70
2.6	Schneller lesen – mehr behalten: Lesetechniken	71
2.6.1	Diagonales oder kursorisches Lesen	72
2.6.2	Rationelles Lesen	72
2.6.3	Gelesenes nachhaltig behalten – die SQ3R-Methode	73
2.6.4	Intensives Lesen – detaillierte Auswertung	75
2.7	Eigene Erhebungen	76
2.8	Zusammenfassende Tipps	80

3	**Von der Einleitung bis zum Schluss – der formale Aufbau einer wissenschaftlichen Arbeit**	81
3.1	Zuwendung zum Leser – Die wichtigsten Hinweise im Überblick	81
3.2	Die Form	84
3.3	Titelblatt	89
3.4	Das Inhaltsverzeichnis	90
3.4.1	Optische Proportionen	90
3.4.2	Sachliche Proportionen	92
3.4.3	Seitenzahlen	95
3.5	Weitere Verzeichnisse	96
3.5.1	Abkürzungsverzeichnis	97
3.5.2	Abbildungen und Abbildungsverzeichnis	101
3.5.3	Tabellenverzeichnis	105
3.5.4	Anhang und Anhangsverzeichnis	107
3.6	Die Textstruktur	109
3.6.1	Einleitung	109
3.6.2	Hauptteil	111
3.6.2.1	Unternehmensprofil	114
3.6.2.2	Sperrvermerk	116
3.6.3	Zwischenfazit	116
3.6.4	Schluss	117
3.7	Literaturverzeichnis	117
3.8	Eidesstattliche Erklärung	120
3.9	Zusammenfassende Tipps	121
4	**Richtig zitieren**	123
4.1	Warum richtiges Zitieren so wichtig ist	123
4.2	Richtlinien des Zitierens	124
4.2.1	Zitieren nach dem Harvard-System	125
4.2.2	Zitieren nach der traditionellen Methode	127
4.3	Zitierregeln sicher anwenden	127
4.4	Fußnoten	130
4.5	Direkte Zitate	135
4.5.1	Varianten des wörtlichen Zitierens	136
4.5.2	Zitate aus Sekundärliteratur	138
4.6	Indirekte Zitate	139
4.7	Zitat oder Plagiat? – Richtig paraphrasieren	139
4.8	Zitate aus dem Internet	142
4.9	Grenzen der Zitate	143
4.10	Zusammenfassende Tipps	144

5	**Grundlagen des wissenschaftlichen Schreibens**	145
5.1	Gedankliche Klarheit	145
5.2	Argumentieren	146
5.3	Präzision und Objektivität	149
5.4	Inhaltlich logisch schreiben	157
5.4.1	Konjunktionen und Aufzählungen	159
5.4.2	Nominal- und Verbalstil	161
5.4.3	Aktive und passive Formulierungen	162
5.5	Wer ist hier der Autor – man, wir oder ich?	163
5.6	Kleine Finessen	165
5.6.1	Häufig falsch verstandene oder verwechselte Wörter	165
5.6.2	Political Correctness	168
5.7	Zusammenfassende Tipps	169
6	**Aller Anfang ist nicht (!) schwer – Schreibblockaden überwinden**	171
6.1	Entspannt schreiben und bleiben	171
6.2	Den Einstieg finden	176
6.3	Die eigene Schreibbalance finden	178
6.3.1	Lieber zu Hause oder in der Bibliothek schreiben?	178
6.3.2	Lieber erst auf Papier oder gleich an den PC?	179
6.3.3	Lieber noch mal beim Dozenten nachfragen oder besser nicht?	180
6.4	Die Rechtschreibung hilft ...	181
6.5	Das Komma	182
6.6	Zusammenfassende Tipps	186
7	**Von der Rohfassung zur Endfassung: Die letzte Überarbeitung**	188
7.1	Endspurt	188
7.2	Checkliste	192
8	**Bewertungskriterien für die Beurteilung wissenschaftlicher Arbeiten**	195
8.1	Leitfaden	195
8.1.1	Inhaltliche Kriterien	196
8.1.2	Formale Aspekte	198
8.1.3	Qualität der schriftlichen Ausführung	199
	Literaturverzeichnis	201
	Stichwortverzeichnis	202

Abbildungs- und Tabellenverzeichnis

Abb. 1: Beispiel eines Zeitplans für eine Bachelorarbeit (3 Monate/12 Wochen) 18

Abb. 2: Ideen sammeln und die zentrale Frage formulieren 24

Abb. 3: »Hausbau« – ein Bild für das richtige Vorgehen bei der Themeneingrenzung 25

Abb. 4: Das Thema mit Hilfsfragen umschließen – ein Beispiel ... 29

Abb. 5: Eingrenzung am Beispiel des Themas »Zielgruppenverhalten in Social Media« 30

Abb. 6: Beispiel für eine Gliederungsstruktur durch Mind Mapping zum Thema Mobbing: Eine Betrachtung unter historischen, betriebswirtschaftlichen und gesellschaftlichen Aspekten 33

Abb. 7: Schritt 1 – Gedanken nach Zusammenhängen strukturieren 36

Abb. 8: Schritt 2 – Hauptgliederungspunkte ableiten und Unterkapitel finden 37

Abb. 9: Einstieg und Ausgangspunkt für die Literaturrecherche nach dem Schneeballsystem 55

Abb. 10: Beispiel für eine mögliche Vorgehensweise, um Einblick in das Inhaltsverzeichnis zu nehmen 66

Abb. 11: Funktional und effizient – Literaturverwaltungssysteme.... 70

Abb. 12: Beispiel für eine qualitative Befragung 77

Abb. 13: Formale Anforderungen an das Seitenlayout und den Text . 86

Abb. 14: Beispiel für eine serifenlose Schrift 87

Abb. 15: Geeignete Schrifttypen und -größen 87

Abb. 16: Beispiel für ein akademisches Titelblatt 89

Abb. 17: Gliederungsschema mit numerischer Ordnung nach dem Abstufungs- (oben) und Linienprinzip (unten) 91

Abb. 18: Beispiel für ein Inhaltsverzeichnis zum Thema: »Mobbing: Eine Betrachtung unter historischen, betriebswirtschaftlichen und gesellschaftlichen Aspekten und Ihren Folgen« 93

Abb. 19: Beispiel für den Umgang mit arabischen und römischen Ziffern zur Seitenzählung 96

Abb. 20: Beispiele für Abkürzungen mit Mehrfachbedeutungen 98

Abb. 21: Beispiel für ein Abkürzungsverzeichnis 100

Abb. 22: Beispiel für eine (modifizierte) Abbildung mit Quellennachweis 103

Abb. 23: Beispiel für ein Abbildungsverzeichnis 104
Abb. 24: Beispiel für eine (modifizierte) Tabelle mit
Quellennachweis 106
Abb. 25: Beispiel für ein Tabellenverzeichnis 107
Abb. 26: Beispiel für ein Anhangsverzeichnis 108
Abb. 27: Die Einleitung – Einführung in die Problemstellung 109
Abb. 28: Ein Stück in drei Akten – der Aufbau einer
wissenschaftlichen Arbeit 110
Abb. 29: Muster für den Wortlaut eines Sperrvermerks 116
Abb. 30: Beispiel für ein Literaturverzeichnis 119
Abb. 31: Muster für eine eidesstattliche Erklärung 121
Abb. 32: »Inspirationshilfen zum Paraphrasieren« nach Heimes
(2011, S. 98) 141
Abb. 33: In sechs Schritten zum guten Stil 146
Abb. 34: Im Schreibfluss bleiben – Arbeitstechniken 173
Abb. 35: Satzzeichen bestimmen die Aussage 182
Abb. 36: In drei Schritten zur Endfassung 193

Tab. 1: Von der Problemstellung, Zielsetzung und dem
Nutzen einer wissenschaftlichen Arbeit zur
Grobgliederung – ein Beispiel 31
Tab. 2: Beispiele für Gliederungsmöglichkeiten der Unterbegriffe 34
Tab. 3: Die verschiedenen Literaturtypen und ihre Merkmale 47
Tab. 4: W-Fragen an den Text am Beispiel »Einzelhandel in
stagnierenden Märkten – Erfolg durch Differenzierung« .. 71
Tab. 5: Lösungswege für Verbindungsstörungen zwischen
Autor und Leser 84
Tab. 6: Aufbau und Struktur einer Argumentationskette
zur Begründung eines Sachverhalts 148
Tab. 7: Gespreizte Formulierungen und ihre besseren
Alternativen 152
Tab. 8: Beispiele für politisch inkorrekte Begriffe und ihre
politisch korrekten Entsprechungen 169
Tab. 9: Die wichtigsten Kommaregeln im Überblick 183
Tab. 10: Die Konjunktionen 185
Tab. 11: Die Subjunktionen von A – Z 185
Tab. 12: Checkliste für die letzte Überarbeitung 193

1   Die effiziente Vorbereitung

Der Beginn ist der wichtigste Teil der Arbeit.
Platon (427 – 347 v. Chr.)

Im Mittelpunkt des Kapitels steht die Vorbereitung der akademischen Abschlussarbeit. Am Ende sollte jeder Studierende in der Lage sein,

- sein persönliches Zeitmanagement in Hinblick auf die bevorstehende Bachelorarbeit strukturieren zu können,
- sein Thema zu finden,
- die zentrale Frage und Ausgansposition zu formulieren,
- das Thema inhaltlich einzugrenzen,
- eine Gliederung zu erstellen,
- einen geeigneten Betreuer zu wählen,
- das Betreuungsgespräch vorzubereiten.

1.1   Die Bachelorarbeit

»Die Bachelorprüfung bildet den ersten berufsqualifizierenden Abschluss des Studiums (...). Durch die Bachelorprüfung soll festgestellt werden, ob die Kandidatinnen und Kandidaten die für eine eigenständige Tätigkeit im Beruf oder einen weiterführenden Studiengang notwendigen grundlegenden Fachkenntnisse und Methoden erworben haben, die Fähigkeit besitzen, diese anzuwenden und Fragestellungen in die fachlichen Zusammenhänge einordnen und selbstständig bearbeiten können.«[1]

So lautet zum Beispiel die Vorschrift aus der Prüfungsordnung der Fachhochschule Düsseldorf. In der Regel sind die Prüfungsordnungen an allen deutschen Hochschulen in Hinblick auf die Definition und Anforderungen an eine Bachelorarbeit ähnlich aufgebaut. Dennoch sei an dieser Stelle jedem Studierenden empfohlen, sich an seinem Dekanat nach der für seinen Studiengang entsprechenden Prüfungsordnung zu erkundigen.

Doch was bedeutet das konkret? Mit der Bachelorarbeit zeigen Sie, dass Sie in der Lage sind, innerhalb einer vorgegebenen Frist von drei Monaten ein Ihnen gestelltes Problem selbstständig mit wissenschaftlichen Methoden zu bearbeiten. Verständlich wird die zeitliche Vorgabe vor

---

1   § 2 der Rahmenprüfungsordnung für Bachelor-Studiengänge im Fachbereich Wirtschaft an der Fachhochschule Düsseldorf vom 16.09.2011.

dem Hintergrund, dass Sie auch im späteren Berufsleben an Termine und Deadlines gebunden sind und die dafür zur Verfügung stehende Zeit begrenzt ist.

Daneben erfordert die Bachelorarbeit eine weitere Begrenzung – nämlich die Seitenzahl. Als Faustregel gilt 40 bis 60 Seiten. Das kann jedoch nach Art der Abschlussarbeit und der Hochschule variieren. Auch hier sollten Sie bei Ihrem Prüfungsamt und betreuenden Dozenten nachfragen. Das Einhalten der Seiten- oder Zeichenzahl ist ein Muss. Damit stellen Sie unter Beweis, dass Sie nicht nur zeitlich, sondern auch inhaltlich systematisch und konsequent arbeiten können. Diese Form des Arbeitens erleichtert Ihnen nicht nur künftig die Herangehensweise an Projektaufgaben oder Problemstellungen. Sie hilft Ihnen schon bei der Eingrenzung Ihres Themas, denn das Wesentliche soll im Zentrum Ihrer wissenschaftlichen Auseinandersetzung stehen.

Die Bachelorarbeit bildet einen (ersten) Abschluss Ihrer wissenschaftlichen Ausbildung. Damit zeigen Sie, dass Sie die Methodik und Technik des wissenschaftlichen Arbeitens beherrschen.

Eine wissenschaftliche Arbeit basiert auf fünf wesentlichen Eigenschaften: Sie muss

- nachvollziehbar,
- objektiv,
- präzise,
- übersichtlich,
- überprüfbar sein.

Eine Arbeit, für die es sich lohnt, mit Freude zu beginnen. Fangen wir also gleich an!

1.2 Zeitmanagement

»Die Party gestern Abend war klasse und endete früh, die Vorlesungen waren heute womöglich noch ermüdend, der Chef im Nebenjob nervt – und jetzt auch noch wieder an der Abschlussarbeit feilen?« – Die Antwort kann hier nur lauten: **Na, und ob, jetzt erst recht!** Verschieben gilt nicht! Das führt am Ende zu Tor-Schluss-Attacken, die bislang noch niemanden genutzt haben. Mögen die Monate und Wochen bis zum Abgabetermin zunächst noch sehr entspannt als »noch lange hin« empfunden werden, so zeigt die Realität, dass der vorhandene Zeitrahmen wie im Flug vergeht. Und

Murphy's Law scheint sich gerade in Zeiten höchsten Termindruckes durch unvorhergesehene Zwischenfälle wie Computerabstürze, Druckerprobleme und vieles andere mehr besonders häufig zu bestätigen. Richtiges Zeitmanagement ist hier unumgänglich. Machen Sie sich vorab einen Zeitplan.

Fortschritte kontrollieren

Ein persönlicher Zeitplan ist wichtig, um sich Ziele zu stecken und die angestrebten Ergebnisse fristgerecht zu erreichen. Doch die beste Planung nützt nichts, wenn er nicht mit der Realität übereinstimmt. Daher empfiehlt es sich, täglich oder auch in einem festen Rhythmus von zwei bis drei Tagen, einmal bewusst innezuhalten, um die Fortschritte mit dem Zeitplan abzugleichen. So können frühzeitig Verzögerungen erkannt und behoben werden.

Überlegen Sie, woran es liegen könnte, wenn die Ergebnisse Ihrem zeitlich gesetzten Rahmen nicht entsprechen. Ist es möglicherweise die Folge davon, sich nicht ausreichend mit der Arbeit beschäftigt zu haben? Oder hakt es womöglich an einer Stelle und man fühlt sich wie in einer Sackgasse? Auf diese Erscheinungsformen wird anhand zahlreicher Beispiele, Anregungen und Lösungsmöglichkeiten ausführlich in Kapitel 6 eingegangen. Sollten Sie darüber hinaus keine Lösung für das Problem finden, lohnt es sich, ein baldmögliches Gespräch mit dem Betreuer zu vereinbaren, so dass Ihnen nicht unnötig Zeit verloren geht.

Abbildung 1 soll einen ersten Eindruck vermitteln, wie viel Zeit man für die vier wichtigsten Arbeitsschritte – Planung, Recherche, Rohfassung, Endfassung – durchschnittlich benötigt. Darauf basierend können Sie sich im weiteren Arbeitsprozess Ihren individuellen Plan erstellen.

Die wichtigsten Aktivitäten im Überblick:

1   Planung und Recherche

Die ersten vier Wochen dienen der Themenfindung, Ihrem Literaturstudium und der Gliederung. Empfehlenswert ist es in dieser Phase, bereits die Inhalte wichtiger Quellen zusammenzufassen und als Bausteine für die Bachelorarbeit zu sammeln. Somit sparen Sie sich Zeit, einen großen Teil der Literatur mehrfach lesen zu müssen und zugleich haben Sie schon Material für einige Seiten fertig.

Nach zwei Wochen sollten Sie eine Gliederung erstellt haben und diese mit dem Betreuer besprechen.

* An einigen Hochschulen ist ein Exposé im Vorfeld der Bachelorarbeit obligatorisch.
** Planen Sie sich Zeit für Unvorhergesehenes sowie ausreichend Zeit für Gespräche mit Ihrem Betreuer ein!

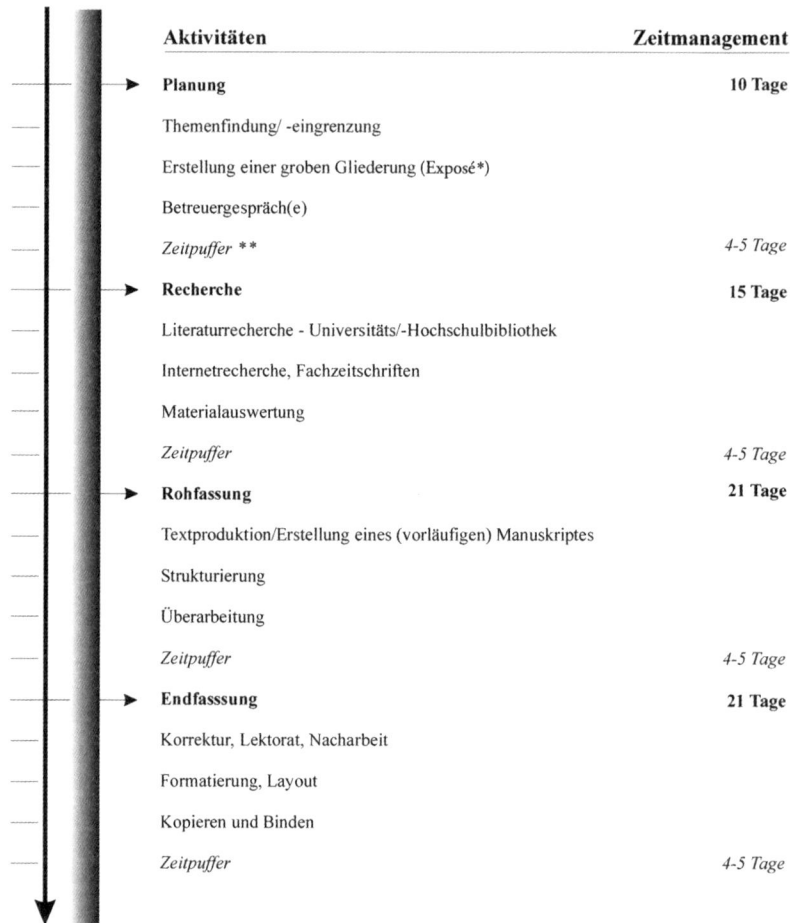

Aktivitäten	Zeitmanagement
Planung	**10 Tage**
Themenfindung/ -eingrenzung	
Erstellung einer groben Gliederung (Exposé*)	
Betreuergespräch(e)	
Zeitpuffer **	*4-5 Tage*
Recherche	**15 Tage**
Literaturrecherche - Universitäts/-Hochschulbibliothek	
Internetrecherche, Fachzeitschriften	
Materialauswertung	
Zeitpuffer	*4-5 Tage*
Rohfassung	**21 Tage**
Textproduktion/Erstellung eines (vorläufigen) Manuskriptes	
Strukturierung	
Überarbeitung	
Zeitpuffer	*4-5 Tage*
Endfassssung	**21 Tage**
Korrektur, Lektorat, Nacharbeit	
Formatierung, Layout	
Kopieren und Binden	
Zeitpuffer	*4-5 Tage*

Abb. 1: Beispiel eines Zeitplans für eine Bachelorarbeit (3 Monate/12 Wochen)

☺ Hierzu empfiehlt sich, sofern es an Ihrer Hochschule nicht obligatorisch ist, ein **Exposé** anzufertigen.

Mit einem Exposé verschaffen Sie sich gleich zwei Vorteile: Erstens erhält der Betreuer einen schnellen inhaltlichen Überblick über Ihre Motivation und Zielsetzung sowie über Ihre methodische Vorgehensweise und Erwartung. Zweitens lässt sich mit einem Exposé die Bearbeitungszeit Ihrer

Bachelorarbeit optimal nutzen, denn damit beginnen Sie bereits im Vorfeld mit der schrittweisen Planung des inhaltlichen Aufbaus.

Ein Exposé gliedert sich in drei Teile:

1. Vorstellung des Projektes (Ausgangslage und Zielsetzung, Forschungsstand, Methoden und Vorgehen, erwartete Ergebnisse, Zielgruppe, persönliche Motivation)
2. Gliederung
3. Literatur- und Quellenangaben, die es zu Ihrem Thema gibt.

Das Exposé sollte dabei nicht mehr als zwei bis drei Seiten umfassen, um Ihnen zunächst einmal eine Grundstruktur zu schaffen und Ihrem Betreuer einen guten ersten Überblick über die wichtigsten inhaltlichen Grundlagen zu ermöglichen. Wenn das Exposé und die erste Gliederung noch nicht optimal sind, lassen Sie sich nicht entmutigen. Das ist in den meisten Fällen ganz normal und gehört zum Arbeits- und auch Schreibprozess. Sie werden sehen, sobald Sie erst einmal in die Textproduktion eingestiegen sind, werden Sie bis hin zur Endphase immer wieder auch einige Teile Ihrer Gliederung überarbeiten und ändern. Sie werden merken, je stärker Sie in Ihr Thema eintauchen und reflektieren, umso mehr gilt es, die eigenen Ergebnisse immer wieder kritisch zu hinterfragen, die Schwerpunkte anders zu positionieren und auch die nicht zur eigentlichen Thematik gehörenden Sachverhalte und Meinungen auszublenden oder zu streichen. Die Abgrenzung von Unwichtigem ist ein Prozess, der Sie über die Dauer der gesamten wissenschaftlichen Abhandlung begleitet. Nach den ersten vier Wochen ist es ratsam, sich noch einmal mit Ihrem Betreuer zusammenzusetzen, um gegebenenfalls noch einmal konstruktive Kritik eines Wissenschaftlers aufzunehmen. Als sinnvoll hat es sich darüber hinaus erwiesen, erste Textbausteine der Bachelorarbeit auch Kommilitonen zur Korrektur zu geben. Ein thematischer Austausch mit dem Betreuer und Gleichgesinnten motiviert nicht nur, sondern eröffnet oft auch neue Perspektiven, die Ihnen den Abgrenzungsprozess und damit den Weg zu Ihrem konkreten Untersuchungsgegenstand erleichtern.

2 Rohfassung

Im Mittelpunkt des zweiten Monats steht die inhaltliche Ausgestaltung Ihrer Studie. Mit Ihren erworbenen Kenntnissen aus dem Literaturstudium fällt nun der Aufbau der Studie wesentlich leichter. Sie haben allen

Grund, mit Freude loszulegen. Denn nun haben Sie schon einen genaueren Einblick, was Sie genau erheben sollten und können optimal vorbereitet in die Textproduktion Ihres vorläufigen Manuskriptes einsteigen. Sollten Sie eine empirische Abschlussarbeit schreiben, ist es sinnvoll, Mitte bis Ende des zweiten Monats die Studie vorbereitet und Probanden für die Erhebung gefunden zu haben. Ferner ist es wichtig, die Zeit zur Überarbeitung, zum weiteren Verfeinern Ihrer Ausführungen und zum Einarbeiten in die Auswertungstechniken zu nutzen.

3 Endfassung

Jetzt heißt es Endspurt! Keine Angst, wenn Sie sich genügend Zeitpuffer eingeplant haben, kann nichts schiefgehen. Nun folgen die abschließenden Überarbeitungen, die formellen Anforderungen und das Seitenlayout sowie das Lektorat. Besonders letzterer Aspekt sollte (auch zeitlich!) nicht unterschätzt werden. Es ist ratsam, Freunden oder im besten Fall Kommilitonen Ihr Abschlusswerk noch einmal zum Lesen in Hinblick auf Rechtschreibung und Orthografie sowie auf die formalen Aspekte zu geben. Besonders dann, wenn man über eine längere Zeit an einem Thema gearbeitet hat und den eigenen Text sehr gut kennt, wird man blind für die eigenen Fehler, die sich weit über die Rechtschreibprüfung hinaus einschleichen können. Vier, sechs oder mehr Augen sehen mehr!

Sollte dies in Ihrem Umfeld nicht möglich sein, empfiehlt es sich, Ihre Arbeit an ein professionelles, auf wissenschaftliches Schreiben spezialisiertes Lektorat zu geben. Immer wieder finden sich gerade an den Hochschulen Aushänge von meist erfahrenen Proof-Readern, die mit den wissenschaftlichen Vorgaben vertraut sind und für mehr oder weniger Geld pro Seite Ihre Bachelorarbeit Korrektur lesen. Nach dieser letzten Überprüfung haben Sie Ende der dritten oder Anfang der vierten Woche nun genügend Reserve zum Druck und zur Bindung Ihrer Bachelorarbeit.

1.3 Themenfindung

☺ Es gibt Professoren, die an ihre Studierenden bereits Themen für die Abschlussarbeit vergeben (▶ Kap. 1.3.2). Es erleichtert jedoch nicht nur Ihnen und Ihrem »Prof.« die Arbeit, sondern ist vielmehr in Ihrem eigenen Interesse, wenn Sie bereits mit konkreten Themenideen an Ihren künftigen Betreuer herantreten. Denn ohne eigene Ideen, durch die man seine persönlichen Interessen und Schwerpunkte wissenschaftlich vertiefen kann, muss man gegebenenfalls auch mit einem Thema vorliebnehmen, das einem eigentlich gar nicht so liegt.

Im Vorfeld der Bachelorarbeit ist die intensive Befassung mit der Themenfindung gut investierte Zeit. Bevor Sie beginnen, sollten Sie in jedem Fall einen Blick in die Prüfungsordnung werfen, um sicherzugehen, ob es Vorschriften gibt, die Sie bereits bei der Themenwahl einschränken. Zentraler Ausgangpunkt Ihrer Arbeit sollte eine Frage sein, es können zunächst aber auch mehrere sein. Je präziser Sie ihre Fragestellung in Hinblick auf Ihre Untersuchungsinteressen formulieren, umso tiefer können Sie in Ihr Thema eindringen. Denn Ziel einer Bachelorarbeit ist es, in erster Linie in die Tiefe und nicht in die Breite zu gehen.

☺ Denken Sie dabei an die **vorgegebene Seitenzahl**. Wenn Sie erst einmal in den Genuss des wissenschaftlichen Arbeitens und Schreibens gekommen sind, können Sie schließlich später immer noch Ihre Masterarbeit und Dissertation schreiben.

1.3.1　Themen sammeln

Im Idealfall haben Sie bereits während Ihres Studiums damit begonnen, sich in Seminaren oder Vorlesungen Themen zu notieren, die Sie besonders interessant finden und die Sie in Seminaren angesprochen haben. Denken Sie dabei auch an Hausarbeiten oder Referate, die Sie im Laufe Ihrer Studienzeit erarbeitet haben und fragen Sie sich, welche Vorkenntnisse Sie innerhalb eines Themengebietes haben und ob Sie diese für die Bachelorarbeit nutzen können. Möglicherweise haben Sie ja schon einmal über ein für Sie besonders spannendes Thema ein Referat gehalten oder eine Hausarbeit geschrieben und verbinden damit noch viele Fragen, die Sie ergründen möchten. Das haben Sie nicht? Dann versuchen Sie, sich an den Seminaren zu orientieren, die Ihnen besonders viel Spaß gemacht haben.

Ideen können aber auch in Anlehnung an Ihr Studium und Ihre Interessen aus ganz unterschiedlichen Kontexten entstehen – zum Beispiel auf Basis eines interessanten Artikels in einer Tageszeitung oder anderen (Fach-)Zeitschriften, eines Fernseh- oder Radiobeitrages oder Diskussionen mit Kommilitonen, Lehrenden, Freunden oder der Familie, durch Exkursionen oder durch aktuelle Ereignisse wie Vorträge oder Veranstaltungen. Vielleicht haben Sie während oder vor Ihrem Studium als Praktikant, Werkstudent, Aushilfe etc. auch Praxiserfahrung sammeln können. Oft ergeben sich auch hier Fragestellungen und Ideen, aus denen sich eine Bachelorarbeit entwickeln lässt. Gerade an Fachhochschulen, die ein hoher Praxisbezug in Forschung und Lehre auszeichnet, ist es nicht unüblich, seine Abschlussarbeit in einem Unternehmen zu schreiben. Auch seitens der Industrie und Wirtschaft sind Bachelor- und Masterstudierende, die ihre Arbeit in Hinblick auf eine für sie gleichsam interessante Fragestellung innerhalb eines Unternehmens schreiben, in der Regel willkommen. In vielen Fällen ist dies zugleich die Eintrittskarte in den Job.

Es hat sich gezeigt, dass sich Ihre Interessenschwerpunkte während des Studiums immer klarer herauskristallisieren. Hinterfragen Sie dabei auch ganz konkret Ihre eigenen Interessen:

- Was ist mir wichtig in Hinblick auf die wirtschaftliche, technische, kulturelle oder gesellschaftliche Zukunft?
- Möchte ich über ein rein betriebswirtschaftliches oder eher über ein unternehmensübergreifendes, volkswirtschaftliches Thema schreiben?
- Mit welchen Untersuchungsgebieten kann ich mich identifizieren?
- Wo lohnt es sich für mich dahingehend zu forschen?
- Was möchte ich mit meiner Ausbildung und meinem Werdegang später einmal beruflich und privat erreichen?
- Was könnte ich schon mit meiner Bachelorarbeit dazu beitragen?

☺ **Neugierde und Interesse sind die besten Voraussetzungen** für eine erfolgreiche mehrmonatige Auseinandersetzung mit einem bestimmten Thema. Vertrauen Sie auf Intuition und Kreativität!

1.3.2 Persönliche Interessen und konkreter Nutzen – die perfekte Symbiose

Ein weiterer wesentlicher Aspekt für eine erfolgreiche Bachelorarbeit ist neben den persönlichen Interessen auch die Frage nach dem Nutzen. Wer könnte außer Ihnen noch etwas von Ihrer Abschlussarbeit haben? Die Wirtschaft, Industrie oder Wissenschaft? Oder auch Ihre Eltern, Verwandten, Freunde, Kollegen, Ihre Mitbürger oder die nachfolgende Generation? Damit zeigen Sie nicht nur, was Sie im Studium gelernt haben. Zugleich stellen Sie damit auch unter Beweis, dass Sie Ihr Wissen auch nützlich für andere einbringen können. Dabei dürfen Sie sich ruhig an der Praxis orientieren.

Bei der Themenfindung ist ein Gespräch mit Ihrem betreuenden Dozenten empfehlenswert, da er innerhalb seines Fachgebietes auch Vertiefungen oder – sollten Sie unsicher sein – Themen mit Ihnen erarbeiten können sollte. In einigen Fällen geben die Betreuer auch direkt Themen für die studentische Arbeit vor. Als hilfreich bei der Themenfindung hat sich ebenso der Austausch mit Studienkollegen erweisen.

Kein geringerer als der derzeit bekannteste zeitgenössische Semiotiker, der italienische Schriftsteller, Philosoph und Medienwissenschaftler Umberto Eco, hat zur Wahl des Themas vier Faustregeln aufgestellt, die von beständiger Aktualität sind. Bringen wir es mit Eco (2003, S. 14f.) zusammenfassend auf den Punkt:

»1. Das Thema soll den Interessen des Kandidaten entsprechen (...);
Die Quellen, die herangezogen werden müssen, sollen für den Kandidaten auffindbar sein (...);
Der Kandidat soll mit den Quellen, die herangezogen werden müssen, umgehen können (...);
Die methodischen Ansprüche des Forschungsvorhabens müssen dem Erfahrungsbereich des Kandidaten entsprechen.«

Nebenbei, nur in einer Anmerkung, stellt Eco jedoch noch eine weitere wesentliche Faustregel auf, die Sie bedenken und beherzigen sollten:

Die **Wahl des Betreuers** sollte gut überlegt sein. Der erfahrene und ausgewiesene Experte warnt davor, einen Professor nur aus Gründen der Sympathie oder Bequemlichkeit zu wählen, insbesondere wenn er für das ausgewählte Thema nicht zuständig ist (Eco, 2003, S. 15). Grundsätzlich sollte Ihnen Ihr Betreuer oder Professor nicht unsympathisch sein. Doch achten Sie darauf, dass er sich auch im Thema auskennt (▶ **Kap. 1.7**), um Ihnen gegebenenfalls bei Unklarheiten, möglichen falschen Schlussfolgerungen Orientierungshilfe bieten zu können. Hinzu kommt die Tatsache, dass es an nahezu allen Hochschulen auch immer einen Zweitgutachter gibt, der Ihre Abschlussarbeit liest und ebenfalls im Thema gut bewandert ist.

Wenn Sie mehrere Themen zur Verfügung haben, aus denen Sie auswählen können, lohnt es, sich zunächst einen Überblick zu verschaffen. Das heißt, zu klären, ob es zu dem Thema ausreichend Literatur oder womöglich sogar zu viel Literatur gibt. Letzteres zeigt, dass Ihre Fragestellung wissenschaftlich bereits hinreichend behandelt und beantwortet sein dürfte. Und auch für eine Bachelorarbeit gilt wie für jede wissenschaftliche Arbeit, sich neuen Perspektiven zu stellen und Antworten zu erforschen. Auch ein besonders aktuelles Thema sollte gut überlegt sein. Einerseits macht sich ein Thema, das gerade in der Öffentlichkeit stark diskutiert wird, in Bewerbungsgesprächen immer gut. Andererseits ist es gerade hier oft schwierig, die passende Literatur zu finden. Spätestens jetzt sollten Sie sich mit Ihrer Bibliothek und Möglichkeiten der Literaturrecherche zu Ihrem Thema vertraut machen, um den Status quo einschätzen zu können. Dieser Weg hat den Vorteil, dass Sie erkennen können, ob Sie das Themengebiet wirklich interessiert und Sie sich mehrere Monate lang (meistens zumindest) auf Ihre Arbeit freuen können.

Sie haben Ihr Thema gefunden? Gut! Damit ist der erste Schritt geschafft. Herzlichen Glückwunsch!

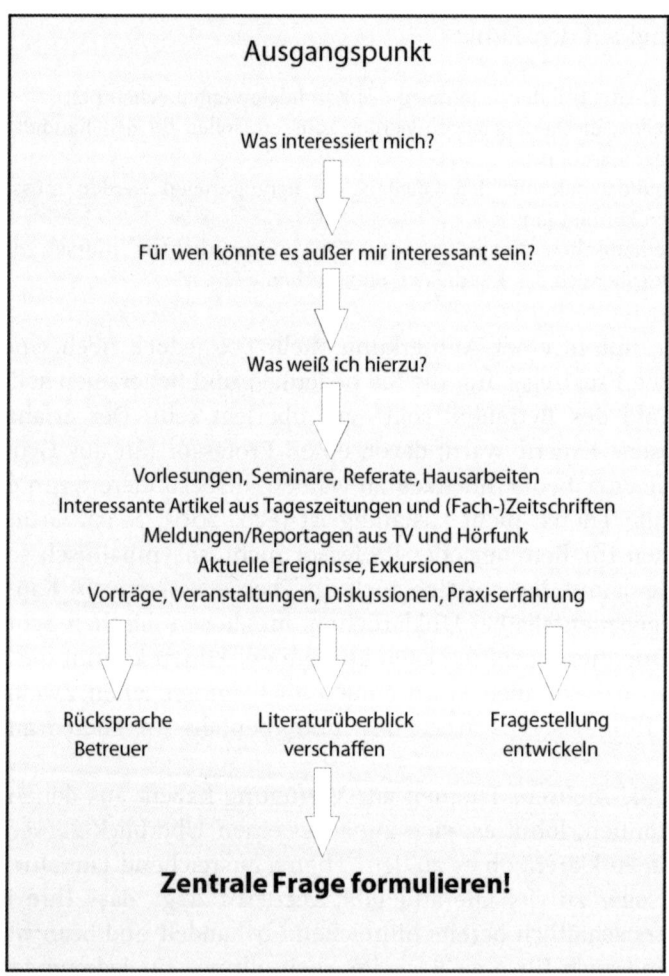

Abb. 2: Ideen sammeln und die zentrale Frage formulieren

1.4 Themeneingrenzung

Kommen wir noch einmal kurz auf den Beginn dieses Kapitels zurück – zur zentralen Frage der Bachelorarbeit. Ähnlich wie beim Hausbau, den man ja auch nicht mit dem Dach beginnen würde, legen Sie damit das Fundament für den weiteren Auf- und Ausbau. Machen sie sich dabei noch einmal Ihre Zielsetzung deutlich, um Ihre Arbeit bildhaft gesprochen Etage für Etage und Raum für Raum erstellen zu können.

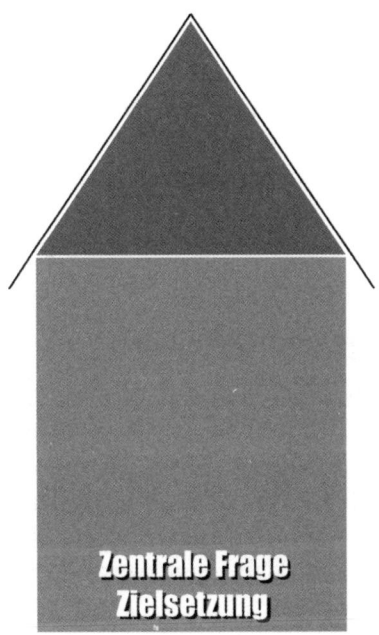

Abb. 3: »Hausbau« – ein Bild für das richtige Vorgehen bei der Themeneingrenzung

Es hat sich als hilfreich erwiesen, aus dem Thema die zentrale Frage, der Sie in den nächsten Wochen nachgehen möchten, herauszulösen und auch als solche zu formulieren. Sie werden schnell feststellen, dass Sie damit das Ziel ihrer Bachelorarbeit viel leichter definieren können.

Die zentrale Frage sollte in sich schlüssig sein. Eine Scheinfrage oder vorsichtige Behauptungen sind hier fehl am Platz. Formulieren sie Ihre Frage als »W«-Frage. Wenn Ihnen hierzu gleich verschiedene Fragen – was?, warum?, wie? – in den Sinn kommen, ist das absolut in Ordnung. Einzelfragen sind durchaus hilfreich (▶ Kap. 1.4.2) und erleichtern Ihnen die Annäherung an das Thema. Die Formulierung der zentralen Frage mag zu Beginn der Arbeit sehr aufwendig erscheinen, doch sie ist notwendig für den gesamten Prozess der Erstellung der Bachelorarbeit. Denn: **Je klarer Sie Ihre Forschungsfrage formulieren, umso besser können Sie am Ende eine Antwort geben.**

Tipps zur Erarbeitung der zentralen Frage

- Wie stellen Sie sich Ihre Ausgangsituation vor (Arbeitstitel der Bachelorarbeit)?
- Was möchten Sie mit Ihrer zentralen Frage beantworten?
- Welche Relevanz hat die zentrale Frage für Ihre Berufspraxis oder Studienrichtung?
- Welche Methoden beherrschen Sie?
- Welche Methoden können Sie dazu heranziehen?
- Wie sieht die Literatur hierzu aus?
- Orientieren Sie sich an den sieben journalistischen »W's« (Wer, Was, Wann, Wo, Wie, Warum, Wieso)!

1.4.1 Zentrale Frage und Definition

Ihr Thema, die zentrale Frage und Ihre Zielsetzung bilden eine Einheit. Doch machen Sie sich bewusst, wenn Sie die Fragestellung ändern, sind davon auch der Titel und möglicherweise auch Ihre Zielsetzung betroffen. Überprüfen Sie daher bei Ihrer weiteren Vorgehensweise, die wir in den nächsten Abschnitten behandeln, immer wieder Ihre Ausgangsbasis. Die Definition des Themas kann dabei eine wertvolle Stütze sein, um weitere Fragen zu erarbeiten.

☺ **Bringen Sie ihren Hauptuntersuchungsstand auf den Punkt** und erklären Sie eingangs Fremdworte, Details oder Termini, mit denen Sie arbeiten.

Beispiel für eine erste Definition des Themas:

Das Thema Ihrer Bachelorarbeit lautet: *Elektromobilität als Wachstumstreiber in der Automobilindustrie – eine Untersuchung der globalen Märkte*
➜ Erklären Sie, was Sie mit dem Begriff Elektromobilität meinen und auf welche globalen Märkte Sie sich beziehen.

Mögliche Lösung:

Vor dem Hintergrund des weltweit steigenden Energiebedarfs, der Ressourcenschonung und begrenzter Ölreserven hat die Elektromobilität in der Industrie und Wirtschaft einen neuen Stellenwert gewonnen. Straßenbahnen, Gabelstapler oder Golfcarts, Fortbewegungsmittel, die mit elektrischer Energie angetrieben werden, sind längst Teil der Elektromobilität. Doch strengere Umwelt- und Klimaschutzauflagen erfordern ein Umdenken zu mehr Nachhaltigkeit und Energieeffizienz, insbesondere von der Automobilindustrie. Aktuell stehen daher elektrisch angetriebene Pkw im Fokus der Automobilhersteller und -zulieferer, da ihr CO_2-Ausstoß im Vergleich zu herkömmlichen Verbrennungsmotoren vergleichsweise gering bis gar nicht vorhanden ist – etwa wenn der Strom aus regenerativen Energien erzeugt wird. Dazu gehören Brennstoffzellenfahrzeuge (FCEV), batterieelektrische Fahrzeuge (BEV), Fahrzeuge mit Verbrennungs- und Elektromotor (Hybride) und Plug-in-Hybride. Letztere haben die Möglichkeit, die Batterie am Elektrizitätsnetz zu laden und damit eine höhere Reichweite im elektrischen Fahrmodus zu erreichen.

Im Mittelpunkt der Untersuchungen stehen elektrische PKW als maßgeblicher Baustein einer ökologisch und wirtschaftlich nachhaltigen Mobilitätsstrategie für die globalen Märkte, das heißt, die klassischen Automobilmärkte Europa, Japan und die USA.

☺ Eine Definition ist eine genaue Bestimmung eines Begriffs. Getreu dem Motto »*Klare Sprache – klarer Geist*« erreichen Sie diese durch einen **präzisen und klaren Schreibstil**. Es gilt, im ersten Schritt für sich selbst das Wesentliche auf den Punkt zu bringen und festzulegen. Ausnahmen, die bekanntlich die Regel nicht bestimmen, unnötige Wiederholungen oder Redundanzen (z. B. ganz und gar) gehören ebenso wenig in eine Definition wie irreführende Worte (z. B. beziehungsweise), die Interpretationsspielraum zulassen.

Auch im Hauptteil sollte eine kurze Definition der relevanten Begrifflichkeiten nicht fehlen. Sie schafft Ihnen und Ihrem Leser eine Verständnisbasis für den weiteren Kommunikationsprozess. Ziel dabei ist es, praktisch anwendbare Arbeitsdefinitionen zu treffen, die als Basis der weiteren Ausführungen dienen. Die kurze Erklärung ihrer wesentlichen inhaltlichen Untersuchungsgegenstände, Instrumente, Fremdwörter oder Termini hält Sie zugleich von der Verlockung ab, sich zu verzetteln. Sie wollen und können ja Ihr Thema eingrenzen und zeigen, dass Sie in der Lage sind, wissenschaftlich und verständlich das Wesentliche zu erarbeiten und zu erklären! Stellen Sie sich die zentrale Frage vor wie ein Gerüst, das Sie benötigen, um Ihr Haus über mehrere Stockwerke bis hin zur Befestigung des letzten Dachziegels fertigzustellen.

☺ Eine **kurze Besprechung mit Ihrem Betreuer ist an dieser Stelle empfehlenswert**, um sicherzugehen, dass Sie dasselbe Verständnis vom Thema haben.

1.4.2 Mögliche Vorgehensweisen

Haben Sie Ihre zentrale Frage erst einmal entwickelt, sollten Sie sich rund um Ihr Thema, also Ihre Ausgangsbasis, weitere Fragen stellen. Es kommt dabei nicht darauf an, welches Bedeutungsmaß diese haben, oder ob Sie später auch alle Hilfsfragen beantworten. Diese Hilfsfragen sollen Ihnen helfen, einen tieferen und zugleich umfassenderen Einblick in Ihr Thema zu gewinnen und Ideen für die ersten Arbeitsschritte zu bekommen – etwa für Ihre erste grobe Gliederung. Es hat sich als hilfreich erwiesen, ausgehend vom Thema die zentrale Frage die Hilfsfragen zunächst auf einem Blatt Papier zu entwickeln und aufzuschreiben. So visualisieren Sie für sich stärker Ihr Gerüst.

Thema: Kundenbindung in der gehobenen Hotellerie
Zentrale Frage: Wie wichtig ist die Unterscheidung der CRM-Maßnahmen für Geschäfts- und Privatreisende am Beispiel »Hyatt« im Düsseldorfer Medienhafen?

Definition: Die gehobene Hotellerie wird unter dem Gesichtspunkt der deutschen Hotelklassifizierung eingegrenzt. Dazu zählen alle Hotels in Deutschland, die der Kategorie vier bis fünf Sterne entsprechen. In diese Gruppe gehört auch die internationale Hotelgruppe Hyatt, die die erforderlichen Auflagen für diese Kategorie erfüllt. Ausgehend von dieser Basis ist es möglich, zielorientierte Maßnahmen des Hyatts zu analysieren und zu entwickeln.

Customer Relation Management (CRM) umfasst alle Maßnahmen, die zur Neukundengewinnung, Kundenbindung und Kundenrückgewinnung dienen.

Hilfsfragen: Wie ist die Identität des Hyatt? Welches Image hat das Hyatt in Düsseldorf? Wie sehen die Zielgruppen aus? Wie erreicht das

Hyatt seine Zielgruppe(n)? Wie gestaltet sich die Kundendatenbank der Geschäftskunden? Wie der der Privatkunden? Welche Maßnahmen gibt es für Geschäftskunden? Welche für Privatkunden? Welche Unterschiede gibt es zwischen den Geschäfts- und Privatreisenden in Hinblick auf Erwartungen und Verhalten? Welche Unterschiede gibt es zwischen den Maßnahmen? Welche Maßnahmen sind am erfolgreichsten? Wie sind die Maßnahmen gewichtet? Wie sollen die Maßnahmen ausgebaut/ neu entwickelt werden? Wo liegen Zukunftstrends/ Chancen für das Hyatt? Welche Risiken gibt es?

Abb. 4: Das Thema mit Hilfsfragen umschließen – ein Beispiel

Im nächsten Schritt können Sie Ihre ersten Ergebnisse in Form eines Frage-Antwort-Katalogs zusammenfassen. Die wesentlichen und für Sie am Ende tatsächlich relevanten Fragen festigen sich und unterstützen Sie gedanklich und inhaltlich beim Aufbau Ihrer Struktur. Probieren Sie es aus!

Eine weitere Möglichkeit, das Thema einzugrenzen, kann ein Kriterienkatalog sein:

- **Zielgruppeneingrenzung:** Alter, Geschlecht, soziokultureller, geographischer oder politischer Hintergrund, Gruppenzugehörigkeit etc.
- **Räumliche Eingrenzung:** Länder, Bundesländer, Städte, Gemeinden, Kommunen, Verbände, Vereine etc.
- **Zeitliche Eingrenzung:** in den nächsten 15 Jahren, in den vergangenen zehn Jahren, von 2008 bis heute etc.
- **Besondere Merkmale:** ökonomische, ökologische, politische, kulturelle, soziale, wissenschaftliche etc.
- **Bereich:** Unternehmen, Industriesektor, Medien, Finanzen, Bildung, Kultur, Logistik etc.
- **Vergleiche:** EU-Staaten, Non-Profit-Organisationen (NGOs), Banken, Modelle, Klima, Lebensräume, demografische Faktoren etc.
- **Weitergehende Differenzierungen:** zum Beispiel Soziale Netzwerke: Facebook, LinkedIn, Google, Twitter, Instagram, Pinterest etc.

Die genannten Kriterien sollen Ihnen eine Hilfestellung bei der Eingrenzung Ihres Themas geben. Die Reihenfolge, nach der Sie vorgehen, ist flexibel. Vielmehr kommt es auf Ihr Thema an. Möglicherweise entwickeln Sie sogar noch weitere Kriterien, mit deren Hilfe sich das Thema eingrenzen lässt. Auch das ist absolut in Ordnung.

Step 1 Definition:
Social Media soziale Netzwerke, sind digitale Kommunikationsplattformen, die online sowohl von privaten als auch von Unternehmen genutzt werden können. Diese Mittel dienen als Mittel der Kommunikation, zum Austausch oder der eigenen Darstellung durch Text-, Bild-, Audio- und Videobeiträge (zum Beispiel youtube). Besondere Merkmale sind Bedienungsfreundlichkeit (Usability), Direktveröffentlichung, das heißt ohne Zeitverzögerung, permanente Aktualisierbarkeit und eine globale Reichweite. Beispiel für die größten, weltweit agierenden sozialen Netzwerke sind Facebook, LinkedIn, Google, Twitter, Instagram, Pinterest.

Step 2 Welche Zielgruppe soll untersucht werden?
Das Nutzerverhalten der 12- bis 35-Jährigen

Step 3 In welchem Bereich soll untersucht werden?
Das Nutzerverhalten der 12- bis 35-Jährigen in sozialen Netzwerken

Step 4 Lässt sich Social Media differenzieren?
Das Nutzerverhalten der 12- bis 35-Jährigen in sozialen Netzwerken am Beispiel von Twitter

Step 5 Welche wirtschaftlichen Aspekte können sich hieraus ergeben?
Das Nutzerverhalten der 12- bis 35-Jährigen in sozialen Netzwerken und die Auswirkungen auf das Konsumverhalten am Beispiel von Twitter

Step 6 In welchem Raum wollen Sie untersuchen?
Zielgruppenverhalten in Social Media. Eine Untersuchung zum Nutzerverhalten der 12- bis 35-Jährigen in sozialen Netzwerken und die Auswirkungen auf das Konsumverhalten am Beispiel von Twitter in Deutschland und Japan im Zeitraum von 2011 bis 2013.

Abb. 5: Eingrenzung am Beispiel des Themas »Zielgruppenverhalten in Social Media«

1.5 Das Fundament – die Grobgliederung

Nachdem Sie nun Ihr Thema gefunden haben und sich dazu bereits einen ersten Überblick über die Literatur verschafft haben, ist es an der Zeit, eine grobe Gliederung zu erstellen. Das erleichtert Ihnen die gezielte Literaturrecherche und vor allem erinnert es Sie ständig daran, nicht den roten Faden zu verlieren. Denken Sie dabei an Ihr Haus, das Sie gerade bauen!

Tab. 1: Von der Problemstellung, Zielsetzung und dem Nutzen einer wissenschaftlichen Arbeit zur Grobgliederung – ein Beispiel

Thema	**Zielgruppenverhalten in Social Media**
Zentrale Frage	Wie verhält sich die Zielgruppe der 12- bis 35-Jährigen in sozialen Netzwerken am Beispiel von Twitter im Vergleich zwischen Deutschland und Japan im Zeitraum von 2011 bis 2013?
Definition	Social Media
Einleitung	**Ausgangsposition/Problematik** In beiden Ländern ist ein starker Anstieg von Nutzern zu verzeichnen. Besonders in Japan weist die Zielgruppe eine hohe Affinität zu diesem Medium auf. **Ziel** Analyse des Verhaltens der Zielgruppe **Nutzen** In der Arbeit soll herausgefunden werden, wie und warum sich die Zielgruppen in diesem Netzwerk so verhalten (Nutzerverhalten), um in der Folge der Ergebnisse Lösungsstrategen zu entwickeln, wie Unternehmen ihre Kommunikationsmaßnahmen optimieren können.
Hauptteil	**Vorstellung des eigenen Standpunktes** Der starke Anstieg der Nutzerzahlen hat zur Folge, dass die Bedeutung von Twitter als Kommunikationsmedium insbesondere für Unternehmen auch global stark zunehmen wird. 1. Untersuchung und Nachvollziehbarkeit der Argumente Fundierte Dokumentation der Entwicklung von 2011 bis 2013 3. Analyse und Begründung der Ergebnisse 3. Chancen und Risiken (Fachbeispiel Wachstum versus Imageverlust)
Schluss	Zusammenfassung, Handlungsempfehlungen und Ausblick

Es handelt sich im Beispiel zunächst nur um eine erste grobe Gliederung, die das Fundament Ihrer Arbeit bilden soll. Seien Sie sich sicher, der Rest wird sich fast von allein ergeben, je tiefer Sie in Ihre Materie einsteigen werden.

☺ Ihre **Grobgliederung** sollten Sie in **jedem Fall mit Ihrem Betreuer besprechen**. Er kann Ihnen sagen, ob Ihr Vorhaben eine gute wissenschaftlich fundierte Basis hat, oder ob noch Optimierungspotenzial besteht. Planen Sie hierfür zwei Tage für eine mögliche Überarbeitung ein.

1.6   Gliederung

»Eine Gliederung sollte eine zentrale Idee haben, die mit dem Thema in innerer Beziehung steht. Die einzelnen Punkte der Gliederung sollten gut voneinander abgegrenzt und gleichzeitig durch die Gliederung verbunden sein. Die Gliederung soll zugleich roter Faden für die Arbeit sein, indem Sie das Thema der Kapitel vorgibt.«

Kruses (2007, S. 155) Definition klingt logisch, oder? Nun fragen Sie sich sicher, wie Sie das bloß hinbekommen sollen. Keine Sorge, das folgende Kapitel wird Sie dabei begleiten und unterstützen. Eine Methode, um die Gedanken in eine Gliederung zu bringen, ist das *Mind-Mapping*. Hinter diesem Begriff verbirgt sich die logische Erstellung einer Gedankenlandkarte: Dieses grafische Ordnungs- und Strukturierungsverfahren eignet sich besonders gut für Gliederungen im wissenschaftlichen Zusammenhang, in denen es um einen systematischen Aufbau geht. Nehmen Sie sich Papier und Stift und schreiben in die Mitte des Blattes einen Begriff, der für Ihr Thema steht.[2]Dann haben Sie darum herum genügend Platz für Ihre weiteren Assoziationen. Schreiben Sie im Uhrzeigersinn strahlenförmig Ihre angesammelten Gedanken und Informationen rund um das Thema auf. In der Literatur wird anstelle der Strahlen auch von Hauptästen gesprochen. Überlegen Sie dabei gar nicht (zu) lange. Am besten schreiben Sie zuerst einmal alles spontan auf, was Sie zu dem Thema wissen und ausführen möchten, auch wenn Sie meinen, dass einiges keinen Sinn macht. Denn erstens können Sie immer noch streichen und zweitens werden Sie schnell merken, wie schnell einige Hauptäste Nebenäste oder Verzeigungen entwickeln können, die durchaus einen Sinn haben können. Probieren Sie es aus – so lange bis Sie zufrieden sind! Mit jeder neuen Variante, die Sie auf Basis Ihrer vorherigen erstellen, werden Sie Ihrer Gliederung ein Stück näher kommen, so als ob Sie Treppenstufen hinaufsteigen. Die aufeinander aufbauenden Stufen des Mind-Mapping werden Sie schrittweise zum Ziel führen. Die Abbildung soll Ihnen ein Beispiel für einen möglichen Gliederungsweg mit dem Mind-Mapping geben.

Schauen Sie sich nun an, welche Informationen Sie zu einem Oberbegriff schon zusammengefasst haben, welche Sie möglicherweise noch zusammenfassen könnten und zu welchen Gedanken oder Ideen sich weitere Begriffe finden könnten. Überlegen Sie im weiteren Vorgehen: *Gibt es dazu genug weitere Informationen? Lässt sich darauf ein Kapitel aufbauen?* Dann bilden Sie dazu Unterbegriffe auf Basis Ihrer geistigen Landkarte.

---

2   Wer Mind Maps lieber am PC erstellt kann mit Programmen wie *Freemind* oder *MindManager* arbeiten. Mit dieser Software lassen sich die Äste und Zweige in verschiedenen Formen, Farben und Größen bildlich darstellen.

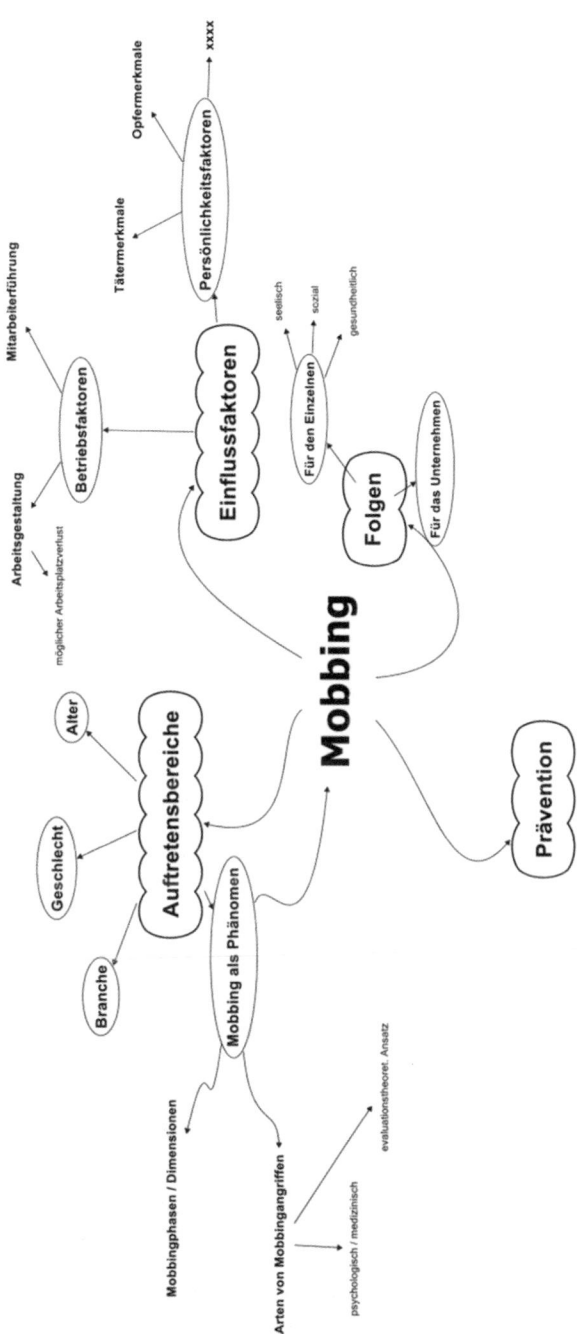

Abb. 6: Beispiel für eine Gliederungsstruktur durch Mind Mapping zum Thema Mobbing: Eine Betrachtung unter historischen, betriebswirtschaftlichen und gesellschaftlichen Aspekten

Generell empfiehlt es sich beim Mind-Mapping mit Substantiven oder substantivierten Verben zu arbeiten. Auf die Ausformulierung der Kapitel und Unterkapitel gehe ich in Kapitel 3.4 noch gesondert ein. Spielen Sie nun einige Variationen zur Gliederung der Unterbegriffe oder Unterkapitel durch. Mit der folgenden Tabelle möchte ich Ihnen Möglichkeiten aufzeigen, nach denen Sie Ihre Gliederung festlegen können.

Tab. 2: Beispiele für Gliederungsmöglichkeiten der Unterbegriffe (Quelle: In Anlehnung an Kruse (2007, S. 155f) und Thomas-Johaentges, Thomas (2013, S. 42))

Gliederungsstruktur	Beispiel
Chronologisch (zeitliche Reihenfolge)	Die UN-Milleniumsziele von 2001: Status quo und Ausblick bis 2015
Deduktiv (vom Allgemeinen zum Besonderen)	Die UN-Milleniumsziele von 2001: Wirtschaftliche Fortschritte in demokratischen Gesellschaften am Beispiel von Ghana
Induktiv (vom Besonderen zum Allgemeinen)	Die UN-Milleniumsziele von 2001: Kupferminen in Sambia. Afrikas Bodenschätze und die Rolle der chinesischen Investoren
Diskursiv (an der Struktur/dem Verlauf eines Diskurses orientiert)	Die UN-Milleniumsziele von 2001: Fortschritt oder Rückschritt? Eine Analyse des aktuellen Diskurses zur Entwicklung des Bruttosozialproduktes in Afrika
Vergleichend	Die UN-Milleniumsziele von 2001: Armutsorientierte Regierungsführung und ihr Einfluss auf die sozi-ökonomischen Entwicklungen am Beispiel von Burkina Faso und Uganda
Relativ (die Beziehung/Bedeutung einzelner Teile auf das Ganze beziehend)	Die UN-Milleniumsziele von 2001: Wunsch und Wirklichkeit aus der Sicht der Weltbank, des IWF und dem Entwicklungsausschuss Development Assistance Committee der OECD
Erörternd (Pro & Contra-Synthese, Stärken-Schwächen-Analyse)	Die UN-Milleniumsziele von 2001: Institutionelle Reformen zur Steigerung des Beschäftigungsverhältnisses in Tansania. Chancen, Risiken und Handlungsempfehlungen

Wenn Sie drei bis vier tragfähige Oberbegriffe erarbeitet haben, die für Ihr Thema relevant sind, dann prüfen Sie, ob sie auch ausreichend Unterbegriffe gebildet haben, so dass sich ein ausgewogenes Bild ergibt. Das wird sich später in Ihrer Gliederung (▶ **Kap. 3.4**) bewähren.

Das nachfolgende Beispiel soll Ihnen eine Möglichkeit zeigen, Ihre Gedanken zum Thema und der zentralen Frage in einem ersten Schritt zu ordnen und zu strukturieren. Der zweite Schritt soll Ihnen einen Eindruck vermitteln, wie sie einzelne Kapitel und Unterkapitel bilden könnten.

Thema der Arbeit:
Shopper Marketing – Die Einbindung und Stärken im Hersteller- und Handelsmarketing
Die Entwicklung eines Leitfadens in Anlehnung an ein Produkt aus dem FMCG-Bereich.

Kurze inhaltliche Einführung zum eigenen Verständnis:
Das Shopper Marketing hat sich in den vergangenen Jahren markant als dominante Verkaufsförderung durchgesetzt. Es hat sich permanent am sogenannten Point-of-Sale (POS) etabliert und ist aus diesem Grund nicht mehr wegzudenken. Sehr stark wird das Shopper Marketing sowohl von der Hersteller- als auch von der Handelsseite genutzt, um die Produkte am Verkaufsort in den Vordergrund zu rücken und vor allem ein handelsstarkes Markenimage zu erzielen. Durch eine dauerhafte Weiterentwicklung von Seiten des Handels, in Form von Eigenmarken und Bekanntheitssteigerung der eigenen Stores, wird es auch künftig tendenziell schwerer für den Hersteller gegen die Handelsmacht im Fast-Moving-Consumer-Goods-Bereich (FMCG) anzukommen. Demzufolge ist das sogenannte Trade Marketing am Zuge, dieses wird als das sogenannte handelsgerichtete Herstellermarketing bezeichnet und versucht, die Zusammenarbeit zwischen Handel und Hersteller auch zukünftig weiter zu fördern, da Alleingänge für beide Seiten auf lange Sicht keinen positiven Nutzen aufweisen.

Die Bachelor Thesis wird sich intensiv mit der Entwicklung des Hersteller- und Handelsmarketing beschäftigen und in diesem Zusammenhang die Handlungsmacht des integrierten Shopper Marketings untersuchen. Wie stark kann das Shopper Marketing den Kunden und sein Kaufverhalten beeinflussen und welche Rolle spielen Hersteller- und Handelsmarken am Verkaufsort?

Um zu diesem Thema und Ihrer Ausgangsfrage eine inhaltliche Struktur zu entwickeln – nachdem Sie für sich bereits die zentralen Begriffe, speziell das Shopper Marketing definiert haben (▶ **Kap. 1.4.1**) –, empfiehlt es sich, Ihre Gedanken hierzu zunächst zu visualisieren und zu prüfen, in welchem Verhältnis die zentralen Begriffe zueinanderstehen. Diese Vorgehensweise erleichtert es Ihnen, Verbindungen herzustellen und zu strukturieren. Daraus können Sie in nächsten Schritt einzelne Kapitel mit entsprechenden Unterkapiteln ableiten. Die beiden nachfolgenden Abbildungen sollen Ihnen einen möglichen Lösungsweg aufzeigen.

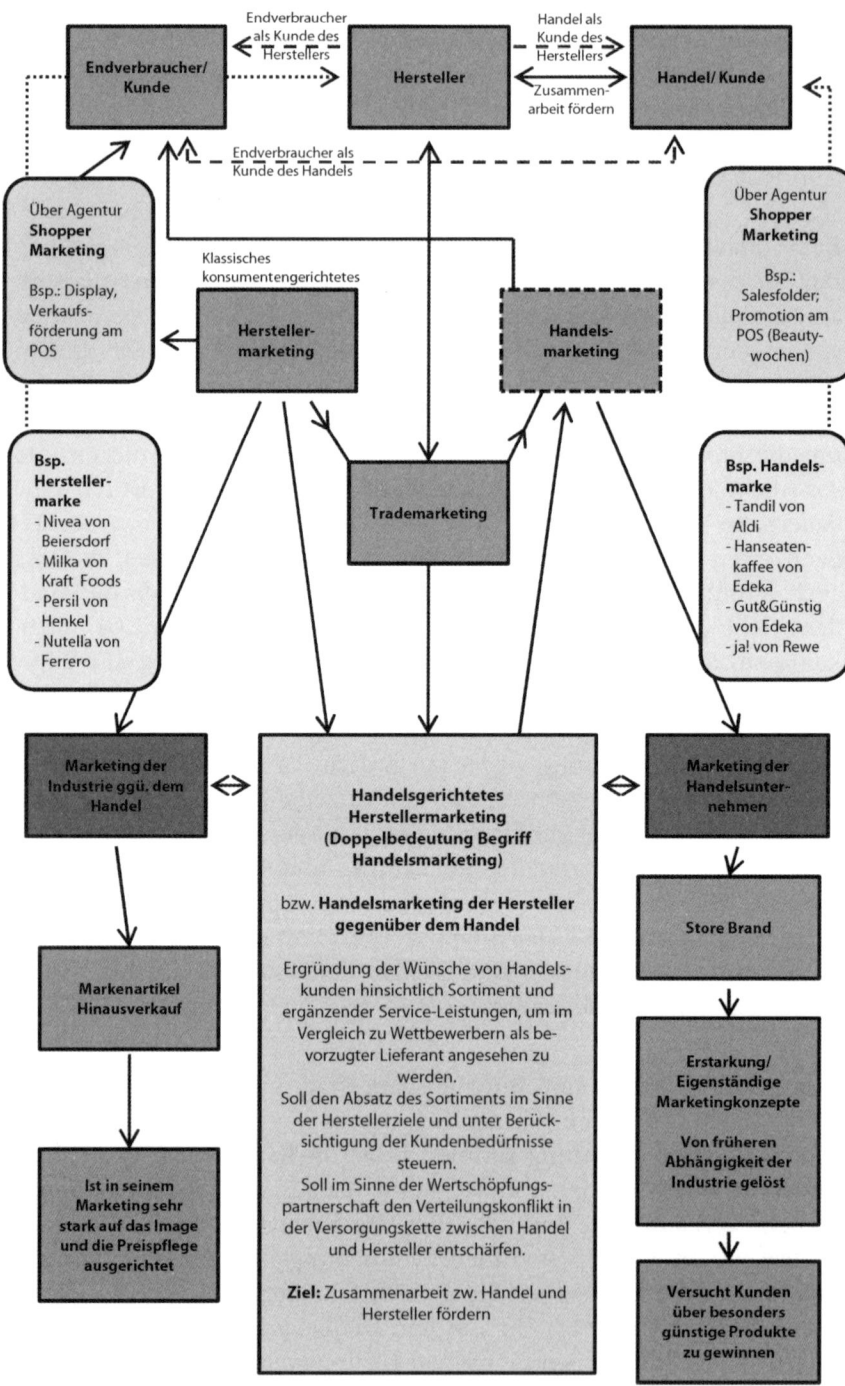

Abb. 7: Schritt 1 – Gedanken nach Zusammenhängen strukturieren

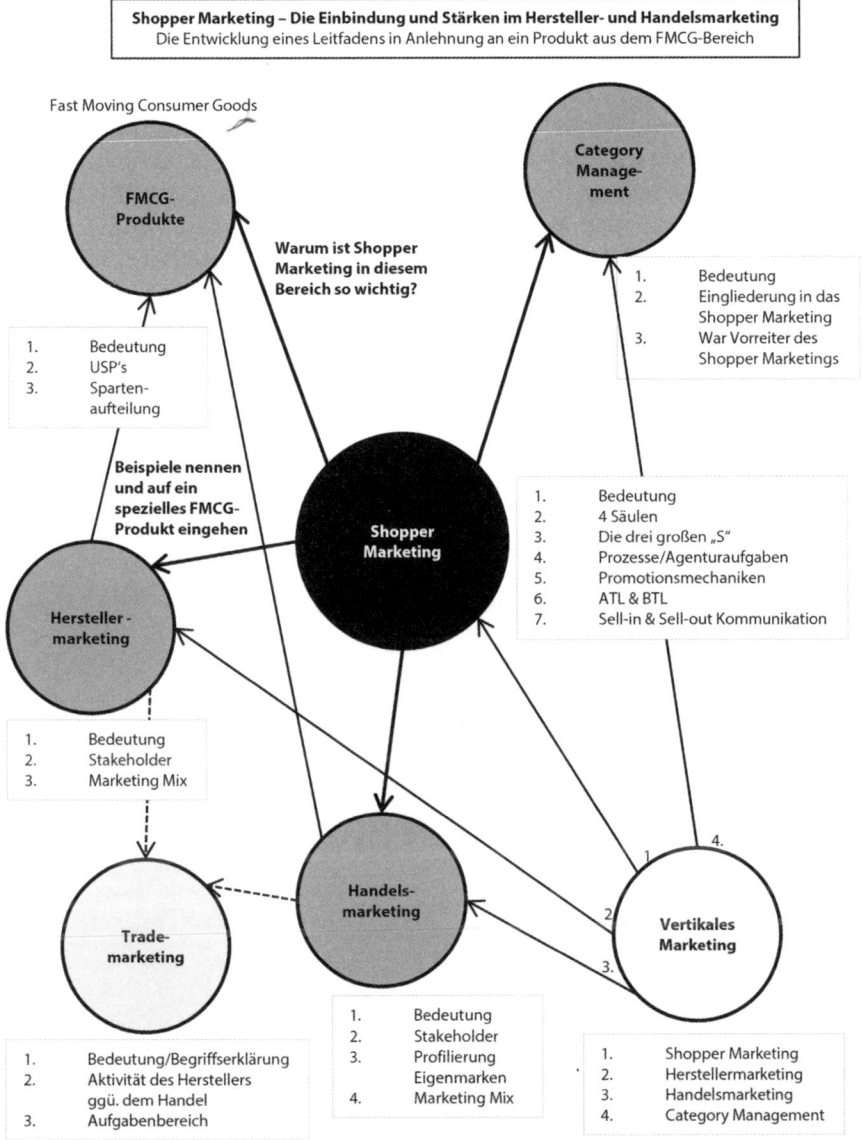

Shopper Marketing – Die Einbindung und Stärken im Hersteller- und Handelsmarketing
Die Entwicklung eines Leitfadens in Anlehnung an ein Produkt aus dem FMCG-Bereich

Fast Moving Consumer Goods

FMCG-Produkte

Category Management

Warum ist Shopper Marketing in diesem Bereich so wichtig?

1. Bedeutung
2. USP's
3. Spartenaufteilung

1. Bedeutung
2. Eingliederung in das Shopper Marketing
3. War Vorreiter des Shopper Marketings

Beispiele nennen und auf ein spezielles FMCG-Produkt eingehen

Shopper Marketing

Herstellermarketing

1. Bedeutung
2. 4 Säulen
3. Die drei großen „S"
4. Prozesse/Agenturaufgaben
5. Promotionsmechaniken
6. ATL & BTL
7. Sell-in & Sell-out Kommunikation

1. Bedeutung
2. Stakeholder
3. Marketing Mix

Handelsmarketing

Trademarketing

Vertikales Marketing

1. Bedeutung
2. Stakeholder
3. Profilierung Eigenmarken
4. Marketing Mix

1. Bedeutung/Begriffserklärung
2. Aktivität des Herstellers ggü. dem Handel
3. Aufgabenbereich

1. Shopper Marketing
2. Herstellermarketing
3. Handelsmarketing
4. Category Management

Abb. 8: Schritt 2 – Hauptgliederungspunkte ableiten und Unterkapitel finden

»Jede wissenschaftliche Arbeit ist nur so gut wie ihre Gliederung«, stellt Brink (2013, S. 129) in seiner Vorbemerkung zu den Anforderungen einer Gliederungsgestaltung heraus. Fakt ist und darüber sind sich die Autoren der vielseitigen Begleitliteratur einig, dass die Erstellung der Gliederung zweifelsohne der kreativste Bestandteil der Arbeit ist. Zugleich ist sie jedoch ein dynamischer Prozess, der Sie bis zur Fertigstellung des Manuskriptes begleiten wird. Mit fortschreitender Literaturrecherche und dem stetig sich weiter vertiefenden Wissen können sich neue Teilaspekte ergeben oder Unterkapitel zusammenfassen oder ganz streichen lassen. Dennoch sollten Sie – nach dem Gespräch mit Ihrem Betreuer – Ihre Gliederung weitestgehend stabil haben. Sie gibt Ihrem gedanklichen Fundament Struktur und erleichtert Ihnen die weitere Vorgehensweise. Die Gliederung führt Sie Stufe für Stufe – ähnlich wie beim Hausbau – zum Ziel der wissenschaftlichen Arbeit. Die notwendige Flexibilität stellt sich von ganz allein ein. Sie werden sehen! Die folgende Mustergliederung ist idealtypisch und basiert auf einem Vorschlag von Silke Heimes (2011, S. 95):

Gliederung einer wissenschaftlichen Arbeit

Deckblatt
Inhaltsverzeichnis

1. Einleitung
1.1 Motivation
1.2 Zentrale Frage
1.3 Aufbau, Vorgehensweise, Methode(n)
2. Grundlagen, Stand der Wissenschaft
2.1 Zugrunde liegende Theorien und Modelle
2.2 Definition(en)
2.3 Stand der Wissenschaft und Positionierung

3. Methodik
3.1 Rahmenbedingungen der Untersuchung
3.2 Auswahl, Einschränkungen und Begründungen
3.3 Erhebungs-, Messe- und Auswertungsverfahren

4. Ergebnisse

5. Bewertung der Ergebnisse, Interpretation
5.1 in Hinblick auf die zentrale Frage
5.2 in Hinblick auf den wissenschaftlichen Kontext
5.3 in Hinblick auf die Verallgemeinerbarkeit
5.4 in Hinblick auf die persönlichen Schlussfolgerungen

6. Zusammenfassung, Handlungsempfehlungen und Ausblick
6.1 Zusammenfassung: Ergebnisgewinn

6.2 Handlungsempfehlungen z. B. für die Praxis
6.3 Ausblick: auf künftige Entwicklungen, Notwendigkeiten, Folgeprojekte

7. Quellen- und Literaturverzeichnis

8. Anhang

9. Erklärung zur selbstständigen Anfertigung

Die formalen Voraussetzungen für den Aufbau – etwa für das Deckblatt, Literaturverzeichnis oder die Erklärung zur selbstständigen Anfertigung – sind in der Prüfungsordnung Ihrer Hochschule geregelt. Die formalen Kriterien für den gesamten Aufbau der Abschlussarbeit finden Sie in Kapitel 3 schrittweise und detailliert beschrieben.

1.7   Die Funktion des Betreuers

Eine wissenschaftliche Arbeit im Sinne einer prüfungsrelevanten Leistung wird von einem Hochschullehrer der jeweiligen Hochschule betreut. Unter dem Betreuer einer Arbeit versteht man einen anerkannten Experten, einen Lehrenden, der Fragen während der Erstellung beantwortet. Im Allgemeinen ist das der Dozent, der das Thema vorgegeben hat, oder den man sich selbst gewählt hat. An einigen Universitäten unterstützen auch wissenschaftliche Mitarbeiter den jeweiligen Dozenten, indem Sie Themenvorschläge machen oder auch ein Thema – meistens innerhalb ihrer Dissertation – benennen. Daher sind sie ebenfalls gut im Thema und betreuen in der Regel auch Bachelorarbeiten.

In der Funktion des Betreuers liegt es, seine Studierenden an die Bearbeitung einer wissenschaftlichen Arbeit heranzuführen. Das kann beispielsweise durch Einführungsseminare zum wissenschaftlichen Arbeiten und Schreiben erfolgen oder in Form eines Skriptes zu inhaltlichen und formalen Vorgaben. Gibt er in der weiteren Betreuungsphase konstruktive Rückmeldungen zur Themenstellung, Eingrenzung und Gliederung sowie zu den für einen Studierenden allein nicht zu lösenden Fragen während des Erstellungsprozesses, so zieht er sich im weiteren Verlauf zunehmend zurück, um schließlich die Funktion des Korrektors zu übernehmen, der die erbrachte Leistung schließlich bewerten muss.

Diese Aufgaben des Betreuers und die Veränderung seiner Funktion während des vorbereitenden Teils der Bachelorarbeit bis hin zu Abnahme, sollte jeder Studierende kennen. Denn genau an dieser Schnittstelle entstehen seitens vieler Studierenden Missverständnisse, die in letzter Konsequenz zu massiven Kommunikationsstörungen mit dem Betreuer führen können. Und das wäre weder im Sinn des Studierenden noch des betreuenden Dozenten. Daher sei an dieser Stelle noch einmal explizit darauf hingewiesen:

(!) Aufgabe eines Betreuers ist es nicht, seine Studierenden so lange zu beraten und zu korrigieren, bis am Ende das Traumergebnis erreicht ist. Dies wird oft von Studierenden erwartet. Die Anfertigung Ihrer Bachelorarbeit ist eine **Prüfungsleistung.** Dabei ist es **nicht gestattet, vor Abgabe** der Arbeit Auszüge daraus zum »**Probelesen**« vorzulegen. Ziel einer akademischen Abschlussarbeit ist der Nachweis der selbstständigen Anfertigung nach inhaltlichen, methodisch-technischen und formalen Anforderungen. Schon allein deshalb bleibt die Vorstellung von der perfekten Arbeit durch eine unbegrenzte Leistung des Betreuers Utopie.

1.7.1 Vorbereitung des Betreuergespräches

Die Gespräche mit dem Betreuer können abhängig von persönlichen Befindlichkeiten, Fakultäten und Hochschulen ganz unterschiedlich verlaufen. Ein Patentrezept für den Gesprächsverlauf kann es von daher nicht geben. Jedoch kann eine gute Vorbereitung enorm zu einer guten Kommunikation im Sinne eines bereichernden Austausches und konstruktiver Anregungen für Ihre Arbeit beitragen. Steht der Betreuer fest und ist das Thema grob umrissen, sollte man unbedingt das Erstgespräch, das im Allgemeinen auch das umfangreichste ist und persönlich stattfinden sollte (▶ Kap. 1.7.2), so gut wie möglich planen. Es hat sich in der Praxis bewährt, ein mögliches Gespräch mit Kommilitonen einmal durchzuspielen, denn die Gesprächszeit ist begrenzt. Immerhin hat der Prüfer auch noch Vorlesungen, die vorbereitet und gehalten werden müssen, andere Seminararbeiten zu korrigieren, seine Forschungsarbeiten voranzutreiben und er betreut in der Regel auch noch andere Studierende. Bereiten Sie sich auf mögliche Fragen des Dozenten vor. Folgende Beispielfragen sollten Sie dabei sicher und gezielt beantworten können:

- Worum soll es konkret in Ihrer Arbeit gehen?
- Welches Ziel verfolgen Sie damit?
- Wie sieht die wissenschaftliche oder praktische Ausganglage aus?
- Wie lautet die zentrale Forschungsfrage?

- Welche Arbeitshypothesen haben Sie hierzu bereits entwickelt?
- Mit welchen technischen oder wissenschaftlichen Methoden wollen Sie vorgehen?
- Welche Theorien und Konzepte gibt es bereits? Auf welche wollen Sie innerhalb Ihrer Untersuchung zurückgreifen?
- Wie sieht die Literatur zu diesem Thema aus? Was haben Sie schon recherchiert und/oder gelesen?
- Wie planen Sie die Arbeit zu strukturieren?

Empfehlenswert ist es, sich nicht nur auf Fragen des Betreuers vorzubereiten, sondern auch aktiv zweckdienliche Fragen zu stellen. Je zielgerichteter und präziser Ihre Fragen formuliert sind, umso mehr konstruktives Feedback werden Sie damit erhalten. Erfahrungsgemäß ist dies für die meisten Studierenden ein weiterer Ansporn, sich tatkräftig und motiviert an ihr Werk zu setzen.

(!) So wertvoll, bereichernd und kommunikativ das Betreuergespräch auch ist, man kann schnell dazu neigen, zu vergessen, dass die **selbstständige Arbeits- und Vorgehensweise ein wesentliches Kriterium** der wissenschaftlichen Arbeit ist.

Vor diesem Hintergrund gehören generelle Fragen zum Beispiel zu formalen Anforderungen, die man bereits als Skript, in Seminaren oder durch den Prüfer direkt erhalten hat, der Prüfungsordnung entnehmen kann oder die in der Literatur detailliert abgebildet und erläutert werden, nicht in ein Betreuergespräch. Das wäre überspitzt gesagt reine Bequemlichkeit und hat nichts mit selbstständigen Arbeiten gemein. Ihren Betreuer sollten Sie während des weiteren Erstellungsprozesses in der Tat nur dann aufsuchen, wenn Sie alle anderen Ihnen zur Verfügung stehenden Informationen in Hinblick auf Ihre Frage sorgfältig geprüft haben und dennoch zu keiner Antwort gelangen konnten. Dies gilt insbesondere für inhaltliche Fragen. Am besten stellt man sich noch einmal ganz bewusst die folgenden Fragen:

- Ist die Frage wirklich so relevant für mein Thema, dass sie das Ergebnis dadurch schmälert oder stärkt? Oder bin ich dabei, mich zu verzetteln?
- Habe ich tatsächlich alle mir zur Verfügung stehen Informationsquellen berücksichtigt?
- Wer könnte sonst noch eine Idee haben?

Manchmal hilft auch schon der Austausch mit Kommilitonen. Erst wenn Sie für sich alle Fragen beantwortet haben und zu keinem Ergebnis gelangen, sollten Sie Ihren Betreuer um Hilfe bitten (▶ **Kap. 6.3.3**).

1.7.2 Die Kommunikationsmöglichkeiten

Es gibt verschiedene Wege, sich mit dem Betreuer auszutauschen oder um Rat zu fragen. Im Folgenden sollen drei Möglichkeiten mit Blick auf die Notwendigkeit und entsprechende inhaltliche Ausgestaltung aufgezeigt werden.

Persönliche Ebene

Das Erstgespräch, also das Gespräch, das man nach der Themenfindung, -eingrenzung, Literaturrecherche und Grobgliederung unbedingt mit dem Betreuer suchen sollte (▶ **Kap. 1.5**), sowie Gespräche zu größeren, komplexeren Fragestellungen, sollten immer in einem persönlichen Gespräch erfolgen. Einige Dozenten bieten feste Sprechzeiten, die Sie nutzen können. Andere vergeben feste Termine nach vorheriger Absprache. Da eine erste Besprechung auch eine gewisse Zeit erfordert und zu regulären Sprechzeiten auch andere Studierende mit ihren Anliegen zu dem Dozenten möchten, wodurch das Zeitbudget des Betreuers irgendwann erschöpft ist, sollte man frühzeitig einen Termin vereinbaren, um sicherzustellen, dass der zeitliche Rahmen ausreicht. Ebenfalls hilfreich ist es, für sich selbst und den Betreuer im Vorfeld eine To-do-Liste zu erstellen, um das Gespräch gut vorzubereiten und zu strukturieren. In Anlehnung an Balzert, Schröder, Schäfer (2011, S. 329) sollen die folgenden Anregungen eine Orientierungshilfe geben:

- Fragen, die Sie mit dem Betreuer besprechen möchten, sollten Sie sich gut überlegen (▶ **Kap. 1.7.1**) und entsprechend notieren, um während des Gespräches nichts zu vergessen.
- Alle relevanten Unterlagen (etwa die Grobgliederung, Literaturliste, Zeitplanung etc.) sollten Sie in ausgedruckter Form für sich und Ihren Betreuer mitbringen. Visualisierungen machen es dem Betreuer anschaulicher und ermöglichen es Ihnen, Anregungen im direkten Zusammenhang festzuhalten.
- Notieren Sie sich Antworten, Anmerkungen und vereinbarte Termine.
- Haben sich keine Fragen Ihrerseits zum nächsten vereinbarten Termin ergeben, sagen Sie diesen so früh wie möglich ohne ein schlechtes Gewissen ab. Das wird Ihnen kein Betreuer übel nehmen. Im Gegenteil:

Ein inhaltsleeres Gespräch ist weder für Sie noch für den Prüfer in Hinblick auf sein Zeitmanagement ein Gewinn.
- Fertigen Sie am besten gleich im Anschluss an das Gespräch ein Protokoll über die besprochenen Inhalte, Empfehlungen, Maßnahmen etc. an, das Sie Ihrem Betreuer zeitnah zukommen lassen. So können gegebenenfalls Missverständnisse von Ihrem Betreuer erkannt und vermieden werden.

Telefonisch

Für Rückfragen oder kurze Rücksprachen bieten viele Betreuer ihren Studierenden auch Ihre private oder mobile Rufnummer an. Das mag einerseits verlockend sein, kurz mal anzurufen, andererseits sollte man sich grundsätzlich gut überlegen, ob es wirklich notwendig ist. Darüber hinaus sollte man sich fragen, ob es bereits ein Zeitpunkt ist, der über den üblichen Vorlesungs- und Besprechungszeiten hinausgeht, oder ob eine E-Mail vielleicht nicht doch geeigneter wäre. Es ist ratsam, sich im Vorfeld zu erkundigen, in welchem Zeitraum man im Zweifelsfall am besten anrufen kann, oder ob die persönliche Präferenz möglicherweise auf E-Mails liegt.

E-Mail

Die Kommunikation per E-Mail eignet sich besonders während des Erstellungsprozesses, etwa wenn die Frage nicht so umfangreich ist, dass ein persönliches Treffen notwendig ist, oder wenn der Betreuer sich dazu einen bestimmten Teil Ihrer Arbeit ansehen möchte. Diesen könnten Sie dann zusammen mit der daran geknüpften Frage oder dem Problem an Ihren Betreuer senden. Angesichts der Tatsache, dass es in einigen Fällen auch zu elektronischen Übermittlungsfehlern kommen kann, und dem Empfänger die Mail nicht zugestellt wird, empfiehlt es sich, eine Lesebestätigung zu bekommen. Diese kann bei allen aktuellen E-Mail-Programmen eingestellt werden und erfolgt damit automatisch. Oder bitten Sie Ihren Betreuer, sicherheitshalber höflich um eine kurze Bestätigung.

Selbst wenn Sie eine Lese- oder kurze Empfangsbestätigung erhalten haben, ist es durchaus realistisch, nicht schon am selben oder am nächsten Tag eine inhaltliche Antwort zu erhalten. Spätestens nach einer Woche dürfen Sie jedoch nachhaken. Viele Studierende scheuen sich davor, aus Angst möglicherweise als störend, unhöflich, zu ungeduldig oder zu fordernd empfunden zu werden. Damit machen Sie sich ganz unnötige Sorgen. In den meisten Fällen besteht überhaupt kein Grund dazu.

Denn erstens gehört zum wissenschaftlichen Arbeiten auch das selbstständige Nachfassen und zweitens kann es auch mal sein, dass Ihr Professor sich auf einer Tagung oder Exkursion oder in der vorlesungsfreien Zeit im Urlaub befindet oder erkrankt ist. Das können Sie nicht immer wissen, daher lohnt es sich in jedem Fall, kurz nachzufragen. Drittens kann es auch sein, dass Ihrem Betreuer im Zuge der elektronischen Informationsflut sowie vieler anderer Projekte die Beantwortung der Mail schlichtweg durch die Lappen gegangen ist. Auch das ist menschlich und das sollten Sie in keiner Weise persönlich nehmen. Umso mehr wird er sich vor diesem Hintergrund über eine freundliche Nachfrage von Ihnen freuen.

1.8   Zusammenfassende Tipps

☺ Ein realistisch aufgestellter Zeitplan garantiert einen zeitlichen Überblick.

☺ Eingeplante Zeitpuffer verhindern unnötigen zeitlichen Druck und damit einhergehende Ungenauigkeit im Falle von Unvorhergesehenem.

☺ Eine (frühzeitige) Themensammlung während des Studiums oder Fragen wie: *Was fand ich besonders spannend? Was interessiert mich in Hinblick auf meinen privaten oder beruflichen Werdegang?* erleichtern die Themenfindung.

☺ Eine Gedankensammlung und -ordnung durch Hilfsfragen, einen Kriterienkatalog oder Mind-Mapping erleichtert die Themeneingrenzung und Grobgliederung.

☺ Visualisieren Sie für sich komplexe Zusammenhänge.

☺ Eine Gliederungsstruktur nach verschiedenen Komponenten bietet Unterstützung zur Gliederung der einzelnen Kapitel.

☺ Als Planer und Verfasser der eigenen Arbeit ist man selbst eine wenig objektive Instanz. Tauschen Sie sich mit Kommilitonen über Ihr Vorhaben und die geplante Vorgehensweise aus.

☺ Das Betreuergespräch sollte gut vorbereitet sein.

2 Literaturrecherche und Materialauswertung

Oft finden wir etwas ganz anderes, ja Besseres, als wir suchten, oft auch das Gesuchte selbst auf einem ganz anderen Wege, als den wir zuerst vergeblich danach eingeschlagen hatten.
Arthur Schopenhauer (1788 – 1860)

Lehrziel dieses Kapitels ist es, jedem Studierenden Wege der Literaturrecherche zu eröffnen. Zum Ende sollte jeder wissen und sicher sein,

- welche Literaturtypen grundsätzlich zu unterscheiden sind,
- welche Literaturarten es gibt und wofür sie sich besonders eignen,
- wie man die Literaturrecherche beginnt,
- welche (vielfältigen) Recherchemöglichkeiten zur Verfügung stehen,
- wie die einzelnen Quellen gegebenenfalls beschafft werden können,
- welche relevante Literatur es zur Beantwortung der Fragestellung gibt,
- die Qualität des Materials einschätzen zu können,
- seine Lesetechnik zu schulen und zu optimieren.

2.1 Fachliteratur erschließen

Fortschritt und Entwicklung sind ohne den Austausch auf praktischer und theoretischer Ebene undenkbar. Ähnlich ist dies beim Erstellen einer wissenschaftlichen Arbeit, die eine Eröffnung neuer Perspektiven, Entwicklung neuer Erkenntnisse und Lösungen zum Ziel haben sollte. Hierzu ist der Austausch mit Experten auf Literaturebene notwendig. Dies unterstützt zudem bei der Strukturierung der Arbeit. Denn erst durch ein breites Verständnis des Themas können Sie auf Basis der Literatur Ihre Thesen stützen sowie Thesen von anderen Verfassern argumentativ verteidigen oder ablehnen, um daraus die eigene zu entwickeln und zu begründen. Nach der Erstellung der Grobgliederung wird es Zeit, mit der ausführlichen Literaturrecherche zu beginnen, um die besonderen Merkmale, Problemstellungen und Differenzierungen in der Feingliederung strukturieren zu können. Die Literaturrecherche und Materialauswertung machen etwa 15 % der Bachelorarbeit aus. Zeitlich entspricht dies einem Rahmen von etwa 16 Tagen (▶ **Kap. 1.1**). Doch für viele Studierende stellt sich gerade jetzt die Frage: *Wie gehe ich jetzt am besten vor? Wo fange ich an? Wo höre ich auf? Wie und wann soll ich das* *bloß alles lesen?* Keine Angst, erstens werden Sie die notwendige Literatur finden, zweitens kann man in drei Monaten nicht alles lesen und drittens – zur Beruhigung sei hier gesagt – man muss es auch nicht. Die folgenden Kapitel sollen Ihnen Recherchewege und Vorgehensweisen aufzeigen sowie wesentliche Kriterien zur Materialauswertung und damit verbundene Lesetechniken vermitteln, die die Literaturrecherche und Auswertung erleichtern. Nur lesen, was für Sie wichtig ist, das müssen Sie selbst!

Sorgfältiges wissenschaftliches Arbeiten zeichnet sich dadurch aus, dass keine Vermutungen aufgestellt oder persönliche Erfahrungen geschildert werden, sondern dass Ergebnisse aus eigenen Analysen abgeleitet und damit nachvollziehbar sind, das heißt aus der einschlägigen Literatur entnommen wurden und mit entsprechenden Quellen belegt sind (▶ **Kap. 4**). Das bedeutet für empirische ebenso wie für literaturgestützte Arbeiten – dazu gehören auch wirtschaftswissenschaftliche Arbeiten –, dass eine umfangreiche Literaturrecherche, Materialauswertung und Verwendung der Quellen die Basis einer wissenschaftlich gehaltvollen Arbeit bilden.

2.1.1 Die wichtigsten Literaturquellen

Der wissenschaftliche Anspruch einer Arbeit lässt sich auch daran ablesen, welche Literatur hinzugezogen wurde. Grundsätzlich sollten Sie immer verschiedene Literaturquellen verwenden, um zu zeigen, dass sie die unterschiedlichen Typen kennen und einordnen können. Denn es gilt, die Qualität und unterschiedlichen Aussagen zu prüfen. Nicht jede Literaturquelle eignet sich für einzelne Arbeitsschritte (▶ **Kap. 2.1.2**). Die Unterscheidung von Primär- und Sekundärliteratur erleichtert Ihnen die Literaturrecherche von Beginn an. Der Begriff Primärliteratur bezeichnet die Originalquelle einer Information, wonach gegebenenfalls auch zitiert werden muss. Für Ihre Arbeit ist die Primärliteratur insofern von Bedeutung, als dass Sie zur Bekräftigung sowie zum Beleg Ihrer eigenen Argumente und Schlussfolgerungen nur aus Originalquellen zitieren sollten.

Daneben gibt es Sekundärliteratur, die auf qualifizierten Zusammenfassungen von Forschungsergebnissen oder bereits entwickelten Forschungsmethoden oder Ergebnissen aus Originalquellen basiert. Diese Art der Literatur eignet sich – abgesehen von Fachlexika und Handbüchern, auf die wir im weiteren Verlauf dieses Kapitels noch eingehen werden – nicht zur Zitation in wissenschaftlichen Arbeiten. Die Darstellung soll Ihnen einen Überblick über die wesentlichen Literaturtypen und die Verwendungsmöglichkeiten für Ihre Abschlussarbeit geben.

Tab. 3: Die verschiedenen Literaturtypen und ihre Merkmale (Quelle: In Anlehnung an Limburg/Otten (2011, S. 84))

Medium	Typ	Merkmal/Bedeutung
Fachzeitschriften (Artikel)	Primärliteratur	wichtigste Quelle
Discussion Paper	Primärliteratur	aktuellste Quelle
Sammelbände (Aufsätze, Festschriften, Dokumentationen)	Primär-/Sekundärliteratur	themaspezifisch ergänzend/erweiternd
Monografien (Fachbücher)	Primär-/Sekundärliteratur	themaspezifisch ergänzend/erweiternd
Dissertationen/Habilitationen	Primär-/Sekundärliteratur	Einstiegsliteratur, themaspezifisch ergänzend/erweiternd
Lehrbücher	Sekundärliteratur	Einstiegsliteratur, Quelle für Standardtheorien, -modelle und -methoden
Fachlexika und Handwörterbücher	Sekundärliteratur	Einstiegsliteratur, Nachschlagewerk

Generell ist bei den Literaturtypen zwischen Fachzeitschriften, Monografien, Sammelbänden und *grauer Literatur* zu unterschieden. Im Folgenden möchte ich Ihnen die wichtigsten Literaturarten in differenzierter Form in Hinblick auf die Möglichkeiten zur Bearbeitung Ihres Themas kurz vorstellen.

Fachlexika/Handwörterbücher

Um eine umfassende Übersicht zu erhalten, empfiehlt es sich bei der Literaturrecherche nach dem Prinzip vom Allgemeinen zum Besonderen vorzugehen. Möglicherweise arbeiten Sie bereits im (Arbeits-)Titel oder den folgenden inhaltlichen Ausführungen mit prägnanten Begriffen, die für konkrete Entwicklungen oder Zusammenhänge stehen. Fachlexika bieten vor diesem Hintergrund einen guten Einstieg in die Recherche, weil sie einen fundierten Überblick auf mögliche aktuelle Diskussionen oder relevante Entwicklungen sowie Hinweise auf weiterführende Literatur zum Beispiel Monografien oder Aufsätze geben.

Bei vielen Studierenden stellt sich angesichts der Wahl häufig die Frage, was das bessere Arbeitsmittel sei. Eine klare Antwort hierauf gibt es nicht, da die Unterschiede marginal sind. Während in Fachlexika die einzelnen Grundbegriffe eines Gebietes definiert werden, werden sie in Handbüchern eher in die Gesamtmaterie eingebettet einführend erläutert. Ein Pro oder Contra für das eine oder das andere ist daher kaum möglich. Hier kann und sollte jeder selbst entscheiden, was er für seine persönliche Vorgehensweise für geeigneter hält. In beiden Hilfsmitteln zum Einstieg in die Literaturrecherche finden sich einführende Darstellungen und Quellenverweise auf konkrete Begriffe und deren Bedeutung, Entwicklungen und Auswirkungen innerhalb bestimmter Fachgebiete.

Gängige Fachlexika und Handwörterbücher in den Wirtschaftswissenschaften sind zum Beispiel das »legendäre« *Gabler Wirtschaftslexikon* (Brich et. al., 2014), das auch als Online-Version unter www.wirtschaftslexikon.gabler.de verfügbar ist. Der Klassiker bietet ein umfassendes Informationsspektrum innerhalb der Bereiche Betriebswirtschaft, Volkswirtschaft, Recht und Steuern. Ein beliebtes Naschlagewerk in den Betriebswissenschaften ist das *Handwörterbuch Betriebswirtschaftslehre* (Köhler et. al., 2007). In rund 200 breit angelegten Artikeln werden Grundlagen und Entwicklungen innerhalb der Betriebswirtschaftslehre erläutert, zum Beispiel was man unter Managerial Accounting versteht, wie Supply Chain Management definiert wird, was die Durchführung einer Zufriedenheitsanalyse erfordert etc.

Literaturrecherche im Internet

Bei der Suche nach wissenschaftlicher Literatur kann auch das Internet hinzugezogen werden. Um sich einen ersten Einblick über das Thema zu verschaffen, ist das Medium bestens geeignet. Die meisten greifen im ersten Schritt auf die Online-Enzyklopädie Wikipedia zurück, um sich zunächst in das Thema einzulesen und sehen sich danach am Ende des Artikels die Links zu ersten, möglicherweise weiterführenden Literaturangaben an. Diese Vorgehensweise ist vollkommen legitim und bietet zusammen mit der Literaturrecherche in Fachlexika und Handwörterbüchern eine gute Ausgangsbasis zur Erschließung von Fachliteratur.

(!) **Keine Wikipedia-Zitate:** Über Wikipedia weiterführende Literaturhinweise zu erhalten, ist in Ordnung. Aber aus Wikipedia direkt zu zitieren ist absolut unzulässig! Dies wird von Ihrem Dozenten nicht gern gesehen, da die Inhalte nicht geprüft sind (▶ **Kap. 4.8**). Wenn Sie also in Ihrer Arbeit einen zentralen Begriff definieren möchten, orientieren Sie sich an Fachlexika oder Handwörterbüchern.

Lehrbücher

Neben den Fachlexika und Handwörterbüchern bieten auch aktuelle Lehrbücher einen guten Einstieg in die Literatur- und Quellensuche, da sie über die Grundlagendarstellung eines Fachgebietes hinaus in den meisten Fällen auf aktuelle Forschungsfragen und deren – soweit mögliche – Beantwortung in der Fachliteratur in Form von Literaturhinweisen in den Fußnoten oder zum Ende eines Kapitels verweisen. Das heißt, Lehrbücher beziehen sich auf bereits vorhandenes Wissen und entsprechende Veröffentlichungen. Daher sind sie ausschließlich als Sekundärquelle zu betrachten und nur bedingt für die Zitation geeignet.

☺ **Aus Primärquellen zitieren:** Generell gilt es für alle wissenschaftlichen Arbeiten, aus den Primärquellen zu zitieren. Es ist zulässig, Lehrbücher als Quelle für Standardtheorien und -methoden zu nutzen. Einige Prüfer, insbesondere jene, die zu Ihrem Thema selbst Lehrbücher verfasst haben, lassen jedoch Lehrbücher zur Zitation zu. Auf der sicheren Seite sind Sie in jedem Fall, wenn Sie die jeweilige Originalquelle suchen und daraus zitieren. Damit zeigen Sie, dass Sie sorgfältig arbeiten und die herangezogenen Quellen in ihrem Kontext auch tatsächlich kennen.

Fachzeitschriften

Das Fundament der Wissenschaft bildet der Dialog. Wissenschaftliche Diskurse erfolgen überwiegend in Aufsätzen. Wissenschaftliche Aufsätze haben gegenüber Monographien den Vorteil, die von einem oder mehreren Autoren über einen längeren Zeitraum verfasst werden, dass sie aktueller sind. Daneben sind sie kürzer und geben das Wissen komprimierter wieder. Aufsätze werden in Fachzeitschriften oder bezogen auf den englischsprachigen, internationalen Austausch in *Journals* veröffentlicht. Fachzeitschriften erscheinen regelmäßig – zum Beispiel das *Journal für Betriebswirtschaft (JfB)* mit vier Ausgaben pro Jahr oder jährlich. Zu nennen wären hier etwa exemplarisch für die Wirtschaftswissenschaften *Jahrbücher für die Nationalökonomie und Statistik.* Fachzeitschriften befassen sich mit den aktuellen Fragestellungen innerhalb eines Fachgebietes und bilden den gegenwärtigen Forschungsstand ab. Sie sind damit die wichtigste Literaturquelle für die Bearbeitung Ihrer Fragestellung. Es empfiehlt sich daher, die jüngsten Ausgaben, also die vergangenen zwei bis drei Jahrgänge einer einschlägigen Fachzeitschrift anzusehen. Dabei dürften Sie schnell einen guten, fundierten Überblick bekommen und weiterführende Literaturhinweise für Ihr Thema finden.

Weltweit gibt es über 800 wirtschaftswissenschaftliche Zeitschriften. Allein im deutschsprachigen Raum ist die Anzahl kaum zu überblicken, so dass eine dauerhaft allgemeingültige Aufstellung kaum möglich ist. Die nachfolgende Aufstellung kann daher nur als kleine Auswahl betrachtet werden, die Ihnen einen Eindruck über das vielfältige Angebot an deutschsprachigen Fachzeitschriften und internationalen Journals für die Bereiche Betriebs- und Volkswirtschaftslehre geben.

Auswahl gängiger deutschsprachiger Fachzeitschriften in der Betriebs- und Volkswirtschaftslehre

Absatzwirtschaft
Allgemeines Statistisches Archiv
Bank und Markt
Betriebswirtschaftliche Forschung und Praxis (BFuP)
Bilanz und Buchhaltung
Das Recht der Wirtschaft (RdW)
Die Bank
Die Betriebswirtschaft (DBW)
Industrielle Beziehungen – Zeitschrift für Arbeit, Organisation und Management
Journal für Betriebswirtschaft
Jahrbücher für Nationalökonomie und Statistik
Kredit und Kapital

Marketing
Medienwirtschaft
OR Spectrum
Perspektiven der Wirtschaftspolitik
Produktion und Logistik
Schmalenbachs Zeitschrift für betriebswirtschaftliche Forschung (zfbf)
Schmollers Jahrbuch
Wirtschaft und Statistik
Wirtschaft und Wettbewerb
Zeitschrift für Betriebswirtschaft
Zeitschrift für öffentliche und gemeinwirtschaftliche Unternehmen
Zeitschrift für Wirtschafts- und Sozialwissenschaften

Auswahl gängiger internationaler Journals in der Betriebs- und Volkswirtschaftslehre

Academy of Management Journal
Academy of Management Review
Administrative Science Quarterly
American Economic Review
Annual Review of Financial Economics
Annals of Statistics
Applied Economics Quarterly
Econometrica
European Economic Review
Journal of Business and Economic Statistics

Journal of Economic Literature
Journal of Finance
Journal of Marketing
Journal of Political Economy
Quarterly Journal of Economics
Review of Economic Studies
World Economy
World Bank Research Observer
Venture Capital: An International Journal of Entrepreneurial Finance

Wer sich einen **breiteren und differenzierteren Überblick** über das umfangreiche Zeitschriftenangebot verschaffen möchte, dem bietet der Börsenverein des deutschen Buchhandels unter www.buchhandel.de ein Verzeichnis lieferbarer Zeitschriften (VLZ). Daneben gibt es weitere Mediadatenbanken, die die Suche nach Fachzeitschriftstiteln erleichtern. Zu nennen wären hier www.zis-online.de, www.media-info.net oder www.planbasix.de.

Um die Qualität von Zeitschriftenaufsätzen einschätzen zu können, prüfen Sie, ob die Zeitschrift zu den *begutachteten Zeitschriften* (peer-reviewed oder refereed) gehört. Eine hilfreiche Quelle hierzu ist Ulrich's International Periodicals Directory. Es empfiehlt sich zudem, nachzusehen, ob bei der jeweiligen Zeitschrift klare Veröffentlichungsrichtlinien eingehalten werden müssen und ob die publizierten Artikel zuvor überprüft wurden. Darüber hinaus können Sie mit Hilfe von Rankings überprüfen, ob und welche Fachzeitschrift zu den anerkannten Zeitschriften der Wirtschaftswissenschaften gehört. Die folgende Aufstellung soll Ihnen die wichtigsten Rankings kurz vorstellen:

Handelsblatt-Ranking Betriebswirtschaftslehre

- Zeitschriftenliste für das Handelsblatt-BWL-Ranking 2012
- Ranking von 950 deutsch- und englischsprachigen Zeitschriften
  (http://www.handelsblatt.com/politik/oekonomie/bwl-ranking/-bwl-ranking-2012-bwl-ranking-2012-methodik-und-zeitschriftenliste/6758368.html)

Handelsblatt-Ranking Volkswirtschaftslehre

- Journalliste 2010
- Ranking von 1.250 deutsch- und englischsprachigen Zeitschriften
  (http://tool.handelsblatt.com/tabelle/?id=33)

Verband der Hochschullehrer für Betriebswirtschaft e. V. (VHB)

- JOURQUAL – dieses Ranking von betriebswirtschaftlich relevanten Zeitschriften basiert nach eigenen Angaben auf der Grundlage von Urteilen der VHB-Mitglieder.
  (http://vhbonline.org/service/jourqual/)

Graue Papiere

Die Bezeichnung *graue Papiere* ist synonym zu Instituts- oder Lehrstuhlbericht, Diskussionspapier/Discussion Paper oder Arbeitspapieren/Working Paper. Diese Papiere sind meistens Aufsätze, die für eine Fachzeitschrift oder einen Sammelband verfasst wurden und zunächst nur einem kleinen wissenschaftlichen Kreis bekannt sind. Sie sind damit hochaktuell. In der Regel stehen diese sogenannten grauen Papiere ausdrücklich unter dem Vorbehalt der Vorläufigkeit. Das heißt, es handelt sich hierbei um einen Literaturtyp mit Manuskriptcharakter, der für Ihre Fragestellung möglicherweise relevant ist, der allerdings für Außenstehende nicht zugänglich und somit auch nicht zitierfähig ist. Hinzu kommt, dass ein daraus entnommenes Zitat unter Umständen selbst in den Fachkreisen nicht mehr überprüfbar sein könnte. Denn: Die grauen Papiere müssen nicht zwangsläufig den Qualitätsansprüchen von Fachzeitschriften standhalten. Sie sind zunächst einmal als Teil eines Arbeitsprozesses zu verstehen. Bevor ein Autor sich mit einem Artikel an eine Fachzeitschrift wendet, wird das Papier in einem Expertenkreis zur Diskussion gestellt. Solche Fachdiskussionen können in Internetforen – und damit auch einer breiteren Interessengruppe – zugänglich gemacht werden, aber auch in Arbeitskreisgesprächen und Fachkonferenzen. Die Anregungen und konstruktive Kritik, die sich aus der Fachdiskussion ergibt – und das ist auch das Ziel des wissenschaftlichen Austausches zwischen den Autoren –, können dazu führen, dass am Ende nichts mehr so ist, wie es war. Das bedeutet, der Verfasser kann seine vorläufigen Ergebnisse soweit korrigieren und im weiteren Austausch mit Fachkollegen auch noch, dass er abschließend zu anderen Ergebnissen gelangt. Damit wäre ein von Ihnen entnommenes Zitat hinfällig. Solange der Aufsatz noch nicht in einer Fachzeitschrift oder einem Sammelband publiziert wurde, befindet er sich noch in einem vorläufigen Stadium. Allerdings vergehen im Zuge der wissenschaftlichen Diskussion innerhalb der Fachkommissionen und dem Begutachtungsverfahren des Verlages häufig einige Monate, wenn nicht mehr als ein Jahr. Ein Zeitraum, der über die Ihre Bachelorarbeit hinausgeht.

☺ **Besondere Verwendung.** Graue Papiere sollten Sie wirklich nur dann verwenden, wenn sie so aktuell sind, dass es noch keine veröffentliche Version in einer Fachzeitschrift oder einem Sammelband gibt. Ein gutes Indiz für den Qualitätsanspruch des Papiers ist, wenn es von einem anerkannten Wissenschaftler erstellt wurde oder in einer anerkannten Working Paper Serie publiziert ist.

Aufsätze in Sammelbänden

Sammelbände umfassen Artikel verschiedener Autoren oder Autorenteams zu unterschiedlichen Problemstellungen innerhalb eines übergeordneten Themas. Es gilt bei der Zitation allerdings zu prüfen, ob es sich dabei um Primär- oder Sekundärliteratur handelt. Denn in den meisten Fällen stellen Sammelbände Sekundärliteratur dar. Jedoch bieten sie eine gute Basis für die weitere Literaturrecherche, indem Sie sich auf die Suche nach der Originalquelle machen und diese mit Blick auf ihre Fragestellung auswerten können.

Monographien/Fachbücher

Eine Monographie widmet sich im Gegensatz zu Handwörterbüchern einer umfassenden Abhandlung zu einer speziellen Fragestellung oder einem bestimmten Problem. Sie richtet sich in der Regel an Wissenschaftler und kann als Primär- oder Sekundärliteratur verwendet werden. Ist die Literatur als Sekundärliteratur einzuordnen, gelten für sie dieselben Richtlinien wie für Aufsätze in Sammelbänden oder für Lehrbücher.

Dissertationen und Habilitationen

In einer Dissertation oder Habilitation setzt sich ein Autor mit einem bestimmten Thema auseinander. Diese wissenschaftlichen Arbeiten erscheinen als Monographie. Kommt der Autor – und das sollte das Ziel einer Dissertation oder Habilitation sein – in seiner Schrift zu neuen Argumentationen, Theorien oder Forschungsergebnissen, so sind diese durchaus als Primärquellen zu betrachten und dürften nach den Zitierrichtlinien entsprechend zitiert werden. Bezieht sich der Verfasser in seinen Abhandlungen auf andere Autoren, handelt es sich an diesen Stellen um Sekundärquellen, die Sie bei Relevanz im Original recherchieren sollten.

2.1.2 Ausgangspunkte für die Literatursuche

Bevor Sie mit der Literaturrecherche beginnen, noch zwei grundsätzliche Tipps, die Ihnen bei der Auswahl helfen:

- Achten Sie auf das Erscheinungsdatum. Gerade bei der ersten Literatursuche empfiehlt es sich, vor allem neue Literatur heranzuziehen, um einen Überblick über den aktuellen Forschungsstand zu gewinnen. Klassiker kann man sich bei Bedarf später noch genauer ansehen.
- Haben Sie keine Scheu vor fremdsprachiger Literatur. Viele Werke sind in englischer Sprache verfasst. Englisch ist heute die führende internationale Wissenschaftssprache und wird auch von Ihrem Betreuer verstanden. Es ist heute üblich, englische Zitate zu verwenden und mit englischer Literatur zu arbeiten.

Ein guter Ausgangspunkt für die Recherche sind die Literaturempfehlungen des betreuenden Dozenten. Diesen sollte man unbedingt folgen. In der Regel empfiehlt ein Betreuer nur Werke oder Autoren, die er selber anerkennt und schätzt und die somit als eine gute Ausgangsbasis zu werten sind. Ist dies nicht der Fall, sollte man sich in der Universitäts- oder Fachbibliothek des jeweiligen Hochschulbereichs zunächst in Fachlexika oder Handbüchern nach dem Schneeballsystem einen ersten Überblick über den Stand der Forschung verschaffen.

Jeder kennt sicher das Prinzip des Schneeballsystems, nach dem Kinder nach wie vor am liebsten Schneemänner bauen: Man formt aus einer Handvoll Schnee eine kleine Kugel und rollt diese durch den Schnee bis ein riesiger Schneeball entsteht. Häufig wird auch bei der Literaturrecherche vom Schneeballsystem gesprochen. Es bezeichnet hier ein Verfahren, mit dem Quellenangaben oder Literaturverzeichnisse in Hinblick auf geeignete Literatur durchsucht werden. Das bedeutet, dass man sich ausgehend von einer bestimmten Quelle, die für das eigene Thema von Relevanz ist, zu interessanten Literaturhinweisen vorarbeitet.

Das Schneeballsystem ist sinnvoll, um sich einen ersten Überblick über die vorhandene Forschungsliteratur zu verschaffen, weil es einfach anzuwenden ist, schnell eine Vielzahl wichtiger, in Frage kommender Literatur erschließt und sich bei weiteren Quellen beliebig oft wiederholen lässt. Den Ausgangpunkt des Schneeballsystems bilden aktuelle Fachlexika oder Handwörterbücher sowie Lehrbücher und Fachzeitschriften. Die nachstehende Abbildung veranschaulicht die Vorgehensweise nach dem Schnellballsystem noch einmal zusammenfassend.

Sie werden sehen, wie viel Literatur Sie zu Ihrem Thema finden werden. Und genau hier stellt sich vielen Studierenden die Frage: *Wie soll ich diese Berge nur bewältigen?* Die Antwort hierauf ist einfach: *Gar nicht!* Denn – zur Beruhigung sei erklärt – es ist schlichtweg unmöglich, innerhalb des für die Bachelorarbeit vorgegebenen Zeitraums, jedem einzelnen Literaturhinweis zu folgen. Um Wichtiges von Unwichtigem trennen zu können (▶ **Kap. 2.4**), empfiehlt es sich, die Literaturverzeichnisse dahingehend zu sichten, ob bestimmte Literatur zu Ihrem Thema häufig genannt wird. Das lässt darauf schließen, dass diese Literatur oder der Autor für Ihre Arbeit besonders interessant sein könnte.

(!) In vielen Literaturverzeichnissen findet sich auch **ältere Literatur.** Versuchen Sie bei der Auswahl darauf zu achten, soweit wie möglich aktuelle Forschungsliteratur heranzuziehen. Das erleichtert Ihnen auch die Eingrenzung. Daneben gilt es im Auge zu halten, ob einige Autoren sich nicht immer wieder untereinander zitieren. Das könnte zu ei-

Abb. 9: Einstieg und Ausgangspunkt für die Literaturrecherche nach dem Schneeballsystem

ner einseitigen und damit nicht objektiven Sichtweise verleiten. Versuchen Sie nach Möglichkeit, auch andere Verfasser oder wichtige Quellen zu finden, um durch Prüfung der verschiedenen Standpunkte zu Ihrem Ergebnis zu gelangen.

2.2 Möglichkeiten der Literaturrecherche

Die wichtigsten und für das wissenschaftliche Arbeiten notwendigen Literaturformen haben wir in dem vorangegangenen Kapitel kennen gelernt. Im Folgenden soll aufgezeigt werden, wie sich die verschiedenen Literaturtypen und die Quellen in der Bibliothek finden und gegebenenfalls beschaffen lassen. Im ersten Schritt sollen Ihnen in diesem Kontext konventionelle Möglichkeiten vorgestellt werden, das heißt, die Recherche vor Ort in der Bibliothek. Viele Zeitschriften und damit auch Aufsätze sind inzwischen auch online publiziert, und erleichtern den Zugang. Vor diesem Hintergrund liegt der Focus im zweiten Schritt auf den elektronischen Datenbanken.

2.2.1 Klassische Vorgehensweise

Informationsstellen in Fachbibliotheken

Die meisten Fachbibliotheken bieten durch geschultes Personal Hilfestellungen bei der Suche nach möglichen, geeigneten Rechercheinstrumenten und spezieller Fachliteratur. Zur Erschließung relevanter Literatur sollten Sie Ihre Fragestellung und die Beschreibung des Themas weitgehend konkretisiert haben.

☺ Es empfiehlt sich, vor Beginn der eigentlichen Literaturrecherche – und das gilt für alle nachfolgend vorgestellten Möglichkeiten – **mit dem Angebot Ihrer Bibliothek vertraut zu machen.** Einige Fach- und Universitätsbibliotheken bieten spezielle Einführungen.

Schlagwortkataloge

Viele Fachbibliotheken haben ihre Bestände nach bestimmten Ordnungskriterien katalogisiert. Über ein Stichwort oder ein Schlagwort innerhalb Ihres Themas können Sie sich so schnell einen Überblick sowie einen Zugang zu den Literaturbeständen verschaffen.

Bibliografien

Bibliografien sind eigenständige Verzeichnisse von Literaturnachweisen, die Gesamtliteratur eines Forschungsgebietes fach- und themenbezogen abbilden. Sie sind in der Wissenschaft daher ein unerlässliches Hilfsmittel zur Erschließung von Literatur in den Geisteswissenschaften. Über monographische Titel hinaus sind darin auch die Literaturangaben wissenschaftlicher Aufsätze verzeichnet. Alle in einer Bibliografie aufgenommenen Titel wurden zuvor von einer Redaktion ausgewertet und mit Schlagwörtern versehen. Universitätsbibliotheken bieten eine Vielzahl von Bibliografien, die dort gesammelt in Form von Bibliothekskatalogen oder als Bestandsverzeichnisse in gedruckter Form vorliegen. Bibliografien werden von Institutionen, Bibliotheken, wissenschaftlichen Vereinigungen oder Verbänden herausgegeben. Sie erfassen die Literatur eines bestimmten Jahres oder beziehen sich auf einen abgeschlossenen Zeitraum.

In den Hochschulbibliotheken sind die Fachbibliografien nach Jahrgängen oder Erscheinungsturnus geordnet. Wählen Sie die aktuellste Ausgabe, um soweit wie möglich Einblicke in die gegenwärtige Forschungsliteratur zu bekommen. Bibliografien sind nach Schlag- und Stichwörtern geordnet. Ein alphabetisches Register verweist hierbei auf Nummern, unter denen Literatur zu einem bestimmten Thema zu finden ist. Einzelne Einträge bieten dazu kurze Abstracts zu den Literaturangaben, aus denen man schnell ersehen kann, ob die Literatur tatsächlich relevant für das eigene Thema ist.

Nachstehend soll einen Überblick über die relevanten Bibliografien für die wirtschaftswissenschaftliche Literatur (Bücher und Zeitschriftenartikel) geben:

- Betriebswirtschaftliche Zeitschriften-Dokumentation (gedruckte Version der Datenbank BLISS – Betriebswirtschaftliches Literatur-, Informations- und Suchsystem)
- Bibliographie der Wirtschaftswissenschaften
- Cumulative Book Index
- Internationaler betriebswirtschaftlicher Zeitschriftenreport
- Katalogwerk der Bibliothek des Institutes für Weltwirtschaft an der Universität Kiel
- Journal of Economic Literature
- Verzeichnis lieferbarer Bücher (VLB)
- Zeitschriften-Informationsdienst Betriebswirtschaft und Personalwesen

☺ Ein Blick in die Fachbibliografien Ihres Studienfaches sollte fester Bestandteil der Literaturrecherche sein, da Bibliografien sich durch den Anspruch ihrer Vollständigkeit und Qualitätsprüfung der zu einen bestimmten Thema veröffentlichten Literatur auszeichnen. Möglicherweise findet sich Ihre Fragestellung in einem Literaturverweis, den Sie über die Suche nach bestimmten Schlagwörtern so nicht gefunden hätten. Aufgrund der thematischen Zusammenstellung können Sie auch wichtige Aufsatztitel finden, die das Schlüsselwort nicht enthalten, und nach Prüfung der Originalquelle diese Literatur als Ergänzung zu Ihrem Wissen und dem aktuellen Forschungsstand nutzen.

Literaturanalyse

Einen besonderen und wichtigen Bereich wissenschaftlicher Arbeiten stellt die Literaturanalyse dar. In diese Form der Veröffentlichung werden bereits in anerkannten Fachzeitschriften (▶ **Kap. 2.2.1**) erschienene Forschungspapiere zu einem klar definierten, also eingegrenzten Thema analysiert. Publikationen, die in eine Literaturanalyse aufgenommen und untersucht werden, sind ein Indiz dafür, dass es sich mit Blick auf die aktuelle Forschung um neue Erkenntnisse, Modelle oder Methoden handelt, die es im weiteren Forschungsverlauf zu untersuchen gilt und die diese möglicherweise entscheidend voranbringen können. Die meisten Literaturanalysen spiegeln sich bereits in Titeln wie *Stand der Forschung, Stand von Wissenschaft und Forschung, Examination of Research, Literature Review* oder *Review of Research* wider. Sie können jedoch auch für Einleitungen oder Zusammenfassungen stehen. Daher lohnt sich immer ein Blick in das Inhaltsverzeichnis (▶ **Kap. 2.3**).

Institutionen, Organisationen, Verbände, Forschungseinrichtungen etc.

Aktuelle Fachliteratur zu den jeweiligen Spezialgebieten bieten auch Veröffentlichungen verschiedener Organisationen, Institutionen, Verbände und (Forschungs-)Einrichtungen. Oftmals erscheinen in diesen Einrichtungen Jahres-, Forschungs- oder Geschäftsberichte, die für Ihre Fragestellung hinzugezogen werden können. Einige dieser Quellen sind zum Teil in den Bibliotheken zu finden oder auf den Internetseiten der verschiedenen Einrichtungen zugänglich. Wer lieber mit einer gedruckten Version arbeitet, solle sich mit seinem Anliegen kurz telefonisch oder per E-Mail vorstellen und sein Anliegen erläutern. Die Erfahrung zeigt, dass die meisten Einrichtungen sich über das Interesse Ihrer Untersuchungen in Hinblick auf die Forschung freuen und gerne Materialien zur Verfügung stellen. Als Fachliteratur können sich Veröffentlichungen in Form von Untersuchungsergebnissen, Statistiken, Analysen oder wissenschaftliche Empfehlungen zum Beispiel folgender Einrichtungen anbieten:

- Bundesagentur für Arbeit (BfA)
- Bundesgerichtshof, Bundes-, Oberlandesgerichte
- Bundes- und Landesministerien
- Bundesvereinigung der Deutschen Arbeitgeberverbände e. V. (BDA)
- Bundesverband der deutschen Industrie e. V. (BDI)
- Deutsche Bundesbank
- Industrie- und Handelskammer (IHK)
- Internationale Institutionen und Organisationen – zum Beispiel: Europäische Union (EU), Vereinte Nationen (UN), Gruppe der Acht (G8) Organisation für wirtschaftliche Zusammenarbeit und Entwicklung (OECD), Organisation erdölexportierender Länder (OPEC), Europäische Zentralbank (EZB), Weltbank, Internationaler Währungsfond (IWF), Welthandelsorganisation (WTO)
- Sachverständigenrat zur Begutachtung der gesamtwirtschaftlichen Entwicklung
- Wissenschaftliche Fach- und Forschungsinstitute, -gesellschaften und -vereinigungen – zum Beispiel: Max-Planck-Institut (MPI) für Ökonomik/ MPI zur Erforschung von Wirtschaftsthemen/ MPI für Gesellschaftsforschung, Forschungsgesellschaft für Energiewirtschaft (FfE), Deutsche Forschungsgemeinschaft (DFG), Deutsche Vereinigung für Finanzanalyse und Asset Management (DVFA)

Statistiken/Meinungsforschungsdaten

Insbesondere zu mathematisch-rechnerisch nachvollziehbaren Analysen, sich daraus ableitenden Prognosen oder zur Visualisierung von Entwicklungen in wissenschaftlichen Arbeiten sollte Sie überprüfbare Zahlen hinzuziehen. Statistiken zu einer Vielzahl von Untersuchungsbereichen bieten zum Beispiel folgende Institutionen oder Gesellschaften:

- Auswärtiges Amt (http://www.auswaertiges-amt.de/DE/Startseite_node.html)
- Europäische Kommission/ Eurostat (http://epp.eurostat.ec.europa.eu/portal/page/portal/eurostat/home/)
- Statistisches Bundesamt (https://www.destatis.de/DE/Startseite.html)
- Forsa Gesellschaft für Sozialforschung und statistische Analysen mbH (http://www.forsa.de/)

- Gesellschaft für Konsumforschung (http://www.gfk.com/Pages/default. aspx)
- TNS Emnid Politik- und Sozialforschung (http://www.tns-emnid.com/)

2.2.2 Elektronische Datenbanken

Neben der Literaturrecherche in Fachlexika, Handwörterbüchern, Inhaltsverzeichnissen und gedruckten Bibliografien nach dem Schnellballsystem, das sich besonders für den Einstieg eignet (▶ **Kap. 2.1.2**), bieten elektronische Datenbanken weitere Möglichkeiten zur effizienten Literatursuche. Eine perfekte Symbiose ergibt sich aus der Nutzung beider Vorgehensweisen.

Die meisten Universitätsbibliotheken stellen Online-Kataloge, die Online Public Access Catalogues (OPAC), zur Verfügung und können auch von zu Hause ausgenutzt werden. Das erspart unter Umständen viel Zeit. In den elektronischen Katalogen und Datenbanken können Sie die relevanten Suchbegriffe eingeben, um nach entsprechender Literatur zu recherchieren. Daneben können Sie überprüfen, in welchen Datenbanken Ihr Schlagwort am häufigsten und in welchem Zusammenhang auftaucht und entscheiden, welche für Ihre Fragestellung am interessantesten ist. Zu den wichtigsten Literaturdatenbanken für die Wirtschaftswissenschaften gehören:

- ABI/INFORM wertet überwiegend Wirtschaftsinformationen und Quellen aus dem englischsprachigen Raum aus
- ASSIA (Applied Social Sciences Index and Abstracts) umfasst über 600 englischsprachige Journale
- AWIDAT (Abfallwirtschaftsdatenbank) ist eine Datenbank, die innerhalb des Informations- und Dokumentationssystems UMPLIS beim Umweltbundesamt (UBA) betrieben wird.
- BIBLIODATA ist eine fächerübergreifende Sammlung sämtlicher bei der Deutschen Bibliothek in Frankfurt ab 1972 registrierten selbständigen Druckwerke mit wöchentlicher Fortschreibung
- BLISS (Betriebswirtschaftliches Literatur-, Informations- und Suchsystem) ist die Online-Version der Betriebswirtschaftlichen Zeitschriften-Dokumentation
- ECONIS (Economics Information System) ist der Online-Katalog der Zentralbibliothek der Wirtschaftswissenschaften in Kiel
- SOLIS (Sozialwissenschaftliches Literaturinformationssystem) dokumentiert deutschsprachige Literatur zu Soziologie, Sozialpolitik, Wirtschaftswissenschaften, Demographie und Publizistik

Über diese Datenbanken erhalten Sie Informationen zum Autor, Titel, Quelle, Erscheinungsdatum sowie eine Kurzfassung der Publikation.

☺ **Schlagwörter variieren.** Je mehr Sie ihr Schlagwort bei der Online-Recherche variieren, umso mehr Suchergebnisse werden Sie erhalten. Dafür bieten sich Synonyme, verschiedene Ober- und Unterbegriffe aber auch Schlagwörter an, die man in Lehrbüchern, Monografien oder Aufsätzen gefunden hat.

Viele Bibliotheken trennen die Kataloge für die Hauptbibliothek, für die Fachbibliotheken und Zeitschriften. Wer sich unsicher ist, wie er am besten vorgehen soll, sollte vorher eine Einführung in das Bibliotheksystem seiner Hochschule nutzen, um sich mit den Systematiken, den Fachbibliotheken, dem Kopiersystem, der Magazinbestellung oder Fernleihe sowie der Dokumentenlieferdienste vertraut zu machen (▶ **Kap. 2.1.2**).

Aufsatzdatenbanken und Bibliografien

Die meisten Fachzeitschriften und Bibliografien erscheinen auch online und sind über die Hochschulbibliothek einsehbar. Das hat den Vorteil, dass man sich bei der Literaturrecherche viel Zeit ersparen kann, da man sich die Artikel als PDF-Datei herunterladen kann. Die Suche funktioniert dabei ähnlich dem OPAC-System. Man gibt verschiedene Schlüsselwörter ein und variiert Ober- und Unterbegriffe. Über die Datenbank lässt sich zudem schnell prüfen, ob die Zeitschrift in der Bibliothek vorhanden ist. Sollte dies nicht möglich sein, können Sie über den Katalog der Hochschulbibliothek gehen.

Einige Verlage bieten Fachartikel auch direkt auf ihrer Homepage an. Einen guten Überblick über die vorhandenen Online-Zeitschriften bietet beispielsweise die *Elektronische Zeitschriftenbibliothek der Universität Regensburg* (EZB), (http://ezb.uni-regensburg.de). Das Portal umfasst rund 55.000 wissenschaftliche Zeitschriftentitel mit Online-Zugang. Weitere kostenlose wissenschaftliche Fachzeitschriften zum Download bieten zum Beispiel auch das Zentrum für europäische Wirtschaftsförderung (http://www.zew.de/de/) sowie das Deutsche Institut für Wirtschaftsforschung/ Universität Bielefeld – Zeitschrift für Soziologie (http://www.zfs-online.org/).

2.2.3 Literaturrecherche im Internet mit Metasuchmaschinen

Als eine Ergänzung zur klassischen Literatursuche (▶ **Kap. 2.2.1**) kann die Suche nach Fachliteratur für eine wissenschaftliche Arbeit im Internet verstanden werden. Google allein reicht hierzu längst nicht mehr. Hinzu kommt, dass Google nur etwa geschätzte 10 Prozent aller Websites ermitteln kann, da es lediglich das Oberflächenweb durchsuchen kann – und Sie möchten und sollten schließlich in Ihrer Arbeit 100 Prozent der relevanten Literatur zu Ihrem Thema sichtbar machen. Inzwischen gibt es jedoch verschiedene Suchmaschinen, die speziell für die Suche nach wissenschaftlicher Literatur entwickelt wurden und stetig optimiert werden. Vielleicht haben Sie schon von Metasuchmaschinen gehört. Mit Hilfe dieser Online-Suchmaschinen können Sie in zahlreichen Datenbanken nach Literatur zur Ihrer Fragestellung recherchieren. Die wesentlichen Metasuchmaschinen werden nachfolgend kurz vorgestellt.

Google Scholar

Auch die weltweit größte allgemeine Suchmaschine Google bietet mit Google Scholar (*http://scholar.google.de/*) eine Metasuchmaschine zur Ermittlung wissenschaftlicher Literatur. Google Scholar durchsucht dazu eine Vielzahl wissenschaftlicher Server. Dabei liegen besonders Fachzeitschriften im Fokus. Das System hat den Vorteil, dass man nach Erscheinungsdaten suchen kann, indem man die Jahreszahl angibt. Somit lässt sich gezielt nach der aktuellsten Forschungsliteratur suchen.

MetaGer

MetaGer (*https://www.metager.de/*) ist eine deutsche Metasuchmaschine, die bereits 1996 an der Universität Hannover entwickelt und seit 2012 in Kooperation des SUMA-EV weiterentwickelt wurde. Diese Suchmaschine ermöglicht einen zielgerichteten Zugriff auf eine Vielzahl von klassischen und wissenschaftlichen Suchmaschinen sowie die Suche nach speziellen PDF-Dateien.

☺ **Weitere wissenschaftliche Suchmaschinen**, die zur Internetrecherche ebenfalls zu empfehlen sind, sind das *Forschungsportal.NET* (*http://www.bmbf.de/de/5355.php*) des Bundesministeriums für Bildung und Forschung (BMBF) sowie die *CiteSeer* Scientific Literature Digital Library (*http://citeseerx.ist.psu.edu/index*), die sich besonders für die Literatursuche in der Informatik oder den Informationswissenschaften anbietet.

Karlsruher Virtueller Katalog (KVK)

Der KVK (*http://www.ubka.uni-karlsruhe.de/kvk.html*) ist ein Metakatalog der Universität Karlsruhe. Der Online-Dienst ist frei verfügbar und sucht in allen deutschsprachigen sowie in einer Vielzahl weiterer internationaler Online-Bibliothekskataloge (OPACs) von Bibliotheksverbünden und Nationalbibliotheken gleichzeitig. Darüber hinaus ermöglicht der KVK einen Zugriff auf verschiedene Datenbanken des Buchhandels. Einige von Ihnen kennen möglicherweise auch den Metakatalog *Worldcat* (http://www.worldcat.org), der weltweit Bibliothekskataloge mehrerer Tausend Bibliotheken durchsucht. Bei Ihrer Recherche über den KVK wird dieser ebenfalls durchsucht. Das erspart Ihnen eine zusätzliche Suche. Der KVK ist zugleich ein Verbundkatalog und eignet sich besonders dann, wenn eine bestimmte Publikation in der Universitäts- oder Fachbibliothek nicht im Bestand ist. Somit können Sie gegebenenfalls wichtige Forschungsliteratur per Fernleihe bestellen.

2.3 Literatur außerhalb des eigenen Standortes beschaffen

In Normalfall verfügt keine Universitätsbibliothek in Ihren Beständen über die gesamte für Sie relevante Fachliteratur. Das würde tatsächlich jedes Gebäude, Magazin und jede Datenbank sprengen. Jedoch bietet Ihnen Ihre Hochschulbibliothek zahlreiche Möglichkeiten, die benötigte Literatur mit vertretbarem Aufwand und relativ zu beschaffen.

Dokumentenlieferdienste

Sollten die Fachzeitschrift und der Aufsatz nicht im Bestand in der Universitäts- oder Fachbibliothek sein, kann man sich überlegen, ob man diesen direkt online über einen Dokumentenlieferdienst bestellen möchte. Ein Dokumentenlieferdienst ist ein Dienstleister, der Kopien von Aufsätzen aus Fachzeitschriften und Beiträgen aus Sammelbänden und anderen Publikationen als Scan oder PDF gegen ein Entgelt per Post liefert. Eine elektronische Lieferung per E-Mail oder PDF wird wegen des Urheberrechts nur in Einzelfällen angeboten. Dokumentlieferdienste haben gegenüber der konventionellen Fernleihe den Vorteil, meist kürzere Lieferzeiten zu haben, da diese Dienste die bestellte Literatur direkt an Ihren Arbeitsplatz liefern. Allerdings liegen die Kosten meist deutlich über den Gebühren für eine Fernleihe. In aller Regel erhält man eine Kopie in wenigen Tagen, auf Wunsch auch binnen 24 Stunden. Die meisten Universitätsbibliotheken arbeiten hierbei mit den bundesweiten Dokumentenlieferdiensten *subito*, einem Verein aus Bibliotheken zur Beschaffung von Büchern und Zeitschriften, *GetInfo*, einem Portal für technisch-naturwissenschaftliche Fach- und Forschungsinformationen der Technischen Informationsbibliothek (TIB) in Hannover,

Ingenta, einer Online-Plattform mit einer umfangreichen Aufsatz-Datenbank, in der kostenlos recherchiert werden kann sowie mit *Infotrieve*, einem Portal zur Recherche nach Zeitschriften und Zeitschrifteninhalten aller Fachgebiete mit Volltext-Lieferservice inklusive »Panikservice« – einer Lieferung innerhalb von 2 bis 4 Stunden, sofern die Bestellung bis 15.00 Uhr eingeht.

Fernleihe

Ähnlich wie Dokumentenlieferdienste funktioniert das Prinzip der Fernleihe. Durch überregionale Kataloge lässt sich auch spezielle Literatur außerhalb des eigenen Bibliotheksstandorts ermitteln. Auf die meisten Spezialkataloge kann man direkt über die Homepage der Universitätsbibliothek zugreifen. Darüber hinaus bietet ein (virtueller) Blick in andere Universitäts- oder Landesbibliotheken, die Deutsche Nationalbibliothek (*http://www.dnb.de/DE/Home/home_node.html*) oder The European Library (*http://www.theeuropeanlibrary.org/tel4/*) eine gute Möglichkeit, sich über vorhandene Forschungsliteratur und deren Beschaffungsmöglichkeiten zu informieren. Haben Sie einzelne Publikationen wichtiger Forschungsliteratur zu Ihrem Thema gefunden, so können Sie diese per Fernleihe bestellen, sofern das Buch tatsächlich nicht in der Universitäts- oder Fachbibliothek erhältlich ist. In diesen Fällen würde Ihre Bestellung nicht weitergeleitet. Für Fernleihen gilt, dass nur die am Ort nicht vorhandene Literatur bestellt werden kann. Ihre Bibliothek kümmert sich dann um die Beschaffung dieser Literatur von anderen Bibliotheken im In- und Ausland. Für die Bestellung und Lieferung fällt eine kleine Gebühr von etwa ein bis zwei Euro an – auch wenn letztlich die Literatur nicht beschafft werden konnte. Das kann von Bibliothek zu Bibliothek unterschiedlich sein.

☺ **Literatur frühzeitig bestellen!** Die Lieferzeit für einen bestellten Artikel oder ein Buch liegt zwischen zwei bis sechs Wochen. Daher ist es wichtig, das Material frühzeitig zu bestellen und gleichzeitig auch in die zeitliche Planung für Ihre Auswertung einzubeziehen, um auch tatsächlich während der Literaturauswertungsphase damit arbeiten zu können. Am besten informieren Sie sich an Ihrer Hochschulbibliothek auch gleich über die Nutzungsbedingungen. Denn die Nutzungsdauer ist unterschiedlich und wird von der jeweils ausleihenden Bibliothek festgelegt. Im Allgemeinen stehen dem Nutzer Bücher, die über Fernleihe bezogen werden, nur wenige Wochen zur Verfügung. Zwar ist oft eine Verlängerung möglich, doch nicht immer garantiert. Denn auch andere könnten daran interessiert sein und sich das Buch bereits während Ihrer Ausleihphase vorgemerkt haben. Ferner kann die ausleihende Bibliothek die Publikation bei Bedarf auch während ihrer Verlängerung jederzeit zurückrufen.

Allerdings kann man nicht alles per Fernleihe bestellen. So sind erfahrungsgemäß Diplom-, Master-, Bachelor-, Magister- und Examensarbeiten nicht oder nur schwierig zu beschaffen. Von der Fernleihe gänzlich ausgeschlossen sind Loseblattsammlungen, Original-Schriftstücke, alte oder wertvolle Bücher oder extrem großformatige Werke.

☺ **Antiquariate als Alternative.** Handelt es sich bei der für Sie wichtigen Literatur um ältere Bücher, können Antiquariate eine Alternative zur Fernleihe bieten. Das weltweit größte Online-Antiquariat für deutschsprachige Titel, das *Zentrale Verzeichnis Antiquarischer Bücher* (http://www.zvab.com/index.do), ermöglicht einen Zugriff auf eine Vielzahl von Antiquariaten, bei denen man die benötigte Literatur oft preiswert kaufen kann und binnen weniger Tage erhält.

2.4 Materialauswertung

Die verschiedenen Ebenen und Kriterien, die bei der Recherche der zentralen Literatur zur Fragestellung hilfreich sind, haben wir bereits im Kapitel 2.1 kennengelernt. Doch wie soll man sich einen Überblick über den Gehalt des – je nach Disziplin und Fragestellung in Teilen hiesigen – Angebotes an Monografien, Aufsätzen in Sammelbänden, wissenschaftlichen Artikeln in Fachzeitschriften oder Internetportalen- oder -foren zum Thema verschaffen?

Wie bereits festgestellt ist es nicht möglich und sinnvoll, die gesamte Literatur ausführlich zu lesen (▶ **Kap. 2.2**). Aber es gibt effiziente Vorgehensweisen, um herauszufinden, ob das vorhandene Material tatsächlich für die individuelle Themenstellung und Bearbeitung relevant ist. Grundsätzlich bieten sich die folgenden Fragen und Kriterien an, die es erleichtern, das Werk oder den Beitrag inhaltlich einzuschätzen und zu entscheiden, ob es sich lohnt, das Material intensiv zu lesen oder ob man sich zunächst einmal nur die Signatur notiert, um vielleicht später noch einmal bei Bedarf darauf zurückzugreifen.

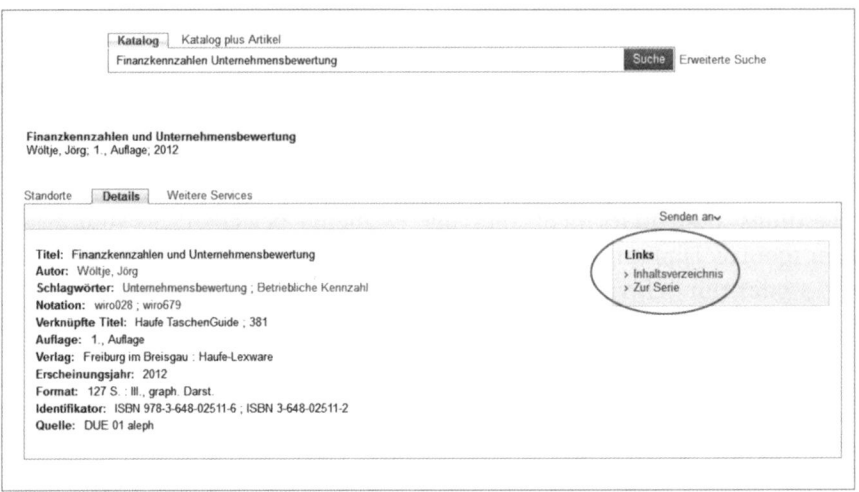

Abb. 10: Beispiel für eine mögliche Vorgehensweise, um Einblick in das Inhaltsverzeichnis zu nehmen

Empfehlungen für die Beurteilung des Materials:

1. Um welche Form von Literatur handelt es sich? Handelt es sich insbesondere bei Aufsätzen um Quellen, also Primärliteratur, oder doch um Sekundärliteratur?

2. Handelt es sich um einen Aufsatz in einer Fachzeitschrift, empfiehlt es sich zu prüfen, ob die Qualität durch ein Peer-Group-Verfahren wissenschaftlich geprüft wurde und damit zu den *begutachteten Zeitschriften* (peer-reviewed oder refereed) gehört, und ob die Zeitschrift in bekannten Rankings vertreten ist (► **Kap. 2.1.1**).

3. Lassen sich über den Titel und gegebenenfalls Untertitel hinaus anhand des Buchrückens, Klappentextes sowie aus der Einleitung und der Zusammenfassung Ziele, Methoden, Argumente und/oder Ergebnisse entnehmen oder ableiten, die für meine Bachelorarbeit wichtig sind? Lohnenswert ist hier ein besonderer Blick in die Einleitung und gegebenenfalls das Vorwort des Verfassers. Oftmals lässt sich hieraus bereits erkennen, in welchem Umfeld der Forschungsbeitrag entstanden ist – das heißt vor einem theoretischen, praktischen, analytischen oder empirischen Hintergrund.

4. Wie gestaltet sich das Inhaltsverzeichnis? Ist der gesamte Inhalt für mich interessant oder kommen nur bestimmte Teilaspekte in Frage? Bezieht sich der Autor auf neue Quellen, die demzufolge auf einen aktuellen Forschungsstand schließen lassen können oder sind wichtige Quellen übersehen worden? Die meisten Hochschulbibliotheken bieten

inzwischen im Internet Einblick in das Inhaltsverzeichnis, so dass man sich vorab einen Überblick über das Buch verschaffen kann und sich unter Umständen die Zeit erspart, den Standort aufzusuchen.

5. Der Screenshot in Abbildung 10 soll Ihnen am Beispiel der Universitäts- und Landesbibliothek Düsseldorf einen Einblick geben, auf welchem möglichen Weg, Sie Einblick in das Inhaltsverzeichnis nehmen können, um zu entscheiden, ob das entsprechende Werk für Sie verwendbar sein könnte.

6. In welchem Jahr ist die Publikation erschienen – wie aktuell ist die Veröffentlichung? Von welchem Stand geht der Autor demnach aus? Gibt es möglicherweise aktuellere Veröffentlichungen zu dem Thema?

7. Ist der Autor ein anerkannter Experte? In der Regel steht im Klappentext eine Kurzvita des Autors. Daneben sollten Sie prüfen, ob die Publikation in einem Fachverlag oder einer renommierten Institution erschienen ist.

8. Gibt es hierzu möglicherweise eine Literaturanalyse in der die Publikation aufgeführt und analysiert wurde (▸ **Kap. 2.2.1**)?

☺ Wer die **Literaturrecherche und Materialauswertung** für seine Fragestellung **abgeschlossen** hat und sich **dennoch unsicher** fühlen sollte, ob er tatsächlich die wesentlichen Quellen erschlossen hat, der sollte seinem Betreuer die vorläufige Literaturliste vorlegen und ihn um ein Feedback bitten. Im Zweifelsfall kann er Ihnen einen Hinweis auf Literatur geben, die Sie möglicherweise übersehen haben.

2.5 Literatur richtig organisieren

Jeder, der schon einmal eine wissenschaftliche Arbeit, sei es ein Referat oder eine Seminararbeit, geschrieben hat, kennt das Bild und die Situation am Schreibtisch: Bücher, Aufsätze, Artikel, Dokumentationen, Kopien und andere lose Zettel in größerer Anzahl scheinen den Arbeitsplatz in eigentümlich systematisch-chaotischer Ordnung eingenommen zu haben. Und jeder hat es bestimmt auch schon erlebt, einen tollen Satz gelesen zu haben, den er jetzt und genau in diesem Zusammenhang und in diesem Kapitel verwenden wollte – wenn er nur noch wüsste, in welchem Buch, in welchem Aufsatz oder Artikel er ihn gefunden hat ... Sicher, wo gehobelt wird, da fallen bekanntlich Späne. Damit aber keine Unordnung im Kopf entsteht, ist es wichtig, einen dauerhaften Überblick über die Fachliteratur zu behalten und die Literatur richtig zu organisieren. Deshalb sollten Sie schon mit Beginn Ihrer Literaturrecherche alle Quellen, die Sie finden, entsprechend dokumentieren. Hierzu haben Sie verschiedene Möglichkeiten, die Ihnen im Folgenden vorgestellt werden.

2.5.1 Möglichkeiten der Literaturverwaltung

Excel/Word: Gute Erfahrungen machen die meisten Studierenden, indem sie die Fachliteratur, die sie mit hoher Wahrscheinlichkeit für ihre Bachelor- oder Masterarbeit verwenden werden, mit allen bibliographischen Angaben in einer Excel- oder Word-Datei aufführen. Es empfiehlt sich, darin auch die Signatur und den Standort der Literatur zu dokumentieren, insbesondere dann, wenn die Literatur nicht ausgeliehen werden kann, weil sie sich beispielsweise in einem Semesterapparat befindet oder zum Präsenzbestand der Universitäts- oder Fachbereichsbibliothek gehört. So können Sie die Publikation bei Bedarf schnell wiederfinden. Die Literaturverwaltung mit Excel oder Word ist insofern effektiv und leicht zu handhaben, als dass Sie das Verzeichnis jederzeit erweitern und in Hinblick auf zum Beispiel Leihfristen, Verlängerungsmöglichkeiten, Fernleihe oder Dokumentenlieferdienst aktualisieren können. Hinzukommt, dass Sie sich mit einer sorgfältig geführten Dokumentation der verwendeten Literatur die Erstellung eines Literaturverzeichnisses ersparen können.

Karteikarten: Auch Karteikarten sind eine Möglichkeit, den Überblick über die Quellen und die voraussichtlich zu nutzende Fachliteratur zu behalten, vorausgesetzt, Sie notieren sich dort alle bibliografischen und für Sie wichtigen Angaben, die sie später für Ihr Literaturverzeichnis brauchen. Andernfalls müssten Sie die einzelnen Titel noch einmal recherchieren. Und jetzt mal ganz ehrlich: Wer macht sich schon gerne doppelte Arbeit ...? Deshalb: Gerade für die Arbeitsweise mit Karteikarten gilt: Schreiben Sie sich von Anfang an kontinuierlich alle notwendigen und darüber hinaus für Sie wichtige Angaben wie Signatur, Ausleihfrist, Verlängerungsmöglichkeiten etc. auf.

Ordner: Wenn Sie viele Kopien gemacht haben, empfiehlt es sich, einen Ordner anzulegen, in dem Sie die einzelnen Aufsätze, Textabschnitte oder Artikel abheften und Ihrer Gliederung entsprechend in die einzelnen Kapitel oder Unterkapitel ordnen. Notieren Sie sich vorsichtshalber auch noch einmal auf jede Kopie die bibliografischen Angaben oder machen sich eine Kopie der Titelseite, um sicherzugehen, dass Sie auch aus dem richtigen Werk und vom richtigen Autor zitieren. Denn bei einer

Vielzahl von kopierter Literatur kann man im Laufe des Arbeits- und Schreibprozesses schnell durcheinanderkommen.

Literaturverwaltungssysteme: In Forschung und Lehre werden häufig Literaturverwaltungsprogramme genutzt. Sie haben möglicherweise schon einmal von Citavi gehört. Daneben gibt es noch Zotero, Mendeley oder EndNote und die Entwicklungen und Verbesserungen wachsen stetig. Literaturverwaltungsprogramme eignen sich besonders für eine umfangreiche wissenschaftliche Arbeit wie eine Dissertation, Habilitation oder ein wissenschaftliches Projekt. Wer sich gerne in neue Computerprogramme einarbeitet kann auch für seine Bachelorarbeit ein Literaturverwaltungssystem nutzen. Mit Hilfe dieser Programme lässt sich online gefundene Literatur mit allen bibliographischen Daten schnell erfassen.

Einige Hochschulen und Hochschulbibliotheken stellen Ihren Studierenden Literaturverwaltungsprogramme kostenlos zur Verfügung und bieten darüber hinaus auch Einführungen an. Dieses Angebot sollte man sich nicht entgehen lassen. Denn auch in Hinblick auf den weiteren akademischen oder beruflichen Werdegang haben sich Literaturverwaltungssysteme zum Beispiel bei Projektarbeiten oder der Erstellung von (Fach-) Vorträgen bewährt und sind in einigen Bereichen wie Forschungs- und Entwicklungsabteilungen oder im Finanzwesen fest etabliert.

Für die meisten wissenschaftlichen Autoren bilden Literaturverwaltungssysteme inzwischen die Grundlage wissenschaftlichen Arbeitens. Sie ermöglichen es computergestützt, Ideen und Texte zu erfassen, Literatur zu recherchieren und zu ordnen, bei der Materialauswertung direkte und indirekte Zitate aufzunehmen und zu kommentieren, Aufgaben zu erfassen und zu erledigen und die entstehende Arbeit zu strukturieren (vgl. Balzert, Schröder, Schäfer S. 144f.). Eine Literaturverwaltungssoftware unterstützt Sie dabei gut, da Exportfunktionen es erlauben, die geordneten und gesammelten Informationen gezielt in Textverarbeitungssysteme zu übertragen. Empfehlenswert ist es daher, das System bereits direkt mit Beginn Ihrer Arbeit einzusetzen.

Als Faustregel für ein Literaturverwaltungsprogramm gilt: Je mehr es die aufgezählten Tätigkeiten integriert unterstützt, umso leichter können Querbezüge hergestellt werden. Die nachfolgende Abbildung soll Ihnen einen Überblick über die vielfältigen und arbeitserleichternden Funktionen von Literaturverwaltungssystemen vermitteln.

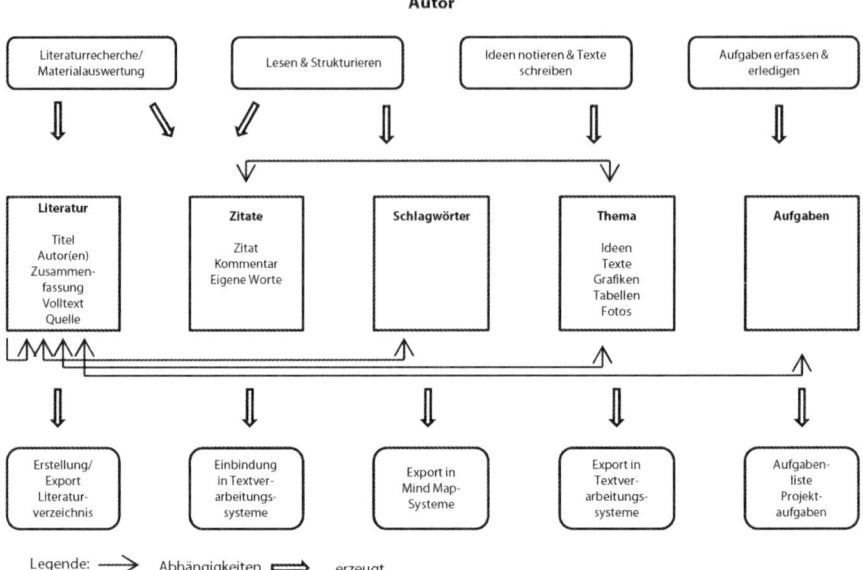

Abb. 11: Funktional und effizient – Literaturverwaltungssysteme (Quelle: In Anlehnung an Balzert, Schröder, Schäfer S. 145)

2.5.2 Gelesenes wiederfinden – strukturierte Bearbeitung

Haben Sie einen tollen Satz oder eine interessante Textpassage gelesen, die Sie später vielleicht noch verwenden möchten? Dann sollten Sie sich unbedingt eine Notiz dazu machen, damit Sie auch am Ende noch wissen, wo Sie die Stelle wiederfinden.

Für die Bearbeitung der Forschungsliteratur sollten Sie immer Klebezettel, Stifte und Marker parat haben, um sich bereits während des Lesens an entsprechender Stelle Anmerkungen machen zu können. Artikel, Aufsätze oder Textpassagen in Büchern, die für Sie besonders interessant sind, sollten Sie zusammenfassen. So können Sie später schneller wieder auf die direkten Inhalte zurückgreifen.

Ideal sind hierzu selbsthaftende farbige Zettel. Sie könnten beispielsweise jedem Kapitel ihrer Gliederung eine Farbe geben. So behalten Sie den Überblick, welche Publikation sie in welchem Kapitel verwenden wollen und können jederzeit darauf zurückgreifen, ohne lange suchen zu müssen. Notieren Sie sich in jedem Fall darauf, worum es in dem Text geht, Ihre Überlegungen hierzu und an welcher Stelle Sie das Gelesene verwenden wollen.

Alternativ dazu bietet sich auch Ihre Gliederung an. Hier können Sie vermerken, welche Literatur und welche Textstellen Sie für welches Kapitel nutzen wollen.

Wesentliche Zitate sollten Sie sich direkt in ihren Computer mit korrekter Angabe schreiben und Ihre Überlegungen hierzu notieren. Das spart nicht nur Zeit, sondern die Gedanken, die man sich dazu notiert hat, helfen oft auch später während des Schreibprozesses die Gedankengänge wieder aufzunehmen und gezielt in den Text einzubringen.

2.6 Schneller lesen – mehr behalten: Lesetechniken

Hat man sich erst einmal einen Überblick über das für die Arbeit relevante Material verschafft und dieses eingegrenzt, gilt es, die ausgewählten Inhalte, also die Texte mit einem hohem Informationswert, zu lesen und zu verstehen.

Um die **Relevanz der Texte** zu **prüfen**, sollten Sie sich vor dem Lesen Fragen formulieren (▶ **Kap. 2.6.3**). Zwei grundsätzliche Fragen sollten Sie immer im Vorfeld an den Text stellen:

1. Was will ich wissen, welche Informationen erhoffe ich mir aus dem Text?
2. Was ist für meine Fragestellung wichtig und verwendbar?

Orientieren Sie sich darüber hinaus an den *W-Fragen*. Sie bieten Ihnen ein sicheres Fundament, schnell abwägen zu können, ob der Text für Ihr Thema tatsächlich relevant ist. Nehmen wir zum Beispiel einmal die Problemstellung: *Einzelhandel in stagnierenden Märkten – Erfolg durch Differenzierung*. In der Praxis könnte das dann wie folgt aussehen:

Tab. 4: W-Fragen an den Text am Beispiel »Einzelhandel in stagnierenden Märkten – Erfolg durch Differenzierung«

Frage	Bezug	Beispiele
Was?	Gegenstands-/Untersuchungsbestimmung	Was meint der Autor mit Differenzierung? Nennt er Differenzierungskonzepte?
Warum?	Ziel	Was ist zu tun, um wieder in den Wachstumsbereich zu gelangen (Lösungsmodelle)?
Wozu?	Nutzen für die Einzelhändler	Welche Lösungsansätze/ Ausblicke nennt der Autor?
Wie?	Vorgehensweise/Herausforderungen	Vor welchen Herausforderungen steht der Einzelhandel jetzt?

Tab. 4: W-Fragen an den Text am Beispiel »Einzelhandel in stagnierenden Märkten – Erfolg durch Differenzierung« – Fortsetzung

Frage	Bezug	Beispiele
Wo?	Geltungsbereich	In welchem Diskussionszusammenhang ist der Text entstanden?In welchen Segmenten/geografischen Bereichen sieht der Autor besonderes Potenzial/ Schwächen?
Wer?	Autor	Wer hat die Ergebnisse erforscht? Gibt es weitere bekannte Publikationen des Autors?
Wann?	Dauer/Prognose	Seit wann beobachtet der Autor eine Stagnation? Wie lange benötigten mögliche Maßnahmen?

Die Vorgehensweise nach den W-Fragen, die Sie ständig variieren können, bilden für alle Lesetechniken ein stabiles Grundgerüst. So können Sie direkt das Wesentliche eines Textes erfassen und dabei schnell feststellen, ob die Literatur für Sie wichtig ist oder nicht. Im Folgenden sollen verschiedene Lesetechniken vorgestellt werden, mit denen sich Inhalte schneller erschließen lassen.

2.6.1 Diagonales oder kursorisches Lesen

Einen Text *querzulesen,* also diagonal mit Blick auf bestimmte Wörter oder bereits Bekanntes von schräg oben nach konzentriert *zu überfliegen,* kennt sicher jeder. Im wissenschaftlichen Kontext spricht man auch vom kursorischen, das heißt nicht auf Einzelheiten eingehenden Lesen. Diese Form des Leserverhaltens ist zwar eher flüchtig, doch besonders gut zur Materialauswahl geeignet, da Sie dem Informationssuchenden einen schnellen Überblick ermöglicht (▶ **Kap. 2.2**).

2.6.2 Rationelles Lesen

Schneller lesen meint schneller als der Bundesdurchschnitt zu lesen und gleichzeitig die wesentlichen Inhalte zu verstehen und zu behalten. Bei inhaltlich und sprachlich einfach aufgebauten Texten erfasst der Leser etwa 250 bis 300 Wörter pro Minute. Ein schneller Leser schafft bis zu 1000 Wörter. Und auch dieser Wert lässt sich von einem geübten Schnellleser noch toppen. Alles ist nur eine Frage der methodischen Herangehensweise und des Trainings. In Workshops und Seminaren zu Steigerung der Lesegeschwindigkeit werden zahlreiche Ansätze zum

Schnelllesen vermittelt, zum Beispiel SpeedReading, ScanReading, PhotorRading oder Turbolesen.

☺ **Die meisten Hochschulen und Universitäten bilden inzwischen fächerübergreifend eine Reihe von studienbegleitenden oder berufsqualifizierenden Zusatzangeboten an.** Erkundigen Sie sich oder regen Sie vielleicht aktiv einen solchen Workshop an. Darüber freuen sich auch Ihre Kommilitonen. Mit ein paar Tipps und entsprechend angeleiteten Übungen lässt sich die Lesegeschwindigkeit trainieren und deutlich optimieren. Damit kann man bereits während des Studiums viel Zeit sparen und die eigene Arbeitseffizienz um ein Vielfaches erhöhen. Wichtig ist jedoch regelmäßiges Training – sprich viel lesen!

2.6.3 Gelesenes nachhaltig behalten – die SQ3R-Methode

Die SQ3R-Methode wurde vom amerikanischen Lernforscher Francis P. Robinson im Jahr 1946 entwickelt und gilt bis heute als effektive Lese- und Lehrmethode, die ein erneutes (Nach-)Lesen erspart. Die Abkürzung SQ3R steht dabei für: **Survey**, **Questions**, **Read**, **Recite** und **Review** (**SQ3R**).

Survey – sich einen Überblick verschaffen

Nach der SQ3R-Methode empfiehlt es sich, sich vor Beginn des eigentlichen Lesens einen Überblick über das Kapitel zu verschaffen, um zu sehen, um was es in dem Text geht. Wichtig ist dabei die Quelle, aus der der Text stammt, den Sie lesen möchten. Überfliegen Sie den Text dazu zunächst auf der Suche nach Schlüsselwörtern. Sie helfen Ihnen dabei, die Informationen einzuordnen. Handelt es sich um Bücher, so hat es sich bewährt, zuerst die Gliederung oder das Inhaltsverzeichnis sowie die Überschriften anzuschauen und zu überlegen, ob das thematisch interessant sein könnte. Auch auf Basis der Einleitungen, Vorworte, Sach- und Personenregister sowie das Glossar kann man sich bereits vor dem Lesen des Kerntextes ein Bild machen, um welche Materie es geht.

Questions – Fragen stellen

Nach der SQ3R-Methode sollten Sie sich bereits während des Lesens einen Überblick über die Materie verschaffen und dann Fragen stellen. Überlegen Sie, warum Sie diesen Text lesen möchten und welche Vorkenntnisse Sie möglicherweise schon zu diesem Themenkomplex haben oder welche Informationen Sie benötigen. Die klassischen W-Fragen können hier eine

Stütze sein. Auch Begriffe, die Ihnen wichtig erscheinen, können zu Fragen formuliert werden. Ziel der Fragen ist es, sich beim Lesen nicht nur rein auf den Text zu konzentrieren, sondern gleichzeitig Anforderungen im Sinne von Lösungen oder Lösungswegen auf die Fragen zu finden. Diese Art der Vorbereitung hat sich als sehr motivierend herausgestellt, denn hierbei wird das rezeptive, also das passiv aufnehmende Lesen umgekehrt in aktives Lesen. Das wirkt nicht nur anregender auf den Leser und spart Zeit, sondern erhöht zugleich die Merkfähigkeit.

Read – Lesen

Wenn Sie nun den Text aktiv und somit auch konzentriert lesen, achten Sie darauf, wie der Autor seinen Text aufgebaut hat. Geht er beispielsweise vom Allgemeinen ins Detail oder möglicherweise genau umgekehrt vor? Verfügen Sie über ausreichende Kenntnisse oder vermittelt der Text neue? Ist der Text verständlich, objektiv und schlüssig oder fehlen Informationen oder gibt es Unklarheiten. Zum besseren Textverständnis empfiehlt es sich, sich die Gliederung des Textes in Hinblick auf Abschnitte, Hervorgehobenes, Zusammenfassungen, Grafiken oder Tabellen anzuschauen.

Recite – Das Gelesene rekapitulieren

Zum Ende eines Abschnittes sollten Sie sich fragen, was Sie gerade gelesen haben – zum Beispiel: Welche Informationen habe ich behalten, was waren die wesentlichen Gedanken? – und die Antworten darauf sowie die im Schritt zuvor an den Text gestellten Fragen (Question) mit eigenen Worten wiederholen. Diese Vorgehensweise trainiert die Merkfähigkeit und dient zugleich der Selbstkontrolle, ob das Gelesene ausreichend verstanden wurde und ob Sie die Kernaussagen in einer logisch sinnvollen Weise logisch wiedergeben können. Nachdem man damit fertig ist, lohnt es sich, die Antworten aufzuschreiben und wenn möglich mit Beispielen zu untermauern. Das hilft Ihnen, sich später daran zu erinnern, insbesondere wenn Sie den Stoff für einen Test oder eine Klausur lernen.

Review – Zusammenfassende Wiederholung

Die SQ3R-Methode regt abschließend an, sich zu überlegen, wie die Kapitel oder Abschnitte zusammenpassen und ob Sie in der Lage sind, die Fragen in eigenen Worten zu beantworten. Bei dieser Form des rationellen Wiederholens geht es nicht darum, jedes einzelne Detail zu verinnerlichen. Vielmehr sollten Sie die Grundideen und Theorien verstanden haben und in der Lage sein, sie in eigenen Worten wiedergeben und sie, wenn möglich, mit Beispielen belegen oder widerlegen zu können. Ziel dieser Methode ist es, die Inhalte langfristig zu speichern.

2.6.4 Intensives Lesen – detaillierte Auswertung

Es lohnt sich, Literatur, die hohen Informationswert für die Fragestellung und das Thema besitzt, genau zu lesen und detailliert auszuwerten. Auch hierbei kann man sich ein eigenes Ordnungs- oder Struktursystem aufbauen. Das erleichtert es Ihnen, Gelesenes, das möglicherweise für ein späteres Kapitel interessant sein könnte, mit einer ausgewählten Farbe oder durch Codes/Kürzel in Form von Randbemerkungen zu markieren, um diese schneller wiederfinden zu können. Markieren könnte man sich relevante Passagen oder Aussagen. Das können beispielsweise Antworten sein, die Sie auf Ihre Fragen gefunden haben, Thesen, die im Widerspruch zu Ihren stehen oder auch neue Fragen, die sich für Sie hieraus ergeben. Beim Codieren könnten Sie zum Beispiel jeder Stiftfarbe eine Bedeutung zuweisen, mit Symbolen für Übereinstimmungen oder Ablehnungen arbeiten oder mit Kürzeln für wiederkehrende Themen oder Begriffe. Wichtig bei dieser Vorgehensweise ist die eigene Bedeutung, die man Farben oder Codierungen verleiht und die konkrete Anwendung. Denn es hilft Ihnen nichts, wenn Sie schließlich jeden einzelnen Satz markieren oder codieren. Zu viele Hervorhebungen beeinträchtigen das Leseverhalten und nicht zuletzt damit auch ihr eigenes. Die Methodik soll Sie unterstützen, relevante Einzelheiten auszuwerten und schneller wiederfinden zu können. Bei einem vollständig kunterbunten und mit Anmerkungen überladenen Textteil wäre dies nur schwer möglich. Neben dem Markieren und Codieren empfiehlt es sich, besonders wichtige Textteile zu exzerpieren. Gemeint ist damit, Zitate herauszuschreiben oder wichtige Teile des Gelesenen in eigenen Worten wiederzugeben.

Gerade in Hinblick auf Zitate und die Zitatverwaltung eignet sich die Methode des Exzerpierens besonders gut – vorausgesetzt: Sie notieren sich die genaue Quellenangabe und bei wörtlichen Zitaten die entsprechende Seitenzahl dazu. Denn häufig schreibt man sich etwas aus einem Text heraus, notiert sich daneben noch etwas in eigenen Worten und im Zuge des weiteren Arbeitsprozesses weiß man am Ende gar nicht mehr genau, was von einem selbst und was von dem ursprünglichen Autor stammt. Das lässt beim Prüfer oder kenntnisreichen Leser nicht nur den Eindruck entstehen, dass hier jemand nicht sorgfältig gearbeitet hat, sondern vielmehr können so ungewollt auch Plagiate entstehen. Das exzerpierte Material hingegen lässt sich in Literaturverwaltungssystemen (▶ **Kap. 2.4**) speichern oder gesondert in Schriftform erfassen. Somit haben Sie die Quelle schnell parat und können im Zweifelsfall direkt prüfen.

2.7 Eigene Erhebungen

Für einige akademische Arbeiten ist es sinnvoll, eigene Erhebungen, das heißt empirische Untersuchungen vorzunehmen. Insbesondere in der Sozialforschung, den Naturwissenschaften, aber auch in Teilen der Wirtschaftswissenschaften, in denen es zu Fragestellungen keine amtlich erhobenen oder andere, frei verfügbare Daten gibt, kommen eigene Erhebungen zum Tragen. Zum Beispiel im Bereich Marketing. Ein Beispiel für eine empirisch zu bearbeitende Fragestellung könnte lauten: *Wie wirkt sich der Relaunch der Luxusmarke XY auf das Kaufverhalten der Konsumenten aus?* Gibt es hierzu noch keine Studien oder Ergebnisse, ist man gezwungen, sich selbst die Daten zu beschaffen durch eigene Erhebungen.

Während in den Naturwissenschaften kontrollierte Experimente und feststehende Messgeräte zum Einsatz kommen, gestaltet sich die Datenerhebung in den Sozial-, Wirtschafts- oder Politikwissenschaften diffiziler, da hier keine kontrollierten Experimente die Grundlage bilden, sondern häufig nur Stichproben aus bestimmten Grundgesamtheiten vorliegen. Wer hiermit im Verlauf seines Studiums noch nicht in Berührung gekommen ist oder sich unsicher fühlt, sollte sich bei einem statistischen Beratungszentrum Unterstützung bei der Ziehung der Stichproben geben lassen, um Fehler bzw. Verzerrungen zu vermeiden. Die meisten Hochschulen bieten diese Unterstützung mittlerweile an. Bei Erhebungen in den drei zuletzt genannten Disziplinen werden die Informationen zu 90 Prozent via Fragebogen erhoben.

Als Erhebungsinstrument der qualitativen Befragung dient vielen Studierenden zum Beispiel der Online-Fragebogen des Dienstes »Google Drive«. Er enthält die Personenfragen »Name«, »Unternehmen/Institution« und »Position«. Weiterhin besteht er aus offenen Präzisionsfragen, die Sie selbst definieren können.

Beispiel für eine Erstellung eines qualitativen Fragebogens

Nehmen als Beispiel das Thema einer Bachelorarbeit, das uns im weiteren Verlauf immer wieder mit einem anderen Schwerpunkt begegnen wird: *Ethno-Marketing in der Produktpolitik. Ein Leitfaden für internationale Lebensmittelhersteller zur Segmentierung und Bearbeitung des mauritischen*

Marktes. Zur Bearbeitung des Themas hat der Studierende eine Zielgruppenanalyse erstellt und sich dabei auf fünf ethnische Gruppen im mauretanischen Markt beschränkt. Für diese Zielgruppenuntersuchung könnten beispielsweise folgende Präszisionsfragen relevant sein:

1. »Nennen Sie die perfekte mauritische Lebensmittelmarke.«
2. »Wie können sich Marken für jede ethnische Zielgruppe individuell positionieren?«
3. »Sollten sich internationale Marken im Vergleich mit mauritischen Marken als überlegen positionieren? Warum?«
4. »Wie können Marken hinsichtlich ihres Markennamens und -logos auf die Diversität der mauritischen Kultur Rücksicht nehmen?«
5. »Inwieweit ist es möglich, die Verpackung eines Produktes an die angestrebte ethnische Zielgruppe anzupassen?«
6. »Gibt es Unterschiede zwischen den ethnischen Gruppen in Bezug auf produktbegleitende Dienstleistungen?«
7. »Nennen Sie gute Beispiele für angewandtes Ethno-Marketing in Mauritius.«

Hinzu kommt die geschlossene Präszisionsfrage 8 »Welche ethnische Gruppe wird bei der Neuproduktplanung hauptsächlich bedacht?« mit den Ausprägungen »hinduistische Indo-Mauritier«, »muslimische Indo-Mauritier«, »Kreolen«, »Franco-Mauritier« und »Sino-Mauritier« sowie drei Skalierungsfragen für jede ethnische Zielgruppe in Mauritius, die eine Einordnung nach »Kosmopolitisch/Traditionell«, »Qualität/Preis« und »Luxus/Gewöhnlichkeit« in sechs Abstufungen ermöglicht. In der üblichen Darstellung könnte ein Fragebogen dann wie folgt aussehen:

Dr. Simon Schlaufuchs	
Frage	**Antwort**
I Zeitstempel	18.04.2013 19:34:10
II Name	Simon Schlaufuchs
III Company/Institution	University of Mauritius
IV Position	Associate Professor
1. Please try to imagine the perfect Mauritian food brand.	»Lazzat«
2. How could brands position themselves for every ethnic target group individually?	»By learning on the different customs of the ethnic groups«
	»No as local brands enjoy the local flavour and sense of patriotism«

Dr. Simon Schlaufuchs	
3. Should international brands try to position themselves as being superior in comparison with local brands? Why?	
4. In which ways could brands pay attention to the diversity of the Mauritian culture in terms of brand name and brand logo?	»Habits, eating and dressing habits«
5. To what extent is it possible to adjust a product's packaging to its intended ethnic target groups?	»By the colour«
6. Are there differences between the ethnic groups regarding the demand for additional services and guarantee offers?	»Not really«
7. Which ethnic group is predominantly considered when planning a new product?	»Indo-Mauritians (Hindu), Creoles«
8. Please try to think of good examples of ethnic marketing in Mauritius.	»Spices and halal products«

Indo-Mauritians (Hindu)

Cosmopolitan	○	●	○	○	○	○	Traditional
Quality	○	●	○	○	○	○	Price
Luxury	○	○	●	○	○	○	Usualness

Indo-Mauritians (Muslim)

Cosmopolitan	○	●	○	○	○	○	Traditional
Quality	○	○	●	○	○	○	Price
Luxury	○	○	●	○	○	○	Usualness

Creoles

Cosmopolitan	○	○	●	○	○	○	Traditional
Quality	○	○	●	○	○	○	Price
Luxury	○	○	●	○	○	○	Usualness

Franco-Mauritians

Cosmopolitan	○	●	○	○	○	○	Traditional
Quality	○	●	○	○	○	○	Price
Luxury	○	●	○	○	○	○	Usualness

Sino-Mauritians

Cosmopolitan	○	○	●	○	○	○	Traditional
Quality	○	●	○	○	○	○	Price
Luxury	○	●	○	○	○	○	Usualness

Abb. 12: Beispiel für eine qualitative Befragung

Des Weiteren könnten die nachstehend aufgeführten Präzisionsfragen zum Einsatz kommen:

1. »Wie sollten Markennamen und -logos anmuten?« mit den Ausprägungen »hinduistisch«, »kreolisch«, »französisch«, »chinesisch«, »englisch« sowie »wie das jeweilige Herkunftsland«.
2. »Welche Sprachen sollte eine Verpackung enthalten?« mit den Antwortoptionen »Hindi«, »Morisyen«, »Französisch«, »Chinesisch« und »Englisch«.
3. »Welche Inhaltsstoffe vermeiden Sie?« mit den Optionen »Rindfleisch«, »Schweinefleisch«, »Gluten«, »Genveränderte Inhaltsstoffe« und »Sonstiges«.
4. »Was weist auf hohe Qualität hin?« mit den Möglichkeiten »Hoher Preis«, »Bekannte Marke« und »Ansprechendes Design«.
5. »Welche Medien nutzen Sie regelmäßig?« mit den Optionen »TV«, »Internet«, »Radio«, »Plakate« und »Zeitungen und Magazine«.

Ferner könnte der Fragebogen aus den folgenden Skalierungsfragen mit jeweils sechs Abstufungen bestehen:

1. »Wie wichtig sind Ihnen Marken?« (»sehr wichtig« bis »überhaupt nicht wichtig«).
2. »Sollten internationale Lebensmittelmarken die Werte ihres Herkunftslandes vermitteln?« (»ja, absolut« bis »nein, überhaupt nicht«).
3. »Was würden Sie als überlegen bezeichnen?« (»mauritische Marken« bis »internationale Marken«).
4. »Wie wichtig sind Ihnen Luxusartikel?« (»sehr wichtig« bis »überhaupt nicht wichtig«).
5. »Bevorzugen Sie hochwertige Verpackungen?« (»ja, immer« bis »nein, nie«).

Neben den klassischen Fragebögen zur Datenerhebung werden häufig auch Interviews gewählt. Hierbei wird allerdings oft nur eine Interessengruppe erreicht. Eine logische Erklärung dafür zeigt der Wirtschafts- und Sozialstatistiker Hans Krämer (2009, S. 51) auf: »Bei schriftlichen Befragungen (...) antworten viele einfach nicht und zwar in der Regel diejenigen, denen die Sache nicht wichtig ist. Das hat zur Folge, dass das Ergebnis häufig ein verwässertes ist und im Zweifel keine klare Allgemeingültigkeit besitzt.«

☺ Dieser Abschnitt kann nur einen ersten kleinen und beispielhaften Ausschnitt in die Möglichkeiten der qualitativen Befragung geben, da der Gesamtkomplex der Konzeption einer eigenen Erhebung deutlich über den eigentlichen Kern des vorliegenden Buches hinausgehen würde. Daher seien Ihnen an dieser Stelle zwei **weiterführende Literaturhinweise** gegeben:

- Pepels, Werner (2012): Einführung in die Marktforschung, 2. Aufl. Wiesbaden
- Raab-Steiner, Elisabeth; Benesch, Michael (2012): Der Fragebogen. Von der Forschungsidee zur SPSS-Auswertung, 3. Aufl. Stuttgart

2.8 Zusammenfassende Tipps

☺ Beginnen Sie mit Nachschlagewerken wie Fachlexika und Handwörterbüchern.

☺ Machen Sie sich zu Beginn der Literaturrecherche mit dem Angebot Ihrer Hochschulbibliothek vertraut.

☺ Arbeiten Sie sich – zu Beginn – nach dem Schneeballsystem vor. (Variieren Sie Schlagwörter und relevante Suchbegriffe bei der Literaturrecherche im Online-Katalog.

☺ Bitten Sie im Zweifelsfall Ihren Betreuer um ein kurzes Feedback zu Ihrer vorläufigen Literaturliste.

☺ Seminare oder Workshops zu (Schnell-)Lesetechniken an der Hochschule bereits während des Studiums nutzen.

☺ Nachhaltiges Behalten von Gelesenem mit der SQ3R-Methode trainieren.

☺ Quellen von Anfang an notieren.

☺ Erkundigen Sie sich an Ihrer Hochschule oder der Hochschulbibliothek nach Literaturverwaltungssystemen und möglichen Einführungsseminaren.

☺ Wer in seiner Arbeit eigene Erhebungen vornimmt und bis dato noch keine Erfahrung hat, sollte sich bei einem statistischen Beratungszentrum Rat und Unterstützung zur Ziehung der Stichproben holen, um Verzerrungen zu vermeiden. Die meisten Hochschulen bieten diesen Support mittlerweile an.

3 Von der Einleitung bis zum Schluss – der formale Aufbau einer wissenschaftlichen Arbeit

Die Form erst verleiht dem Inhalt die Struktur.
Autor unbekannt

Formale Anforderungen erleichtern dem Autor die wissenschaftliche Arbeitsweise und zugleich dem Leser den Lesefluss. Dieses Kapitel soll jedem Autor vermitteln,

- das eigene Leseverhalten und das potenzielle Leseverhalten fremder Leser zu erkennen, einzuordnen und entsprechend darauf einzugehen,
- sich fortwährend in die Lage des Lesers zu versetzen,
- die formalen Vorgaben – dem logischen Aufbau der Arbeit folgend – sicher und sorgfältig zu erfüllen,
- die Bestandteile einer Bachelorarbeit zu kennen und sich über deren Bedeutung für den Inhalt klar zu werden,
- die Arbeit übersichtlich und nachvollziehbar zu gestalten,
- die Textstruktur in Anlehnung an die Form zu definieren.

3.1 Zuwendung zum Leser – Die wichtigsten Hinweise im Überblick

Jeder hat sicher schon einmal die Erfahrung gemacht: Durch ein unübersichtliches Skript oder ein in seiner Logik nicht nachvollziehbar aufgebautes Werk mit komplexen Inhalten kämpft man sich nicht nur mühsam, sondern auch ungern durch. Dabei erscheint dem Autor in den meisten Fällen alles klar und verständlich und die Endphase im Prozess wissenschaftlichen Arbeitens – die Herstellung des gedruckten Werks – rückt näher:

Im Traum sah ich ein dickes, schön gebundenes und gedrucktes Buch, das ich allein geschrieben habe.
Charlotte von Stein (1742 – 1827)

Wer ist schließlich nicht stolz, zum Abschluss einer intensiven Bearbeitung einer Problemstellung am Ende schließlich ein fertiges Produkt – etwa eine gebundene Bachelorarbeit – in den Händen halten zu können?

Doch Vorsicht, der Leser ist bei einer Bachelorarbeit in erster Linie Ihr Prüfer (und den sollten Sie selbstverständlich auch nicht quälen). Doch wollen Sie sicher auch, dass Freunde, Bekannte, Familienmitglieder, Ihr künftiger Chef oder andere, die beruflich oder privat mit dem Thema vertraut sind und Interesse an der Aufgabenstellung und den Ergebnissen haben, Ihre Arbeit gerne lesen. Hier gilt es, eine gute Verbindung zum Leser aufzubauen. Diese in den Kommunikationswissenschaften auch *Sender-Empfänger-Prinzip* genannte Verbindung ist sensibel und vom Autor während des gesamten formalen Erstellungs- und Schreibprozesses im Auge zu behalten. Die formalen Anforderungen an eine wissenschaftliche Arbeit dienen ebenso wie das wissenschaftliche Schreiben genau dazu, die Aufmerksamkeit Ihres Lesers zu wecken und zu wahren. Eine sorgfältig erstellte Bachelorarbeit sowie alle weiteren wissenschaftlichen Arbeiten bringen auch zugleich Ihre Wertschätzung für den Leser zum Ausdruck. Daher wird in einzelnen Kapiteln immer wieder Bezug auf den Leser genommen.

Den Leseerfolg der eigenen Bachelorarbeit kann man in weiten Teilen während der Erstellungs- und Schreibphase selbst beeinflussen: Der Leser verfügt im Berufsalltag häufig nicht über die Zeit, das Werk in seiner Gesamtheit zu lesen. Oft interessiert er sich auch nur für ein oder zwei bestimmte Kapitel. Deshalb ist es notwendig, besondere Aufmerksamkeit auf das Inhaltsverzeichnis, die Einleitung und den Schluss zu verwenden. Diese Bestandteile geben Auskunft über die Vorgehensweise und Struktur und am Ende schließlich über die Resultate. Da diese Bestandteile der Bachelorarbeit von besonderer Relevanz sind, ist ihnen jeweils ein eigenes Kapitel und Unterkapitel gewidmet, in denen detailliert auf die Bedeutung für den Inhalt sowie auf den Aufbau und die Struktur eingegangen wird (▶ **Kap. 3.4ff.**). Das Leseverhalten wird auch durch die Wahl der Überschriften bestimmt. Oft sucht sich der Leser gezielt Kapitel auf Basis Ihres Inhaltsverzeichnisses aus, die ihm besonders ansprechend erscheinen und von Interesse sind. Formulieren Sie daher Ihre Überschriften, auch die der Untergliederungspunkte, verständlich und auf den wesentlichen Kern ihrer jeweiligen inhaltlichen Aussage zugeschnitten.

Neben der Auswahl gezielter Kapitel ist auch das *Querlesen* eine weit verbreitete Lesetechnik. Querlesen oder auch Diagonallesen meint eine Schnelllesetechnik, mit der es dem Leser in kurzer Zeit möglich ist, sich einen schnellen Überblick über den Inhalt eines Textes zu verschaffen, indem er den Text von der linken oberen Ecke der Seite in diagonalen Sprüngen zur rechten unteren Ecke überfliegt. Dabei können Abbildungen und Tabellen eine wertvolle Stütze sein. Wählen Sie daher selbsterklärende Abbildungs- und Tabellenüberschriften, so dass sie auch unabhängig vom Fließtext verständlich sind. Das bedeutet allerdings nicht, dass Sie auf jeder Seite mindestens eine der genannten Darstellungsformen platzieren sollten. Zu viele Bilder stören den Lesefluss. Es hat sich in Hinblick auf die Lesegewohnheiten bewährt, Tabellen oder Abbildungen im oberen Teil oder zum Abschluss einer Seite zu platzieren. Verwenden Sie Abbildungen und Tabellen nur, wo sie wirklich nötig sind, um besonders relevante Gesichtspunkte oder Ergebnisse noch einmal visuell zu verstärken. Eine ausführliche Darstellung zur Erstellung und zu den formalen Anforderungen an Tabellen und Abbildungen finden Sie ebenfalls in diesem Buch (▸ **Kap. 3.5**).

Ein weiterer Punkt, der zu Missverständnissen zwischen Autor und Lesern führen kann, liegt in der »Betriebsblindheit« des Autors: Der gut informierte Autor weiß stets mehr als sein ratsuchender Leser mit der Folge: Was heißt das? Während Sie sich im Vorfeld und über drei Monate intensiv mit einem Thema oder/und einem Unternehmen beschäftigt haben, bei dem Sie vielleicht schon als Werkstudent tätig waren, sind Ihnen weit mehr Details bekannt als Ihrem Leser. Fragen Sie sich bei der Wahl Ihrer Worte oder der Verwendung von Abkürzungen und Symbolen immer auch kritisch, ob das auch Ihrem Leser bekannt sein könnte. Wenn nicht, erklären Sie den Sachverhalt kurz und verständlich. Ihr Leser wird Ihnen dankbar sein. Gerade interne Abkürzungen kann ein Leser unmöglich nachvollziehen. *Was ist zum Beispiel mit der OE 12.3 in einem Finanzunternehmen gemeint?* Sie wissen es nicht? Ihr Leser auch nicht. Die OE 12.3 bezeichnet die Organisationseinheit innere Revision-Passiv. Das können Sie leicht erklären.

Schreiben Sie kurz und präzise. Opulente Sprachkunstwerke oder Sprachrätsel gehören nicht in eine wissenschaftliche Arbeit. Ebenfalls nicht empfehlenswert sind reglementierende Ratschläge zum Beispiel: *Dabei darf nicht vergessen werden, man muss immer* oder *dabei darf nicht außer Acht gelassen werden (...).* Diesen Sprachmodi haftet etwas Oberlehrerhaftes an, das schnell mit dem Autor gleichgesetzt wird. Formulieren Sie positiv. Weitere Anregungen und Beispiele für den Umgang und den Gebrauch von Abkürzungen und zum wissenschaftlichen Schreiben nach wissenschaftlichen Standards finden Sie ebenfalls in diesem Buch (▸ **Kap. 3.5.1**) beschrieben.

Natürlich gibt es auch – und das kennen wir alle von uns selbst – persönliche Lesevorlieben. Allen Lesern kann man nicht gerecht werden, aber: Ein wesentlicher Grundsatz in der wissenschaftlichen Arbeitsweise und beim wissenschaftlichen Schreiben besteht in der Präzision, Nachvollziehbarkeit und Konsequenz. Letzteres bedeutet, dass die formalen Anforderungen während der gesamten Arbeit beachtet werden müssen. Eine einmal vom Autor benutzte oder festgelegte Abkürzung oder Definition sollte immer gleich benutzt werden. Auch für die Zitierweise gilt: Bleiben Sie bei der Zitierweise, für die Sie sich einmal entschieden haben. Schreiben Sie einfach und verständlich. Ist ein Sachverhalt kompliziert, heißt das noch lange nicht, dass er auch kompliziert wiedergegeben werden muss. Im Gegenteil, damit zeigen Sie ja gerade, dass Sie in der Lage sind, wissenschaftlich zu arbeiten, indem Sie sachlich und verständlich das Problem beschreiben und Ihre Methoden zur Lösung des Problems erklären. Das gilt besonders für die Einleitung. Sie sollte so geschrieben sein, dass sie den Leser interessiert. Die Beschreibung der Bedeutung und Relevanz des Themas erleichtert dem Leser den Zugang zu Ihren weiteren Ausführungen. Die Grundsätze des wissenschaftlichen Schreibens sowie Erklärungen, Tipps und Beispiele werden in Kapitel 6 umfassend dargestellt. Die nachfolgende Tabelle soll Ihnen die wesentlichen Verbindungshindernisse zwischen Autor und Leser sowie entsprechende Lösungswege aufzeigen.

Tab. 5: Lösungswege für Verbindungsstörungen zwischen Autor und Leser (Quelle: In Anlehnung an Wölker (2011), S. 4)

Verbindungsstörung	Folge	Lösung
Zeitmangel	Leserfokus liegt auf dem Inhaltsverzeichnis, Einleitung und Schluss Ggfs. werden gezielt Kapitel ausgewählt Querlesen	Logischer Aufbau und Übersichtlichkeit im Inhaltsverzeichnis, Relevanz des Themas in der Einleitung beschreiben, Ergebnisse und Handlungsempfehlungen am Schluss aufzeigen. Aussagekräftige Überschriften. Selbsterklärende Abbildungs- und Tabellenüberschriften
Kontext, Hintergrund	Unterschiedlicher Kenntnisstand/Vorwissen	Kurz und präzise schreiben. Unternehmensspezifische Begriffe sowie Abkürzungen erklären. Angemessene Fachsprache verwenden
Vorlieben	Bewertung ist relativ	Keine opulenten Sprachkunstwerke oder Sprachrätsel erstellen. Standards und Normen konsequent einhalten

3.2 Die Form

Eine wissenschaftliche Arbeit allein kann schon rein aus ästhetischen Gründen ein Genuss sein – ähnlich wie ein feines Essen. Denn, was können wir, wenn wir wollen, jeden Tag aus der Werbung, Promi-Dinner und anderen Kochshows lernen: Das Auge isst mit! Zum Anspruch Ihrer Bachelorarbeit gehört auch die formale Gestaltung. Die äußere Form der Arbeit folgt in allen Disziplinen nahezu einheitlichen Regeln. Diese Regeln entsprechen dem Gestaltungsleitsatz *form follows function*, wonach sich die Form und Gestaltung von Inhalten aus ihrer Funktion, ihrem Nutzungszweck heraus ableiten und umgekehrt aus der Form auch eine Funktion ableiten. Das heißt, die formalen Anforderungen bieten Ihnen eine wertvolle Unterstützung und Orientierung. Halten Sie sich daran, wie an Ihren inhaltlichen roten Faden. Dann wird Ihnen auch das Schreiben leichtfallen und erleichtert nicht zuletzt die Lesbarkeit Ihres Textes. Daher ist es empfehlenswert, sich eine Dokumentvorlage zu erstellen, um ein einheitliches und ansprechendes Erscheinungsbild bzw. Layout zu schaffen. Legitim ist es auch, ein vorhandenes, entsprechend formatiertes Dokument zu übernehmen, das wissenschaftlichen Richtlinien entspricht und die Inhalte zu überschreiben. Wichtig ist, dass Sie konsequent bei einer Dokumentvorlage bleiben. Damit ermöglichen sie auch Ihrem Leser das Verständnis der klaren Struktur Ihrer Arbeit. Die nachfolgende Abbildung zeigt Ihnen ein Muster mit den gängigen formalen Anforderungen an das Seitenlayout und den Text. Es empfiehlt sich dennoch, sich zusätzlich bei Ihrem Betreuer oder Ihrem Prüfungsamt zu erkundigen, ob es bestimmte, abweichende Richtlinien zur formalen Gestaltung an Ihrer Hochschule gibt. Diese gilt es für Sie selbstverständlich einzuhalten.

Die äußere Form ist auch entscheidend für die Lesbarkeit eines Textes. Das beginnt bereits mit der Schrift. Ein wesentliches Kriterium für die Texterfassung ist die Fähigkeit, bereits einmal erkannte Bilder, das können Wortgruppen oder auch Textblöcke sein, abrufen und in den aktuellen Zusammenhang einbetten zu können. Hilfreich für diese Form der Wiedererkennung ist die Verwendung bekannter Schriftarten. Etwa 90 Prozent aller verwendeten Schrifttypen sind Serifenschriften. *Times* ist die bekannteste aus dieser Schriftfamilie und wird in den meisten akademischen Arbeiten als Grundschrift gewählt oder ist seitens der Hochschule sogar vorgegeben. Inzwischen etabliert sich aber auch die serifenlose Schrift *Arial* in den wissenschaftlichen Arbeiten mehr und mehr. Um sicher zu gehen, erkundigen Sie sich bei Ihrem zuständigen Prüfungsamt, ob die Schrift *Arial* genutzt werden darf. Die Abbildung 14 zeigt ein Beispiel für die Wirkung einer serifenlosen Schrift und die Auswirkungen auf das Leseverhalten.

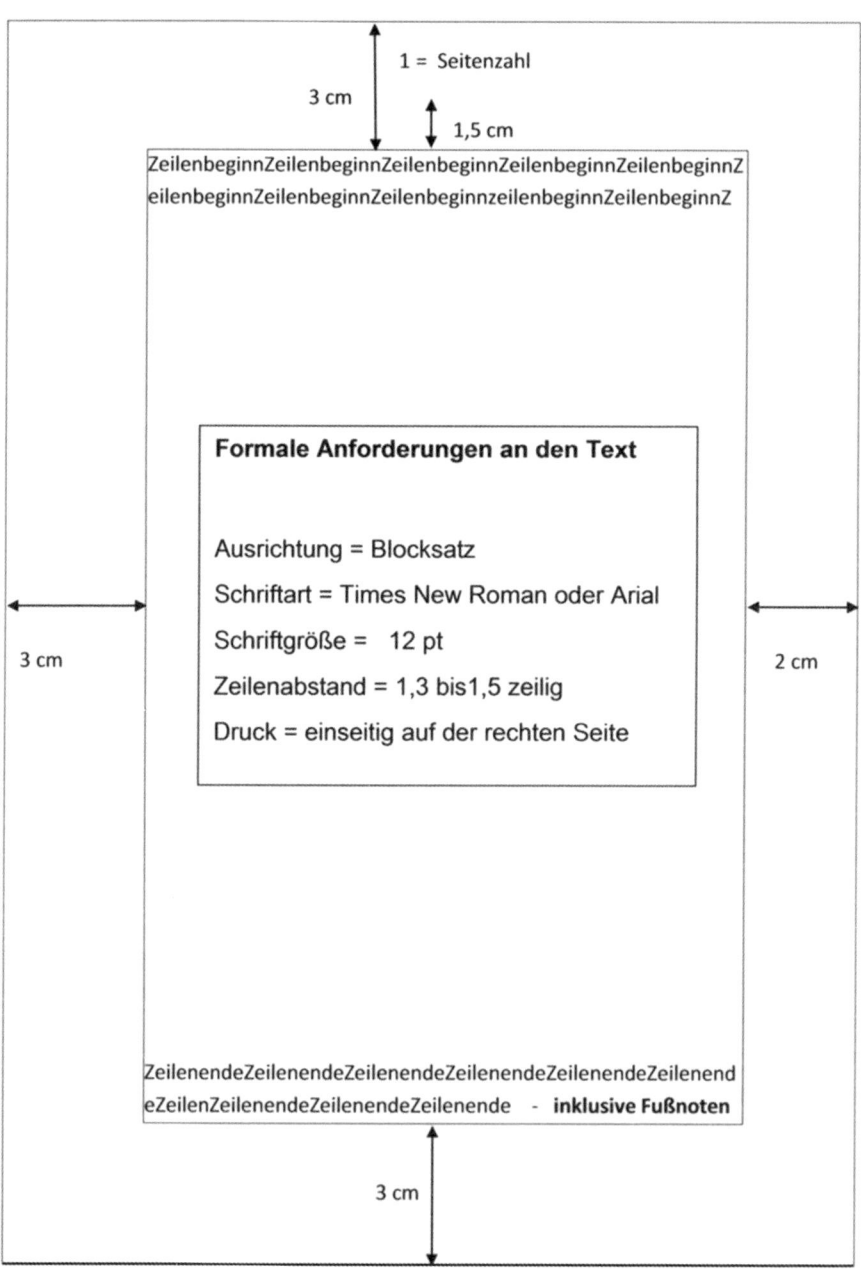

Abb. 13: Formale Anforderungen an das Seitenlayout und den Text

Das vorliegende Buch ist nicht in der Serifenschrift Times New Roman gesetzt. Diese Abbildung zeigt ein Beispiel in der serifenlosen Schrift Calibri. Hier fehlen die kleinen Schnörkel. Das sieht zwar auf den ersten Blick viel eleganter aus, doch spätestens nach 20 Seiten flimmern einem die Wörter vor Augen. Solche Schriften sind allenfalls für kurze Texte angebracht.

Abb. 14: Beispiel für eine serifenlose Schrift (Quelle: In Anlehnung an Krämer (2007, S. 177))

Empfohlen wird von den meisten Hochschulen Schriftgröße 12 bei einem Zeilenabstand von 1,3 bis 1,5. Überschriften können in den Schriftgrößen 13 oder 14 Punkt, aber immer in der gleichen Schrift formatiert werden. Hat sich das Auge des Lesers erst einmal an die verwendete Schrift gewöhnt, ermüdet es auch nicht so schnell, als wenn ständig wechselnde Schrifttypen gebraucht werden. Daher ist es sinnvoll, auch bei den Überschriften von Abbildungen oder Grafiken bei der einmal eingeführten Schrift – Times New Roman oder Arial – ausnahmslos und konsequent zu bleiben. Überschriften im Text können dabei in Fettdruck gesetzt werden und sollten der Schriftgröße des Fließtextes entsprechen. In Ihrer Arbeit könnte das dann folgendes Schriftbild ergeben:

> ## Times New Roman in 14 Punkt geschrieben
> ### Times New Roman in 13 Punkt geschrieben
> Times New Roman in 12 Punkt geschrieben
> Times New Roman in 11 Punkt geschrieben
> Times New Roman in 10 Punkt geschrieben
> → Ist die ideale Schrift für den Grundtext

> ## Arial in 14 Punkt geschrieben
> ### Arial in 13 Punkt geschrieben
> Arial in 12 Punkt geschrieben
> Arial in 11 Punkt geschrieben
> Arial in 10 Punkt geschrieben
> → Ist die ideale Schrift für Auszeichnungen (Überschriften, Legenden, Merksätze etc.)

Abb. 15: Geeignete Schrifttypen und -größen

Als Richtwert für den Textteil gilt Schriftgröße 12, möglich ist auch in Absprache mit dem Betreuer in einigen Disziplinen Schriftgröße 11.

Des Weiteren beeinträchtigen Trennungen von Silben oder Wortteilen den Lesefluss zum Beispiel deutlich. Daher sollten Sie soweit wie möglich auf **Silbentrennungen** verzichten, insbesondere auf Trennungen, die über das Seitenende hinausgehen. Das automatische Silbentrennungsprogramm ist damit tabu. Unschön ist ebenso ein Zeilenumbruch zwischen einem Wert und einer Maßeinheit. Hier können und dürfen Sie jedoch tricksen, indem Sie das Leerzeichen zum geschützten Bestandteil dieser Kombination machen (Tastenkombination Strg + Shift + Space in Word).

So sparsam wie möglich sollte der **Fettdruck** eingesetzt werden, *kursiv* reicht in den meisten Fällen aus – abgesehen von den Überschriften in den Ober- und Unterkapiteln. Das gleiche gilt für Unterstreichungen, *Kursivdruck,* GROSSSCHREIBUNG, S p e r r s c h r i f t, KAPITÄLCHEN oder auch *künstlerische (Schreib-)Schrifttypen.* Je mehr Sie im Text hervorheben, umso unübersichtlicher erscheint der Textverlauf und stört damit den Lesefluss. Versuchen Sie stattdessen die Bedeutung einzelner Wörter, Sätze oder Textpassagen lieber inhaltlich im Text herauszustellen. So profan es auch klingen mag: Die äußere Form ist auch immer ein Spiegel Ihrer gedanklichen Ordnung. Bezogen auf die wissenschaftliche Arbeit bedeutet dies: Ein aufgeräumter und unaufgeregter Textverlauf spiegelt für den Leser zunächst auch geordnete und strukturierte Gedankengänge des Autors wider.

Dasselbe gilt für den **Einsatz von Farben.** Sie sollten so sparsam wie möglich verwendet werden. Schwarz und graue Rasterstufen (Farbnuancen) garantieren eine gute Lesbarkeit – bei Rot, Grün und Blau ist das zumindest Geschmackssache. Letztere bieten dem Leser bei einheitlicher Verwendung eine gute Orientierung. Grün könnte beispielsweise als Signal für positive Entwicklungen stehen, während Rot negative Tendenzen oder Gefahren anzeigt.

Auch inhaltlich ist der Aufbau einer wissenschaftlichen Arbeit an eine Form gebunden. Das erleichtert dem Leser die Durchsicht. Dabei sind die vorgegebenen Bestandteile in ihrer Reihenfolge zu beachten:

Fest vorgegebene Bestandteile einer Bachelorarbeit

- Titelblatt
- Inhaltsverzeichnis
- Abkürzungsverzeichnis
- Abbildungsverzeichnis
- Tabellenverzeichnis

- Anhangsverzeichnis
- Ausführender Textteil
- Anhang
- Literaturverzeichnis
- Eidesstattliche Erklärung

3.3 Titelblatt

Das Titelblatt steht am Anfang Ihrer Bachelorarbeit. Das Titelblatt sollte immer folgende Angaben beinhalten: die Art der Arbeit, das Thema, die Hochschulbezeichnung, den Studiengang, den Namen und Vornamen des Verfassers, den Hochschulort, die Erst- und Zweitprüfer sowie das Ausgabe- und Abgabedatum.

Wie Sie das Deckblatt gestalten, obliegt Ihnen. Wichtig ist, dass Sie alle notwendigen Angaben machen – und das am besten fehlerfrei. Deshalb: Überprüfen Sie vor der Abgabe noch einmal genau, ob Sie möglicherweise noch ein Satzzeichen in Ihrem Titel vergessen haben und ob Sie die Vor- und Zunamen Ihrer Prüfer richtig geschrieben haben. Häufig schleichen sich gerade auf der Titelseite kleine Fehlerteufel ein, die keinen guten Eindruck hinterlassen und so manchen Leser voreingenommen machen. Das sollte Ihnen nicht passieren! Wenngleich Sie die optische Gestaltung Ihres Deckblattes frei wählen können, sollten Sie keine Kunstwerke schaffen. Je sachlicher und klar strukturierter Sie Ihr Titelblatt gestalten, umso angenehmer ist das für Ihren Leser. Denn dieser bekommt bereits einen ersten Eindruck davon, wie einladend aufgeräumt Sie vorgehen werden. Die folgende Abbildung zeigt Ihnen ein Beispiel für die Titelseite einer Bachelorarbeit:

Thesis

Ethno-Marketing in der Produktpolitik
Ein Leitfaden für internationale Lebensmittelhersteller zur Segmentierung und Bearbeitung des mauritischen Marktes

vorgelegt von   Fabian Stubbe
                     Straße
                     Ort

angefertigt für den abschließenden Teil der Bachelorprüfung für den Studiengang Kommunikations- und Multimediamanagement am Fachbereich Wirtschaft der Fachhochschule Düsseldorf

Bearbeitungszeitraum: 14.03.20XX – 23.05.20XX
Art der Thesis: empirische Arbeit
Betreuerin: Prof. Dr. Vorname Nachname
Zweite Prüferin: Prof. Dr. Vorname Nachname

Düsseldorf, den 23. Mai 20XX

Abb. 16: Beispiel für ein akademisches Titelblatt

3.4   Das Inhaltsverzeichnis

Das Inhaltsverzeichnis wird gern auch als »Visitenkarte« der Abschlussarbeit bezeichnet. Tatsächlich bietet das Inhaltsverzeichnis nicht nur Ihnen als Autor ein Grundgerüst, sondern auch dem Leser eine klare Übersicht über den Aufbau Ihrer Thesis und die logische Vorgehensweise. Besonders deutlich macht Brink (2013, S. 129) die Funktion: »Die Gliederung zeigt, wie das Thema in Teilprobleme zerlegt wird, welche Beziehungen zwischen den einzelnen Teilproblemen bestehen, in welcher Beziehung sie abgearbeitet werden und welche relative Bedeutung ihnen der Verfasser beimisst.« Insbesondere der eilige Leser findet direkt die für ihn in Frage kommenden Informationen – zumindest sollte es so sein ...

3.4.1   Optische Proportionen

Die Praxis zeigt allerdings häufig ein anderes Bild: Zwar entspricht der formale Aufbau den Anforderungen (▸ **Kap. 3.2**), doch gleicht die typografische Umsetzung eher dem Versuch, ein schier auswegloses Labyrinth zu skizzieren als eine sachliche Gliederung abzubilden.

Dieser Effekt entsteht vor allem dann, wenn die einzelnen Gliederungspunkte zu detailliert aufgeführt werden und die Hauptabschnitte typografisch nicht abgesetzt sind. Die Gliederungspunkte sind jeweils durch einen Punkt getrennt und sollten maximal drei bis vier Gliederungsebenen haben (▸ **Abb. 17**). Bei mehr als vier Untergliederungsrängen wirkt das Inhaltsverzeichnis schnell unübersichtlich. Idealerweise gelingt es Ihnen, sich auf zwei bis drei Gliederungsebenen zu beschränken.

Es gibt verschiedene zulässige Gliederungsschemata. Gängig sind die numerische Ordnung nach dem Abstufungsprinzip oder dem Linienprinzip.

Gliederungsschema mit numerischer Ordnung nach dem Abstufungsprinzip

1. ☺☺☺☺☺☺☺
2. ☺☺☺☺☺☺☺☺☺
    2.1 ☺☺☺☺☺☺☺☺
    2.2 ☺☺☺☺☺☺☺☺
        2.2.1 ☺☺☺☺☺☺
        2.2.2 ☺☺☺☺☺☺☺
    2.3 ☺☺☺☺☺☺☺
    2.4 ☺☺☺☺☺☺☺☺
3. ☺☺☺☺☺☺☺

Gliederungsschema mit numerischer Ordnung nach dem Linienprinzip

1. ☺☺☺☺☺☺☺
2. ☺☺☺☺☺☺☺☺☺
2.1 ☺☺☺☺☺☺☺☺
2.2 ☺☺☺☺☺☺☺☺
2.2.1 ☺☺☺☺☺☺
2.2.2 ☺☺☺☺☺☺☺
2.3 ☺☺☺☺☺☺☺
2.4 ☺☺☺☺☺☺☺☺
3. ☺☺☺☺☺☺☺

Abb. 17: Gliederungsschema mit numerischer Ordnung nach dem Abstufungs- (oben) und Linienprinzip (unten)

Beim Abstufungsprinzip werden die Kapitelüberschriften ihrer Gliederungstiefe entsprechend nach rechts eingerückt. Beim Linienprinzip stehen alle Gliederungspunkte ohne inhaltliche Gewichtung auf der gleichen vertikalen Linie. Dieses Prinzip wird von einigen Universitäten für eine Dissertation empfohlen. Das Abstufungsprinzip hat den Vorteil, dass der Leser durch die Ordnung in Ober- und Unterordnung die Konzeption und Schwerpunkte der Arbeit optisch leicht erfassen kann.

Um ganz sicherzugehen, erkundigen Sie sich bei Ihrem Betreuer über die gewünschte Darstellung. Ratsam ist es auch, auf verschiedene Schriftarten oder Schreibweisen zu verzichten – etwa durch die durchgängige Verwendung von Großbuchstaben zur Abgrenzung eines neuen Kapitels. Das mag zuweilen optisch erfrischend wirken, allerdings sind diese und weitere Experimente in Hinblick auf eine gute Übersicht einer wissenschaftlichen Arbeit nicht zielführend. Sie wollen Ihren Leser doch schließlich schnell und verständlich in den Inhalt Ihrer Arbeit einführen und nicht durch eine Kunstausstellung begleiten.

☺ Deshalb: **Halten Sie die Gliederung kurz und prägnant.**

3.4.2 Sachliche Proportionen

Neben den optischen Proportionen gibt es auch sachliche Aspekte, die es zu beachten gilt. Ihre Gliederungspunkte sollten in sich geschlossen sein, das heißt, Ihre Gedankenführung systematisch und verständlich wiedergeben. Dem Leser sollte sich daraus sofort erschließen können, worum es sich im jeweiligen Abschnitt handelt. Formulieren Sie klar, indem Sie den Kern des entsprechenden Abschnittes der Ausarbeitung als Gliederungspunkt benennen. Vorsicht ist bei Schlagwörtern und Substantiven geboten. Zwar sind sie kurz und prägnant, doch genügen sie in den meisten Fällen nicht, um den Inhalt des betreffenden Abschnittes in seiner Gesamtheit zu umfassen.

Beispiel für die verständliche Formulierung von Gliederungspunkten

Wenig aussagekräftig ist:

1.3 Erarbeitung und Typologie

2. Ausblick

Besser wäre:

1.3 Herleitung von Variablen zur Erarbeitung einer Typologie für die mauritischen Zielgruppen

2. Handlungsempfehlungen für die Produktpolitik der Ernährungsindustrie im Kontext des Ethno-Marketing in Mauritius

---

Alle Gliederungspunkte sollten in substantivierter Form stehen. Das bedeutet, dass sie keine Verben verwenden. Da Sie somit keine ganzen Sätze bilden, steht am Ende eines Gliederungspunktes auch nie ein Punkt.

Um den logischen Aufbau Ihrer Arbeit transparent zu machen, empfiehlt es sich dringend, Gliederungspunkte, denen Sie gleiches Gewicht verleihen möchten, diese soweit wie möglich auch gleich stark oder schwach zu untergliedern. Optimal ist eine annähernd gleiche Anzahl der Unterpunkte sowie eine jeweils ausgewogene Seitenlänge im Textverlauf. Die Unterpunkte dienen dazu, jeweils Ihre einzelnen Gedankengänge transparent zu machen. Jeder Unterpunkt sollte also einen Gedankengang zum Inhalt haben. Absätze innerhalb eines Untergliederungspunktes bilden den entsprechenden einzelnen Gedanken als Teil oder Schritt Ihres Gedankenvorganges ab.

Als leserfreundlich haben sich auch Zwischenergebnisse erwiesen. Der Leser kann sich auf diese Art gezielt einen Überblick über den Inhalt des jeweiligen Kapitels verschaffen. Daher sollte zum Ende eines Kapitels der Punkt *Zwischenergebnis* oder *Zwischenfazit* einzeln aufgeführt werden.

Auch für Sie selbst ist es zum Ende eines Kapitels eine gute Möglichkeit zu prüfen, ob Sie darin auch alle relevanten Fragen beantwortet haben, ob Ihre Gedankengänge nachvollziehbar sind und die Sprache klar ist. Ein Zwischenfazit als Resümee des einzelnen Kapitels erleichtert Ihnen zum Schluss auch die Zusammenfassung (▶ **Kap. 3.6.3** und **3.6.4**).

Inhaltsverzeichnis

Abbildungsverzeichnis		III
Tabellenverzeichnis		IV
1.	**Problemstellung und Definitionen**	**5**
1.1	Problemstellung	5
1.2	Begriffseinführung	6
1.2.1	Mobbing	6
1.2.2	Historie	6
1.2.3	Betriebswirtschaft	6
1.2.4	Gesellschaft	7
1.3	Zielsetzung	7
1.4	Vorgehensweise	8
2.	**Historie und Hintergründe des Mobbings**	**9**

2.1	Historische Entwicklung und Erklärung des Mobbings	9
2.1.1	Evolutionstheoretischer Erklärungsansatz	10
2.1.2	Medizinischer/Psychologischer Erklärungsansatz	12
2.2	Mobbing als Phänomen	14
2.2.1	Arten der Mobbingangriffe	14
2.2.2	Dimensionen des Mobbing	15
2.2.3	Mobbingphasen	16
2.2.4	Mobbing als Modeerscheinung	20
2.3	Auftretensbereiche	20
2.3.1	Branche	22
2.3.2	Geschlecht	23
2.3.3	Alter	24
2.4	Zwischenfazit	25
3.	**Mobbing in betriebswirtschaftlichen Organisationen**	**26**
3.1	Einflussfaktoren	27
3.1.1	Korrelation zwischen Mobbing und Betriebsfaktoren	28
3.1.1.1	Arbeitsgestaltung	28
3.1.1.2	Mitarbeiterführung	33
3.1.2	Korrelation zwischen Mobbing und Persönlichkeitsfaktoren	38
3.1.2.1	Tätermerkmale	40
3.1.2.2	Opfermerkmale	41
3.1.2.3	Interaktionsmerkmale	42
3.2	Folgen für die Unternehmen	44
3.2.1	Soziale und gesundheitliche Folgen	45
3.2.2	Wirtschaftliche Folgen	46
3.3	Prävention	46
3.4	Zwischenfazit	48
4.	**Versuch einer Differenzierung nach modellhaften Gesellschaftsformen**	**48**
4.1	Modellskizze der Gesellschaftsform in der Planwirtschaft	49
4.2	Modellskizze der Gesellschaftsform in der Marktwirtschaft	53
4.3	Vergleich der Gesellschaftsformen und Auswirkungen auf das Auftreten von Mobbing	55
4.4	Zwischenfazit	59

5.	Fazit	60
	Anhang	62
	Quellenverzeichnis	66
	Eidesstattliche Erklärung	68

Abb. 18: Beispiel für ein Inhaltsverzeichnis zum Thema: »Mobbing: Eine Betrachtung unter historischen, betriebswirtschaftlichen und gesellschaftlichen Aspekten und Ihren Folgen«

☺ Dass die im Inhaltsverzeichnis genannten Überschriften und Seitenzahlangaben mit jenen im Text übereinstimmen sollten, versteht sich von selbst. Also: **Überprüfen Sie am Ende noch einmal alle Überschriften und Zwischenüberschriften** – auch in Hinblick darauf, ob die Seitenzahlen übereinstimmen.

3.4.3 Seitenzahlen

Jede wissenschaftliche Arbeit beginnt mit einer Einleitung. Damit setzt zugleich auch die Seitenzählung mit arabischen Ziffern ein. Die Einleitung ist immer die *Seite 1*. Den Abschluss Ihrer Arbeit bildet eine *eidesstattliche Erklärung* zur eigenständigen Abfassung der Arbeit und zur Beachtung der Grundsätze ordnungsgemäßen wissenschaftlichen Arbeitens. Da diese nicht zu Ihren eigentlichen wissenschaftlichen Ausführungen gehört, sondern lediglich einen formalen Abschluss darstellt, wird die Seite auch nicht gezählt. Die Seitennummerierung endet mit dem Literaturverzeichnis.

Alle übrigen Seiten werden mit römischen Ziffern versehen. Es gibt jedoch hierbei zwei Besonderheiten, auf die es zu achten gilt: Das Titelblatt trägt theoretisch die Ziffer *I*, praktisch wird die Zahl allerdings nicht ausgedruckt. Das auf der nächsten Seite folgende Inhaltsverzeichnis trägt die Ziffer *III*. Die Ziffer *II* entfällt in Ihrer Nummerierung. Damit hat es folgende Bewandtnis: Stellen Sie sich einmal Ihre fertige, gebundene Arbeit vor. Abgesehen davon, dass Sie in Ihrer Bachelorarbeit nur die Vorderseite bedrucken, ähnelt die Form einem Buch. Und jedes Buch beginnt auf der rechten Seite mit einer ungeraden Zahl. Die nachfolgende Abbildung soll Ihnen ein Beispiel geben.

Titelseite (ohne Ausdruck der Seitenzahl)	I
Inhaltsverzeichnis	III
Abbildungsverzeichnis	VI
Tabellenverzeichnis	VII
Abkürzungsverzeichnis	VIII
Symbolverzeichnis	X
Verzeichnis der Anhänge	XII
Textteil (beginnend mit der Einleitung)	1
Anhang	53
Literaturverzeichnis	60

Abb. 19: Beispiel für den Umgang mit arabischen und römischen Ziffern zur Seitenzählung

Aus der Abbildung geht noch einmal deutlich hervor, wie die Ziffern verwendet werden: Alle Verzeichnisse, die vor dem Textteil der Arbeit stehen, werden mit römischen Ziffern versehen. Alles, was nach dem Ausführungsteil folgt, erhält eine arabische Ziffer. Hierzu zählen auch – und das betrifft in den meisten Fällen juristische Arbeiten – Verzeichnisse der Gesetze, Gesetzesentwürfe, Erlasse, Rechtsprechungen oder Schreiben. Diese jeweiligen Verzeichnisse folgen auf das Literaturverzeichnis und haben arabische Seitenzahlen.

3.5 Weitere Verzeichnisse

Jede wissenschaftliche Arbeit muss über ein Inhaltsverzeichnis und ein Literaturverzeichnis verfügen. Da diese beiden Verzeichnisse von besonderer Bedeutung für Ihre Abschlussarbeit sind, ist ihnen jeweils ein separater Gliederungspunkt gewidmet (▶ **Kap. 2.3** und **3.7**). Darüber hinaus sind weitere Verzeichnisse anzulegen, sobald Sie auch nur eine Abkürzung, Abbildung, Tabelle, Darstellung sowie Gerichtsurteile, Erlasse oder Rechtsprechungen in Ihrer Bachelorarbeit erstellen oder verwenden. Das heißt jedoch nicht zwangsläufig, dass Sie für jedes Verzeichnis eine eigene Seite anlegen müssen. Bei kurzen Verzeichnissen – wenn Sie nur drei bis vier Abkürzungen, Symbole, Abkürzungen oder Tabellen haben –, ist es zu begrüßen, diese auf einer oder zwei Seiten anzugeben. Die verschiedenen Verzeichnisse sollen Ihnen nachfolgend vorgestellt und erläutert werden.

3.5.1 Abkürzungsverzeichnis

Für alle wissenschaftlichen Arbeiten gilt, alle im Text verwendeten Abkürzungen in einem Abkürzungsverzeichnis in alphabetischer Reihenfolge zu erklären. Dazu zählen nicht die *einfachen*, das heißt die allgemein gebräuchlichen und daher legitimen Abkürzungen wie *z. B. (zum Beispiel), usw. (und so weiter), etc. (et cetera), vgl. (vergleiche), bzw. (beziehungsweise), d. h. (das heißt), m. E. (meines Erachtens), i. d. R. (in der Regel)* oder *u. a. (unter anderen), u. v. m. (und vieles mehr).* Wenngleich es zwar generell lesefreundlicher ist, Wörter auszuschreiben, gibt es doch auch häufig längere Begriffe, die Sie vor dem jeweiligen inhaltlichen Hintergrund häufig nutzen müssen. In den meisten Fällen gibt es hierzu auch gängige oder logische Abkürzungen. Im Abkürzungsverzeichnis sollten die Abkürzungen so, wie Sie sie im Text verwenden, wiedergegeben werden. Bei Institutionen sollten Sie jedoch bei der ersten Erwähnung im Text den Begriff ausschreiben und die Abkürzung im Klammern setzen. So weiß der Leser, dass Sie im Folgenden mit der Abkürzung arbeiten werden und was gemeint ist, insbesondere dann, wenn es unterschiedliche Einrichtungen mit den gleichlautenden Abkürzungen gibt.

Beispiele:

Einer Veröffentlichung des Instituts der Wirtschaftsprüfer (IDW) zufolge, ...

Einer Veröffentlichung des Informationsdienstes Wissenschaft (idw) zufolge, ...

Versuchen Sie sich bei der Verwendung und Auswahl von Abkürzungen in Ihren Leser zu versetzen. Gerade weil bestimmte Abkürzungen zu Ihrem inhaltlichen Inventar gehören, ist es leicht, dabei betriebsblind zu werden. Stellen Sie sich deshalb bewusst die Fragen: *Bedarf es einer Erklärung oder ist es eindeutig? Weiß jeder, was gemeint ist oder vielleicht doch nur ein kleiner Kreis?* Zum Beispiel bei der Benutzung von Landeskürzeln: *BRD* für die Bundesrepublik Deutschland oder die *USA* für die United States of America sind längst in unserem Sprachgebrauch etabliert. Aber wie sieht es etwa mit *VRC* aus? Die Abkürzung für die *Volksrepublik China* ist bei weitem noch nicht jedem geläufig. Hier wäre eine Erläuterung nötig.

Es gibt Abkürzungen, die in verschiedenen Zusammenhängen gebraucht werden oder für unterschiedliche Einrichtungen stehen. Diese müssen vor Gebrauch dringend erklärt werden, um Missverständnisse auszuschließen. Beispiele hierfür finden Sie in der nächsten Abbildung. Zur Beruhigung sei jedoch an dieser Stelle betont, dass Sie hier keine inhaltliche Begriffsdefinition geben sollen. Es genügt, die Abkürzung, mit der Sie im Text arbeiten werden, eindeutig im Abkürzungsverzeichnis begrifflich aufzulösen. Bleiben Sie in Ihren weiteren Ausführungen konsequent bei der einmal eingeführten oder gewählten Abkürzung. Alles andere verwirrt am Ende selbst den aufmerksamsten Leser.

ABS	Antiblockiersystem, forderungsbesichertes Wertpapier (englisch: Asset-backed Security, ABS), Aktionsbündnis gegen Studiengebühren
AGB	Allgemeine Geschäftsbedingungen, Arbeitsgesetzbuch
AP	Associated Press, Alkalische Phosphatase, Asia-Pacific
BDA	Bundesvereinigung der Deutschen Arbeitgeberverbände, Bund Deutscher Architekten
BDI	Bund deutscher Industrie, Bundesverband Deutscher Internisten
BVG	Bundesverfassungsgericht, Bundesversorgungsgesetz, Berliner Verkehrsbetriebe, Baustoff-Vertriebs-Gesellschaft oHG, Beteiligungsverwaltungsgesellschaft, Berufliche Vorsorge, Berufsverband Gemeindepädagogik Westfalen-Lippe e. V.
CD	Corporate Design, Compact Disc, Creative Director, Customer Development
DEG	Deutsche Elektrogruppe, Düsseldorfer Eislauf-Gemeinschaft
EEG	Elektroenzephalografie, Erneuerbare-Energien-Gesetz
FSK	Freiwillige Selbstkontrolle, Fachverband Schaumkunststoffe und Polyurethane FSK e. V.
G8	Staatenbündnis der acht größten Industrienationen (Deutschland, Frankreich, Italien, Japan, Kanada, Russische Föderation, USA, Großbritannien), Abitur nach der zwölften Klasse/achtjähriges Gymnasium
IO	International Office, Illustratoren Organisation
JVA	Justizvollzugsanstalt, Jugend-Auszubildendenvertretung
KSK	Künstlersozialkasse, Kommando Spezialkräfte, Kreissparkasse
OE	Organisationseinheit, Organisationsentwicklung, Orientierungseinheit, Outlook Express, Oxfort-Englisch, Oxforteinheit, Olpe (Kfz), Optoelektronik, Offenbarungseid

Abb. 20: Beispiele für Abkürzungen mit Mehrfachbedeutungen

Daneben gibt es Abkürzungen für Begriffe, für die verschiedene Schreibweisen zulässig sind. Zum Beispiel für den *Gewinn vor Zinsen und Steuern* (*earnings before interest and taxes*). Hier sind drei Schreibweisen gebräulich bzw. möglich: *ebit, Ebit* oder auch *EBIT*. Auch hier gilt, dass Sie bei der einmal in Ihrer Arbeit eingeführten und erklärten Schreibweise bleiben müssen, um Verwirrungen auszuschließen.

Erklärungsbedürftig sind ebenfalls selbstgeschaffene Abkürzungen, die von herkömmlichen Abkürzungen abgeleitet sind. Dazu ein Beispiel: In vielen Personalabteilungen wird mit der Abkürzung *TD* für *Tätigkeitsdarstellung* gearbeitet. An diese inzwischen in der einschlägigen Literatur etablierte Abkürzung sollten Sie sich halten und nicht neue wie *TäDa* oder *Tät-Dar* erfinden. Abkürzungen lassen einen Text per se schwerfälliger wirken, aber Neuerfindungen in der wissenschaftlichen Sprache dienen in den wenigsten Fällen ihrem sachlichen Charakter. Insbesondere im »Netzjargon«, bei der E-Mail- und SMS-Kommunikation, finden sich viele umgangsprachliche Abkürzungen. Die Sprachentwicklung tendiert in diesem Bereich momentan stark zu einer Abkürzungs- und Symbolgemengelage. Von den klassischen Emoticons einmal abgesehen, nehmen Abkürzungen innerhalb dieses Austausches zunehmend einen breiten Raum ein. Noch vor wenigen Jahren wäre in der elektronischen Kommunikation unter Formel *FYI* – oder klein geschrieben *fyi* – kaum jemand darauf gekommen, dass der Adressat seinem Empfänger *for your information (zu Deiner/Ihrer Information)* etwas mitteilen möchte. Im schnelllebigen E-Commerce ist diese Abkürzung inzwischen Usus und es werden ständig neue Abkürzungen kreiert. Dort wird längst nach unterschiedlichen Kommunikationsformen unterschieden – zwischen SMS-, Chat- oder Internetabkürzungen hat man eine breite Auswahl. Aber: In einer wissenschaftlichen Arbeit ist der Jargon deplatziert, ebenso seine Abkürzungsmöglichkeiten, es sei denn, diese gehören zum Thema der Arbeit (also etwa einem sprachwissenschaftlichen Thema). Ihr Leser möchte keine neue Sprache lernen, sondern Sie verstehen. Und Sie möchten doch schließlich auf sachlicher Ebene mit ihm durch Ihre Arbeit in einen Dialog treten (▶ **Kap. 4.1**).

Bevor wir in den weiteren Ausführungen zum Aufbau und der Darstellung des Abkürzungsverzeichnisses kommen, sei darauf an dieser Stelle darauf hingewiesen, dass dieselben Regeln für die Abkürzungen auch für Symbole gelten. Mit Symbolen zu arbeiten ist nur dann sinnvoll, wenn Sie mehr als einmal darauf zurückgreifen. Wenn Sie ein Symbol wirklich für nötig halten, dann fragen Sie sich auch hier, ob es bekannt ist. Wenn nicht, erläutern Sie es, ebenso, wenn Sie Symbole selbst entwerfen wollen. Symbole, die nicht jedem Leser bekannt sein dürften, müssen in einem Symbolverzeichnis gesondert erläutert werden. Achten Sie dabei auf Eindeutigkeit und Konsistenz. Jedem Symbol sollten Sie einen Begriff zuordnen. Gerade in mathematisch-naturwissenschaftlichen Arbeiten werden Sie kaum ohne Symbole auskommen, doch wo sie sich vermeiden lassen, sollten Sie auch darauf verzichten. So mancher Autor hat seinem

Leser schon einen wahren Hieroglyphendschungel präsentiert, so dass dieser vor lauter Nachschlagen im Symbolverzeichnis kaum mehr zum Lesen des eigentlichen Textes kam ...

Das Symbolverzeichnis steht hinter dem Abbildungsverzeichnis in Ihrer Arbeit und ist genauso aufgebaut. Das Abkürzungsverzeichnis folgt direkt dem Inhaltsverzeichnis, so dass der Leser sich auch hier direkt einen Überblick verschaffen kann, mit welchen Begriffen Sie arbeiten und wie Sie diese im Kontext Ihrer Arbeit verstehen. Es gliedert sich in zwei Spalten. Links werden die Abkürzungen aufgeführt und rechts daneben erfolgt die Erklärung.

Abkürzungsverzeichnis	
A	Jährliche Annuität
a.a.O.	am angegebenen Ort
Abb.	Abbildung
Abs.	Absatz
AmCham	American Chamber of Commerce
Anm.	Anmerkung
Art.	Artikel (Bsp.: Art.1 Abs.4 bei Gesetzen)
BGB	Bürgerliches Gesetzbuch
BGH	Bundesgerichtshof
BfA	Bundesversicherungsanstalt für Angestellte
BVG	Beteiligungsverwaltungsgesellschaft
DIW	Deutsches Institut für Wirtschaftsforschung
ebit	Gewinn vor Zinsen und Steuern (Earnings before interest and taxes)
EstG	Einkommenssteuergesetz
GuV	Gewinn- und Verlustrechnung
Hg./Hrsg.	Herausgeber
HGB	Handelsgesetzbuch
IWF	Internationaler Währungsfonds
KGaA	Kommanditgesellschaft auf Aktien
KGV	Kurs-Gewinn-Verhältnis
OE	Organisationseinheit
o. J.	ohne Jahr(-esangabe)
OLG	Oberlandesgericht
StGB	Strafgesetzbuch
Tab.	Tabelle
VwL	Vermögenswirksame Leistung

Abb. 21: Beispiel für ein Abkürzungsverzeichnis

3.5.2 Abbildungen und Abbildungsverzeichnis

Mit Abbildungen können Sie wichtige Aspekte, Entwicklungen oder Ergebnisse in ihren Ausführungen zusätzlich darstellen oder auch gezielt pointieren. Abbildungen können Grafiken, Pläne, Diagramme, Bilder, Skizzen, Zeichnungen oder auch Texte sein, auf die Sie sich in Ihren Ausführungen beziehen. Diese visuellen Darstellungen können Sie gezielt einsetzen, um Informationen schneller zu kommunizieren. Speziell bei sehr komplexen Sachverhalten, zur Unterstützung der Argumentation und Gedankengänge sowie zur Hervorhebung wichtiger Ergebnisse bieten sich Abbildungen an. Sie verdeutlichen den Inhalt noch einmal anschaulich. Das kann dem Leser zusätzlich die Nachvollziehbarkeit erleichtern und den Text auflockern. Aber: **Eine Abbildung ist kein Textersatz.** Sie kann eine textliche Aussage lediglich ergänzen oder untermauern. Daher sollten Sie auch immer im jeweiligen Text-/Argumentationskontext platziert sein und nicht in den Anhang verschoben werden. Eine Ausnahme bilden längere Tabellen, die sich über mehrere Seiten erstrecken und die im Anhang besser aufgehoben sind.

Es sei an dieser Stelle darauf hingewiesen, dass Abbildungen nicht dazu dienen, das Dokument zu strecken oder zu schmücken, sondern vielmehr dem Leser komplexe Sachzusammenhänge, Abhängigkeiten, Beziehungen oder quantitative Ergebnisse in Anlehnung an die inhaltlichen Ausführungen besser zu veranschaulichen. Zu viele Abbildungen stören den Lesefluss. Überprüfen Sie daher, ob die angedachte Abbildung eine Bereicherung zum besseren Verständnis ist, oder ob sie nicht möglicherweise ein Zuviel des Guten ist.

Um die Aufmerksamkeit des Lesers direkt auf den eigentlichen Inhalt der Abbildung zu führen, sollten Grafiken in Hinblick auf die farbliche Gestaltung weitestgehend einheitlich sein. Empfehlenswert ist ein weißer Hintergrund oder auch ein ruhig, seriös und aufgeräumt wirkender heller blaugrauer in Verbindung mit dunkler Schrift. Diese Kombination bietet optisch eine gute Lesbarkeit. Tendieren Sie eher zu dunklen Hintergründen, sollte Sie eine weiße oder zumindest helle Schriftfarbe aus dem Grau-Blau-Spektrum wählen.

Die Darstellung von Abbildungen in wissenschaftlichen Arbeiten erfolgt nach bestimmten Regeln: Abbildungen werden fortlaufend nummeriert, also *Abbildung 1: ...*, *Abbildung 2:... .*Darauf folgt in derselben Zeile die Legende – ein Beispiel: *Abbildung 3: Entwicklung des Wachstums in der Getreidewirtschaft.* Die Nummerierung hat den Vorteil, dass Sie sich im Text stets eindeutig auf die jeweilige Abbildung beziehen können und nicht jedes Mal die komplette Bildlegende wiedergeben müssen. Die Legende steht dabei immer unter der Abbildung und verbalisiert den Inhalt des Bildes.

Auch für Abbildungen gilt es, genauso wie für Zitate, die Quelle zu benennen. Die Quellenangabe steht dabei direkt unter der Abbildung, nicht etwa wie beim Zitatnachweis in der Fußnote.

Die nachfolgende Aufzählung soll Ihnen einen Überblick über die wichtigsten Regeln für die Verwendung von Abbildungen und Tabellen (▸ Kap. 3.5.3) geben:

Wichtigste Regeln für die Erstellung von Abbildungen und Tabellen:

- Abbildung dienen zusätzlich zum Text der Visualisierung eines komplexen Sachverhaltes und erleichtern dem Leser die Informationsaufnahme.
- Abbildungen werden zuvor im Text erläutert, zumindest aber erwähnt.
- Abbildungen/Tabellen werden fortlaufend nummeriert und in einem entsprechenden (Abbildungs-/Tabellen-)Verzeichnis aufgeführt.
- Jede Darstellung hat eine Legende und eine Quellenangabe – auch wenn es sich um eine eigene Darstellung handelt (dazu nächster Abschnitt).
- Überschriften sollten selbsterklärend sein.
- Darstellungen sollten übersichtlich gestaltet sein, um den Leser direkt auf den Inhalt zu leiten.
- Maßstäbe und farbige Hervorhebungen werden in einer Legende erklärt.
- Für das Verständnis nötige Maßeinheiten wie Prozente, Währungen, Gewicht, Einwohnerzahlen etc. werden entsprechend angegeben.
- Abbildungen werden an die formalen Vorgaben des Seitenlayouts angepasst.
- Größere Abbildungen und Tabellen, die über eine Seite hinausgehen, sind aus Gründen der Übersichtlichkeit besser im Anhang zu platzieren.

Abbildungen und Quellenangaben

Haben Sie beispielsweise auf Basis Ihrer Gedankengänge eine eigene Grafik entwickelt und erstellt, um eine Aussage zu veranschaulichen, sähe die Quellenangabe wie folgt aus: *Quelle: eigene Darstellung.* Übernehmen Sie jedoch die Abbildung eines fremden Autors, so ist diese nach den Regeln des Zitierens zu belegen (▸ Kap. 4) – so würde die Quellenangabe lauten: *Quelle: Schlaufuchs, Simon: Jeder hat das Potenzial zum wissenschaftlichen Arbeiten. Stuttgart 2014, S. 214* – oder, falls Sie mit einem kürzeren Beleg nach der Harvard-Methode arbeiten: *Quelle: Schlaufuchs (2014, S. 217)*

So wie Sie Zitate paraphrasieren dürfen, können Sie auch Abbildungen entsprechend Ihrer Bedürfnisse modifizieren. Zum Beispiel indem Sie die vorhandene Abbildung durch eigene Erhebungen ergänzen oder durch neuere Forschungsergebnisse erweitern. Allerdings muss auch dies in der Quelle kenntlich gemacht werden. Hierzu sind zwei Möglichkeiten gängig: *Quelle: In Anlehnung an Schlaufuchs (2014), S. 217* oder aber *Quelle: Schlaufuchs (2014), S. 21; leicht modifizierte, eigene Darstellung.* Wichtig ist, dass Sie die Quellennachweise einheitlich gestalten und nicht zwischen beiden Varianten wechseln.

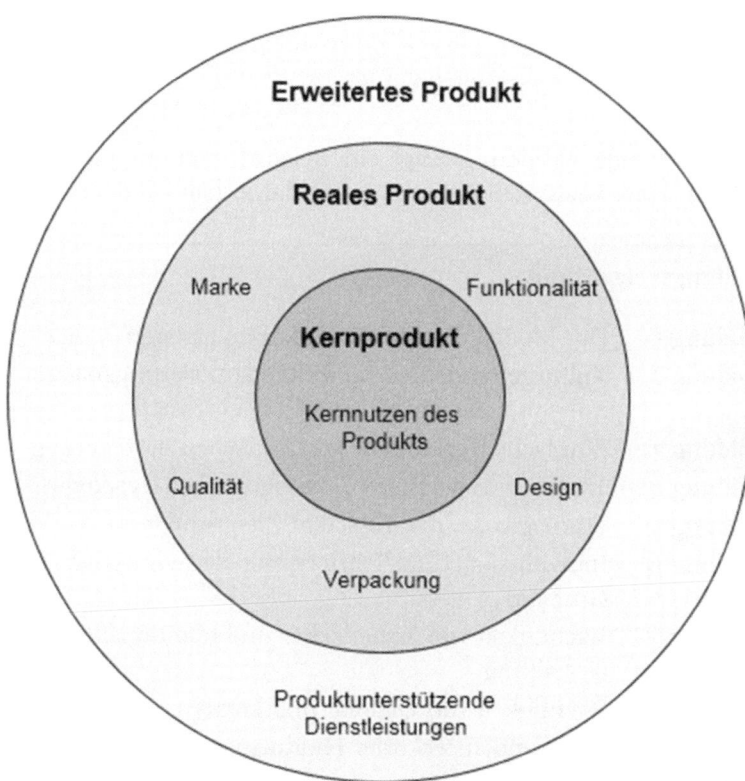

Abb. 1: Das Modell der drei Produktdimensionen (Quelle: In Anlehnung an Kotler, Philip; Armstrong, Gary; Wong, Veronica; Saunders, John: Grundlagen des Marketing, 5. Aufl. München 2011, S. 588)

Abb. 22: Beispiel für eine (modifizierte) Abbildung mit Quellennachweis

Zum Ende der Bachelorarbeit werden die Abbildungen in einem separaten Verzeichnis aufgeführt. Das Abbildungsverzeichnis setzt sich aus drei

Teilen zusammen. Rechts wird die Abbildungsnummer angegeben. Daneben folgt die Überschrift der entsprechenden Abbildung und schließlich die Seitennummer, auf der die jeweilige Abbildung im Text zu finden ist. Zur besseren Übersicht empfiehlt es sich, die Überschriften, sofern sie länger als eine Zeile sind, einzeilig zu gestalten und den Zeilenabstand zur nächsten Abbildung 1,5-fach zu wählen. Hinter den jeweiligen Überschriften steht kein Punkt am Ende.

☺ **Ist die Abbildung tatsächlich eine Abbildung und die Tabelle eine Tabelle?** Vor der Abgabe sollte noch einmal genau überprüft werden, ob sich nicht eine Tabelle in das Abbildungsverzeichnis eingeschlichen hat. Für Tabellen gibt es ein gesondertes Verzeichnis, auf das im Kapitel 3.5.3 eingegangen wird.

Die nachstehende Abbildung zeigt ein Beispiel, wie ein Abbildungsverzeichnis in einer wissenschaftlichen Arbeit dargestellt werden könnte.

Abbildungsverzeichnis

Abbildung 1:	Das Modell der drei Produktdimensionen	27
Abbildung 2:	Kulturgebundenheit und Standardisierungspotenzial von Lebensmitteln	36
Abbildung 3:	Ethnische Herkunft der mauritischen Bevölkerung	39
Abbildung 4:	Traditionsbewusstsein/Prestigestreben-Typologie	53
Abbildung 5:	Typologie der mauritischen Zielgruppen	63
Abbildung 6:	Individualisierung/Patriotismus der ethnischen Gruppen	71
Abbildung 7:	Wichtigkeit von ästhetischer und traditioneller Gestaltung	75
Abbildung 8:	Wichtigkeit von Qualität und Luxus	77
Abbildung 9:	Zielgruppensteckbrief Hinduistische Indo-Mauritier	80
Abbildung 10:	Zielgruppensteckbrief Muslimische Indo-Mauritier	81
Abbildung 11:	Zielgruppensteckbrief Kreolen	82
Abbildung 12:	Zielgruppensteckbrief Franco-Mauritier	83
Abbildung 13:	Zielgruppensteckbrief Sino-Mauritier	84
Abbildung 14:	Strategiewahl	86

Abb. 23: Beispiel für ein Abbildungsverzeichnis

Sollten Sie zwischen Abbildungen und Tabellen nicht unterschieden werden, könnte man auch ein **Darstellungsverzeichnis** erstellen, das wie ein Abbildungs- oder Tabellenverzeichnis aufgebaut ist. In einem Darstellungsverzeichnis werden alle Abbildungen und Tabellen als Darstellungen bezeichnet. Ebenso wie die differenzierten Formen muss jede Darstellung eine Legende oder Tabellenbezeichnung haben und die Quelle direkt bei der Darstellung kenntlich gemacht werden. Die Darstellungen werden fortlaufend nummeriert und müssen im Verzeichnis mit Nummer, Überschrift und der Seitenzahl, auf der Sie zu finden sind, ausgewiesen werden. Das Darstellungsverzeichnis würde dann direkt hinter dem Inhaltsverzeichnis stehen.

3.5.3 Tabellenverzeichnis

Mit Tabellen können Sie bestimmte Sachverhalte nach unterschiedlichen Kriterien aufstellen, ordnen und bewerten. Tabellen eignen sich besonders, um quantitative Belege, etwa zahlenmäßige Entwicklungen, Statistiken oder auch konkrete inhaltliche Ausprägungen, Abweichungen, Tendenzen oder besondere Merkmale aufzuzeigen. In den Wirtschaftswissenschaften werden Sie also kaum um die Verwendung und den gezielten Einsatz von Tabellen herumherkommen.

Gerade für längere Aufzählungen von Merkmalen oder Daten, die den Text zuweilen sehr strecken und schwer lesbar machen würden, sind Tabellen zu empfehlen. Sie erleichtern dem Leser die Übersicht. Genau wie jede Abbildung (▶ **Kap. 3.5.2**) wird jede Tabelle in fortlaufender Reihenfolge nummeriert und mit einer Bezeichnung versehen (Zum Beispiel: Tabelle 1: *Verifizierung/Falsifizierung der Forschungshypothesen.*).

Eine Tabelle gehört in den schriftlichen Teil Ihrer Ausführungen, nicht etwa in einen Anhang, und sollte immer unter Benennung der Tabellennummer einen Bezug zu Ihren Gedankengängen haben bzw. im Text erklärt werden (zum Beispiel: *Wie aus den Zahlen in Tab. 1 hervorgeht, ...*). Zu einer Tabelle gehört ebenso wie zur Abbildung auch eine Quellenangabe. Diese ist direkt unter der Tabelle anzugeben. Für den Quellennachweis gelten dieselben Regeln wie Sie sie bereits im vorangegangenen Abschnitt in Hinblick auf Abbildungen eines fremden Autors oder die Modifizierung einer Abbildung eines anderen Verfassers kennengelernt haben. Die nachfolgende Tabelle soll Ihnen ein Beispiel dafür geben, wie eine Tabelle in einer Bachelorarbeit aussehen könnte.

Tab. 2: Synthese von Kulturdimensionen und Markenfunktionen (Quelle: In Anlehnung an von Hofstede (1997), S. 13f., Tropp (2011), S. 312); eigene Darstellung)

Kulturdimension nach Hofstede	Ausprägung	Korrelierende Markenfunktionen aus Konsumentensicht
Machtdistanz	Hoch	Garantiefunktion, Identifikationsfunktion, Prestigefunktion, Selbstinszenierungsfunktion, Sicherungsfunktion
	Niedrig	Innovationsfunktion
Individualismus versus Kollektivismus	Individualismus	Identifikationsfunktion, Innovationsfunktion, Prestigefunktion, Selbstinszenierungsfunktion
	Kollektivismus	Gruppenzugehörigkeitsfunktion
Maskulinität versus Femininität	Maskulinität	Innovationsfunktion, Prestigefunktion, Qualitätsfunktion, Selbstinszenierungsfunktion
	Femininität	Garantiefunktion, Identifikationsfunktion, Sicherungsfunktion
Unsicherheitsvermeidung	Hoch	Garantiefunktion, Gruppenzugehörigkeitsfunktion, Identifikationsfunktion, Qualitätsfunktion, Sicherungsfunktion
	Niedrig	Innovationsfunktion
Lang- versus Kurzfristorientierung	Langfristig	Garantiefunktion, Identifikationsfunktion, Qualitätsfunktion, Sicherungsfunktion
	Kurzfristig	Innovationsfunktion, Prestigefunktion, Selbstinszenierungsfunktion

Abb. 24: Beispiel für eine (modifizierte) Tabelle mit Quellennachweis

Auch Tabellen müssen zum Ende Ihrer Bachelorarbeit in einem eigenen Verzeichnis in der richtigen Reihenfolge aufgeführt werden. Der Aufbau gleicht demjenigen des Abbildungsverzeichnisses. Hierzu geben Sie links die Tabellennummer an. Danach folgen der Titel der Tabelle und schließlich rechts die Seitenzahl, auf der der Leser die Darstellung finden kann. Ebenso wie im Inhalts- bzw. Abbildungsverzeichnis empfiehlt es sich, bei zweizeiligen Tabellenbezeichnungen zur besseren Übersicht einen 1,5-fachen Zeilenabstand zur nächsten Tabellenbezeichnung zu wählen.

Tabellenverzeichnis

Tabelle 1:   Marketingrelevante Analyse der Kulturelemente   9

Tabelle 2:   Synthese von Kulturdimensionen und Markenfunktio-   29
nen

Tabelle 3:   Ausprägungen der Kulturdimensionen (hinduistische   42
Indo-Mauritier)

Tabelle 4:   Ausprägungen der Kulturdimensionen (muslimische   44
Indo-Mauritier)

Tabelle 5:   Ausprägungen der Kulturdimensionen (Kreolen)   47

Tabelle 6:   Ausprägungen der Kulturdimensionen (Franco-Mauri-   49
tier)

Tabelle 7:   Ausprägungen der Kulturdimensionen (Sino-Mauritier)   51

Tabelle 8:   Lebensmittelmarken in Mauritius   54

Tabelle 9:   Übersicht der Forschungsfragen und -hypothesen samt   58
korrelierender Fragen im qualitativen Fragebogen

Tabelle 10:   Verifizierung/Falsifizierung der Forschungshypothesen   64

Tabelle 11:   Überblick der Strategieoptionen   85

Tabelle 12:   Leitfaden für die Mauritisierungs-Strategie   87

Tabelle 13:   Leitfaden für die Ethno-Marketing-Strategie   88

Abb. 25: Beispiel für ein Tabellenverzeichnis

3.5.4 Anhang und Anhangsverzeichnis

Zwischen Ihrem Quellen- und Literaturverzeichnis und der eidesstattlichen Erklärung haben Sie die Möglichkeit, einen Anhang einzufügen. Ein Anhang ist nicht zwingend notwendig, soweit möglich sollte in einer Bachelorarbeit darauf verzichtet werden. Ihre Abbildungen und Tabellen im Text sollten sinnvoll und für die Informationsvermittlung förderlich eingebunden sein, um die jeweiligen Sachverhalte hinreichend zu visualisieren und zu erläutern. Das macht die Darstellungen für den Leser weitaus besser zugänglich, als wenn er über Verweise erst im Anhang nachsehen muss. Natürlich kann ein breiter Anhang den optischen Umfang der Arbeit um ein Vielfaches erhöhen und lässt die Arbeit auf den ersten Blick wie ein wuchtiges Meisterwerk erscheinen. Allerdings ist das nicht Ziel Ihrer Bachelorarbeit. Sie wollen ja zeigen, dass Sie innerhalb einer bestimmten Zeit ein konkretes Thema in einem vorgegebenen Rahmen von im Allgemeinen 60 Seiten (▶ **Kap. 1**) ergebnisorientiert bearbeiten können.

Ein Anhang empfiehlt sich nur dann, wenn sie beispielsweise größere oder doppelseitige Tabellen, geografische oder technische Darstellungen haben, die im Textteil den Lesefluss unterbrechen oder stören würden, oder wenn Sie eine empirische Untersuchung durchgeführt und den Auswertungsteil ausführlich dargestellt haben. Ihr Fragebogen, die Antworten und Ihre Auswertungskriterien, aber auch Daten, Quellen und Argumente, die für die Arbeit nützlich sind, können im Anhang dargestellt werden. Der Anhang sollte auf die wesentlichsten Ergänzungen zu Ihrem ausführenden Teil beschränkt sein.

Anhangsverzeichnis		
Anhang 1:	Qualitativer Fragebogen	X
Anhang 2:	Qualitative Befragung »Dr. Thassilo Schlicksupp«	XI
Anhang 3:	Qualitative Befragung »Venetia Stolz«	XIII
Anhang 4:	Qualitative Befragung »Mara Mustermann«	XIV
Anhang 5:	Qualitative Befragung »Michel Lönneberga«	XV
Anhang 6:	Qualitative Befragung »Fynn Gjelstrup«	XVI
Anhang 7:	Qualitative Befragung »Cyril Pesto«	XVII
Anhang 8:	Quantitative Befragung	XIX
Anhang 9:	Darstellung der quantitativen Befragung	XX
Anhang 10:	Erläuterung der Zielgruppensteckbriefe	XXI

Abb. 26: Beispiel für ein Anhangsverzeichnis

Das Anhangsverzeichnis ist wieder analog zum Abbildungs- und Tabellenverzeichnis aufgebaut: Jeder Anhang ist mit einer Nummer und einer Überschrift versehen. Bei einem überschaubaren Anhang von weniger als fünf Seiten ist ein Verzeichnis nicht erforderlich. Dann brauchen Sie also im Inhaltsverzeichnis auch kein Anhangsverzeichnis ankündigen, sondern nur den vorletzten Punkt als *Anhang* benennen. Bei größeren Anhängen, zum Beispiel in Dissertations- oder Habilitationsschriften, bekommt der nachfolgende Anhang noch ein eigenes Deckblatt mit dem Titel *Anhang*. Der Anhang wird somit noch einmal deutlich von dem Hauptwerk abgegrenzt. Denn: Ganz gleich, um welche wissenschaftliche Arbeit es geht, sie steht zunächst im Fokus des Lesers. Die folgende Abbildung soll Ihnen ein Beispiel für das Abbildungsverzeichnis einer Bachelorarbeit geben, die auf eigenen empirischen Untersuchungen basiert.

3.6 Die Textstruktur

3.6.1 Einleitung

Mit der Einleitung führen Sie Ihren Leser in Ihre Bachelorarbeit ein. Das heißt, die Einleitung bildet das erste Kapitel Ihrer Arbeit. Schon an dieser Stelle werden Sie merken, wie lohnenswert Ihre Vorarbeiten waren.

Die Problemstellung in drei Schritten auf den Punkt gebracht:

1. Die Einleitung ist zugleich auch ein Wegweiser für Ihre Leser. Hier stellen Sie vor, was ihn erwartet, indem Sie ihn in die Problemstellung einführen. Sie begründen **im ersten Schritt** Ihre Themenwahl, Ihre Motivation beschreiben und die Ausgangslage, also den aktuellen Stand der Wissenschaft (▶ **Kap. 1.1.2**) darstellen.

2. **Im zweiten Schritt** erläutern Sie anhand der *zentralen Frage* Ihre leitenden Interessen und die damit verbundenen Ziele, denen Sie im Rahmen Ihrer Arbeit nachgehen werden. Die zentrale Frage sollte im Mittelpunkt dieses Abschnittes stehen. Selbstverständlich können Sie darüber hinaus auch noch andere Fragen, Ihre Hilfsfragen einbringen, die Sie ebenfalls in einzelnen (Unter-)Kapiteln beantworten wollen. Darauf sollten Sie auch schon verweisen.

3. Abschließend stellen Sie **im dritten Schritt** die Vorgehensweise dar. Sie erklären, welche Methoden Sie gewählt haben, um eine Antwort oder auch Antworten auf Ihre Forschungsfrage zu bekommen – hier wäre auch darzustellen, in welcher Weise Sie Ihr Thema abgegrenzt haben.

Warum die Wahl des Themas?
➜ Motivation, Ausgangsposition, Problemstellung

Zentrale Frage (und nachgeordnete Fragen – Hilfsfragen)
➜ Was will ich untersuchen, beantworten? Was ist das Ziel? Was ist der Nutzen?

Methoden/Vorgehensweise
➜ Wie gehe ich vor, um zu einer Beantwortung meiner Frage(n) zu gelangen?

Abb. 27: Die Einleitung – Einführung in die Problemstellung

Bedenken Sie, wenn Sie Ihre Zielsetzung und die Vorgehensweise beschreiben, dass sie nicht schon Ihre Ergebnisse vorwegnehmen. Das wäre leider kein Einzelfall. Gerade weil Sie so sehr im Thema sind und das Ergebnis für Sie so selbstverständlich ist, fließt bei einigen Studierenden das Ergebnis nahezu automatisch schon in die Einleitung ein – das ist völlig falsch! Stellen Sie sich den Aufbau Ihrer Bachelorarbeit wie ein klassisches Theaterstück vor: Der Exposition folgt das spannungssteigernde Moment, das zum Höhepunkt, der Peripetie und schließlich zur Katharsis führt. Das retardierende Moment bringt den Leser dann zum Ende, zur Lösung des Konfliktes. Übertragen Sie die drei wesentlichen Akte einmal auf Ihre Arbeit: Hier bilden Einleitung, Hauptteil und Schluss die Struktur. Die Zwischenfazite fungieren hierbei als spannungssteigernde oder auf den Schluss vorbereitende Momente. Die nachfolgende Abbildung soll den Aufbau veranschaulichen.

Abb. 28: Ein Stück in drei Akten – der Aufbau einer wissenschaftlichen Arbeit

Fällt Ihnen etwas auf? Eine wissenschaftliche Arbeit hat zwar auch drei markante Positionspunkte, doch ist sie nicht annähernd so dramatisch. Sie sind schließlich Ihr eigener Dramaturg und wollen – und vor allem können Sie es – doch Ihren Leser schon in der Einleitung gespannt machen, auf das, was ihn auf den nächsten Seiten erwartet. Deshalb: Ergebnisse, Rückschlüsse und Bewertungen gehören immer an den Schluss.

☺ Die **Einleitung** sollte in einer Bachelorarbeit **nicht mehr als zwei Seiten** umfassen und keinesfalls die Ergebnisse vorwegnehmen.

Soll ich die Einleitung zuerst oder zuletzt schreiben?
Diese Frage stellen sich viele Studierende zu Beginn Ihres Schreibprozesses. Die Antworten seitens der Betreuer und der Literatur fallen hierzu unterschiedlich aus. Einigen gelingt es, die Einleitung mit Beginn der Arbeit nahezu in Reinschrift zu schreiben. Das bedeutet aber auch, dass Sie inhaltlich, also im Hauptteil oder am Schluss, keine wesentlichen inhaltli-

chen oder konzeptionellen Änderungen mehr vornehmen können, ohne dabei die Einleitung überarbeiten zu müssen. Andere wiederum schreiben erst zum Abschluss Ihrer Arbeit die Einleitung auf der Grundlage der textlichen Endfassung.

Wichtig ist, dass Sie sich während des Schreibens immer wieder an Ihrer Grobgliederung (▶ **Kap. 1.4**) orientieren. Damit erhalten Sie im Schreibprozess ein sicheres Korrektiv, um immer wieder prüfen zu können, ob Sie sich noch auf Ihrem vorgezeichneten Weg, also dem Konzept Ihrer Arbeit, befinden – oder gegebenenfalls entweder Ihren Haupttext oder die Problemstellung in der Einleitung ändern müssen.

☺ Haben Hauptteil und Schluss gehalten, was die Einleitung versprochen hat? Die Einleitung sollte unbedingt am Ende noch einmal in Hinblick auf die Problemstellung, Zielsetzung und Vorgehensweise überprüft werden. Ihre **Grobgliederung** sollte ein **ständiges Korrektiv während des Schreibprozesses** sein.

3.6.2 Hauptteil

Im Hauptteil sollten zunächst die zentralen Begriffe geklärt werden. Damit ist nicht etwa eine rein begriffliche Erklärung in Art einer Lexikondefinition gemeint, sondern die Erläuterung der Bedeutung der Begriffe im Kontext aktueller Forschungsliteratur. Das heißt, Sie formulieren Ihr Wissensverständnis auf Basis der dahinter stehenden Theorien zu einer Definition, die in Ihren weiteren Ausführungen immer wieder zum Ausdruck kommen und reflektiert werden sollten (vgl. Krämer 2009, S. 61f.). Das folgende Beispiel soll Ihnen eine Vorstellung davon vermitteln, wie die Definition in einer Bachelorarbeit aussehen könnte. Das Thema der Bachelorarbeit lautet: *Ethno-Marketing in der Produktpolitik – Ein Leitfaden für internationale Lebensmittelhersteller zur Segmentierung und Bearbeitung des mauritischen Marktes.*

Beispiel für eine Definition im Rahmen einer Bachelorarbeit zum Thema Ethno-Marketing in der Produktpolitik (Auszüge)

2 Begriffsdefinitionen
Dieses Kapitel widmet sich der Definition der relevanten Begrifflichkeiten. Ziel dabei ist es, praktisch anwendbare Arbeitsdefinitionen zu treffen, die als Basis der weiteren Ausführungen dienen.

2.1 Ethno-Marketing

Um den Begriff des Ethno-Marketings zu verstehen und zu definieren, müssen dessen Bestandteile vorerst differenziert betrachtet werden. Im Folgenden werden daher Definitionen der Begriffe Ethnie – und damit einhergehend Kultur – sowie Marketing vorgenommen, bevor das Ethno-Marketing selbst definiert wird.

Das Wortbildungselement »Ethno-« bedeutet so viel wie »eine Menschengruppe mit einheitlicher Kultur betreffend« und leitet sich von den Begriffen Ethnie respektive ethnische Gruppe ab.[1] Eine ethnische Gruppe kann sich einerseits durch Volkszugehörigkeit, also echte Blutsverwandtschaft, andererseits ebenfalls durch den rein »subjektiven Glauben an eine Abstammungsgemeinsamkeit«, der keineswegs biologisch belegbar sein muss, ergeben.[2] Beiden Auslegungen gemein ist, dass sich eine ethnische Gruppe insbesondere durch eine kollektive »Wir«-Kultur in Abgrenzung kulturell andersartiger Gruppen definiert.

Der Begriff »Kultur« spielt bei der Abgrenzung ethnischer Gruppen folglich eine entscheidende Rolle. In der Literatur gibt es zahlreiche Definitionen des Konstrukts Kultur.[3] Für diese Arbeit wird die Kulturdefinition des niederländischen Anthropologen Geert Hofstede herangezogen. Er beschreibt Kultur als »die kollektive Programmierung des Geistes, die die Mitglieder einer Gruppe [...] von den Angehörigen anderer Gruppen unterscheidet"[4] Diese Programmierung bestimme das Denken, Fühlen und potentielle Handeln der Gruppenmitglieder. Kulturelle Homogenität kann dabei beispielsweise auf linguistischer, religiöser, geographischer und/oder ethnischer Homogenität beruhen. Ethnische Gruppen zeichnen sich folglich nicht nur durch ihre ethnische Herkunft aus. Sie unterscheiden sich vielmehr durch eine intern homogene und extern heterogene mentale Programmierung voneinander.

Der Term »Marketing« bildet die zweite definitorische Grundlage zur Annäherung an den Begriff Ethno-Marketing. Philip Kotler definiert Marketing als einen Prozess, »bei dem Unternehmen einen Wert für die Kunden schaffen und starke Kundenbeziehungen aufbauen, um im Gegenzug einen Wert von den Konsumenten abzuschöpfen«.[5] Dabei ist die Idee des »Massenmarketings«, bei dem alle Kunden gleich angesprochen werden, veraltet und

---

1 Duden. Das Herkunftswörterbuch, 3. Aufl. Mannheim 2001, Stichwort Ethno.
2 Weber, Max: Wirtschaft und Gesellschaft, 5. Aufl. Tübingen 1972, S. 237.
3 Vgl. Müller, Stefan; Gelbrich, Katja: Interkulturelles Marketing, München 2004, S. 61.
4 Hofstede, Geert: Lokales Denken, globales Handeln. Interkulturelle Zusammenarbeit und globales Management, 3. Aufl. München 2006, S. 6.
5 Kotler, Philip; Armstrong, Gary; Wong, Veronica; Saunders, John: Grundlagen des Marketing, 5. Aufl. München 2011, S. 39.

dem »Zielgruppenmarketing« gewichen. So benennt Werner Pepels in seiner Marketingdefinition den »Aufbau, Unterhalt oder Ausbau [...] von Geschäftsbeziehungen mit jeweils relevanten Zielgruppen« als Mittel zur »Erreichung qualitativer und/oder quantitativer Vorgaben«.[6] Dies führt zum Konzept der Marktsegmentierung. Die Grundidee der Marktsegmentierung ist es, dass sich »ein Gesamtmarkt aus einer Vielzahl aktueller und potentieller Konsumenten« zusammensetzt, diese »durch unterschiedliche Bedürfnisse bezüglich der relevanten Produkte gekennzeichnet« sind und somit die Möglichkeit besteht, »mittels bestimmter Merkmale der Konsumenten den Gesamtmarkt in intern homogene Teilmärkte aufzuteilen«.[7] Dies entspricht der Informationskomponente der Marktsegmentierung. Zusätzlich umfasst die Marktsegmentierung die Aktionskomponente: die Marktbearbeitung. Marktsegmentierung beschreibt folglich die »Identifizierung von Marktsegmenten, die Auswahl eines oder mehrerer dieser Segmente und die Ausarbeitung eines entsprechenden Marketing-Mix«.[8] Somit lässt sich Ethno-Marketing wie folgt definieren:

Ethno-Marketing beschreibt die Identifizierung, Auswahl und differenzierte Bearbeitung von Teilmärkten, die sich durch eine intern homogene und extern heterogene mentale Programmierung ihrer Mitglieder voneinander unterscheiden. Diese Definition steht mit bisherigen Begriffsdefinitionen in der Literatur im Einklang. So beschreiben Stefan Müller und Katja Gelbrich das Ethno-Marketing als den Versuch, »kulturell bedingte Unterschiede hinsichtlich Lebensstil und Konsumgewohnheiten innerhalb eines Ländermarktes zu berücksichtigen«.[9] Wolfgang Dorfner sieht Ethno-Marketing als die Erfassung der »ethnischen Gruppen in einem Land, um sie schließlich systematisch zu bearbeiten«.[10] während Ethno-Marketing für Folker Krauss-Weysser und Natalie Ugurdemir-Brincks bedeutet, »das Konsum- und Kaufverhalten von ethnischen Minderheiten zu analysieren und für diese Zielgruppen Konzepte zu entwickeln«[11] Diese Beschränkung des Ethno-Marketings auf ethnische Minderheiten findet sich in der deutschsprachigen Literatur, die sich häufig mit dem Ethno-Marketing für Immigrantengruppen in Deutschland beschäftigt, vermehrt wieder. Sie ist im

6 Pepels, Werner: Grundlagen (...), a.a.O., S. 11.
7 Meffert, Heribert; Burmann, Christoph; Kirchgeorg, Manfred: Marketing, 11. Aufl. Wiesbaden 2012, S. 186.
8 Kotler, Philip: Grundlagen (...), a.a.O., S. 454.
9 Müller, Stefan; Gelbrich, Katja: Interkulturelles Marketing, a.a.O., S. 219.
10 Dorfner, Wolfgang: Ethno-Marketing unter dem Aspekt der demografischen Entwicklung, Köln 2009, S. 25.
11 Krauss-Weysser, Folker; Ugurdemir-Brincks, Natalie: Ethno-Marketing. Türkische Zielgruppen verstehen und gewinnen, München 2002, S. 63.

> *mauritischen Kontext jedoch irreführend, da Mauritius über keine indigene Bevölkerung verfügt und alle heutigen Einwohner von Immigranten abstammen. Daher wird sie für diese Arbeit nicht angewandt und Ethno-Marketing folglich allgemein als die differenzierte Ansprache ethnischer Gruppen betrachtet.*
>
> **2.2 Produktpolitik**
> *(...)*

Im weiteren Verlauf sowie in den folgenden Kapiteln sollte sich Ihre zentrale Fragestellung wie ein roter Faden durch den Text ziehen. Nun gilt es, vor dem Hintergrund der aufgezeigten Theorie die Frage zu beantworten und zwar

- vergleichend,
- kritisch und
- argumentativ.

3.6.2.1 Unternehmensprofil

Wissenschaftliche Arbeiten mit einem hohen Praxisbezug sind häufig in Ihrer Problemstellung oder vielmehr Problemlösung auf ein konkretes Unternehmen hin ausgerichtet. Als Hintergrundwissen für Ihre Leser empfiehlt es sich, das Unternehmen kurz vorzustellen. Da es bis dato noch keine allgemeingültigen Richtlinien gibt, klaffen die Darstellungsformen weit auseinander. Besonders angehende Bachelorabsolventen, die bereits ein Praxissemester bei Ihrem künftigen Arbeitgeber absolviert haben und/oder Ihre Arbeit über das Unternehmen schreiben, fällt es oft nicht leicht, die notwenige Distanz zwischen den eigenen subjektiven Eindrücken und sachlicher Beschreibung zu bewahren. Das ist nachvollziehbar. Doch gerade deshalb schleichen sich in Bachelorarbeiten mit praktischer Themenstellung gerade im Unternehmensprofil schnell wertende und unpräzise – oft auch inhaltslose – Aussagen ein. Zum Beispiel: *Das Unternehmen glänzt durch seine hohe Produktqualität und besticht durch seine einzigartige Vielfalt.* Wenn überhaupt, gehören solche Beschreibungen in die Kommunikations- oder Marketingabteilung des Unternehmens – verbunden mit der Bitte um Überarbeitung, nicht aber in einen zur Objektivität verpflichteten, wissenschaftlichen Text.

Da es bislang keine klaren Vorgaben gibt, lässt sich auch keine klare Aussage dazu treffen, wie umfangreich ein Unternehmensprofil sein sollte. Als Maßstab können sie sich an der vorgegebenen Seitenzahl ihrer Arbeit orientieren und danach beurteilen, welchen Stellenwert die Unternehmensdarstellung für das Untersuchungsziel hat. Ausgehend von einer Bachelorarbeit von 60 Seiten sollte das Unternehmensprofil nicht über eine Seite hinausgehen. In der Literatur wird in diesem Kontext auch von Basisinformationen gesprochen, die ein Unternehmensprofil beinhalten sollte:

- Name (vollständig, keine Abkürzungen),
- Sitz (mit vollständiger Adresse),
- Rechtsform,
- Tätigkeit (national/international) des Unternehmens (Produkte/Branche),
- Gesellschafter,
- Gründung,
- Geschäftsführung,
- Leitbild,
- Jahresumsatz,
- Anzahl der Mitarbeiter.

Besondere Merkmale, die für das von Ihnen behandelte Problem relevant oder ausschlaggebend sind, können Sie nach der Kurzdarstellung darlegen. Als allgemein zugängliche und verlässliche Quelle für die Recherche der Basisinformationen gelten in den Wirtschaftswissenschaften die Hoppenstedt-Datenbanken (http://www.bisnode.de/). Die digitalen Firmendatenbanken werden regelmäßig aktualisiert und verfügen über Wirtschaftsinformationen zu Besitz- und Beteiligungsverhältnissen, Bilanzen sowie zu Konzernstrukturen von über 800.000 Firmen und deren weltweiten Verflechtungen. In vielen Fällen stellen Unternehmen die notwenigen Informationen auch auf Ihren eigenen Seiten oder in Jahres- oder Geschäftsberichten zur Verfügung. Auch diese Angaben dürfen Sie selbstverständlich verwenden – vorausgesetzt, Sie machen auch hier die Literaturangabe kenntlich. Das ist schon manchem Studierenden im Schreibfluss oder weil er sich inzwischen mit dem Unternehmen so stark identifiziert hatte, unbewusst entgangen. Die Informationen zu einem Firmenprofil müssen wie Ihre gesamten Ausführungen, die Sie der Literatur entnehmen (▶ **Kap. 4**), überprüfbar sein.

Beziehen Sie sich darüber hinaus etwa in Hinblick auf Ihre Problemstellung auf Unternehmensinformationen, die nicht öffentlich zugänglich und damit nicht nachprüfbar sind, müssen sie zumindest auf Ihre Plausibilität hin überprüfbar sein (vgl. Brink 2013, S. 194). Konkret muss hier Herkunft – sprich: Name, Funktion und Adresse eines Ansprechpartners im Unternehmen – angegeben werden. In vielen Fällen, bei denen es an dieser Stelle um Vertraulichkeit geht, ist ein Sperrvermerk für Ihre Arbeit notwendig.

3.6.2.2 Sperrvermerk

Ein Sperrvermerk, auch Vertraulichkeitserklärung genannt, ist aufzunehmen, wenn Ihre Arbeit interne Daten oder vertrauliche Informationen über ein Unternehmen, eine öffentliche oder private Einrichtung oder eine Person enthält, die nicht an Dritte weitergegeben werden dürfen. Gerade bei Unternehmen wird großer Wert auf Vertraulichkeit gelegt. Schreiben Sie Ihre Arbeit in einem Unternehmen, so wird ein Sperrvermerk in der Bachelorarbeit vorausgesetzt. Studieren Sie in einem dualen Studiengang oder arbeiten in dem Unternehmen als Werkstudent, ist ein Sperrvermerk sogar Pflicht! (Sehen Sie bei Gelegenheit in Ihrem Arbeitsvertrag nach der entsprechenden Passage zur Vertraulichkeit.) Ein Sperrvermerk beschränkt sich in der Regel auf drei bis fünf Jahre. Das heißt, während dieser Zeit darf Ihre Bachelorarbeit nicht verbreitet werden. Der Sperrvermerk ist als eigene Seite ohne Seitenzählung zwischen dem Deckblatt und dem Inhaltsverzeichnis aufzunehmen. Ein Beispiel für die Formulierung eines Sperrvermerkes zeigt die folgende Abbildung:

Sperrvermerk
Die vorliegende Arbeit enthält vertrauliche Daten der *XY AG*. In diese Arbeit dürfen Dritte, mit Ausnahme der Gutachter und befugten Mitgliedern des Prüfungsausschusses, ohne ausdrückliche Zustimmung des Unternehmens XY *AG (ggfs. Ansprechpartner, Adresse, eMail, Telefon einsetzen*) und des Verfassers keine Einsicht nehmen. Die Weitergabe des Inhalts der Arbeit im Ganzen oder in Teilen sowie das Anfertigen und Vervielfältigen von Kopien oder Abschriften – auch in digitaler Form – sind grundsätzlich untersagt. Der Sperrvermerk gilt bis zum *TT.MM.JJJJ*.

Ort, Datum, Unterschrift Autor

Abb. 29: Muster für den Wortlaut eines Sperrvermerks

3.6.3 Zwischenfazit

Am Ende eines Kapitels sollten Sie die Ergebnisse, die Sie darin erarbeitet haben noch einmal kurz zusammenfassen. So bleiben dem Leser auch Ihre Ausführungen in den Unterkapiteln präsent. Zugleich unterstreichen Sie damit noch einmal den inhaltlich logischen Aufbau Ihrer Arbeit und können die Überleitung zum nächsten Kapitel transparent und verständlich machen. Auch Ihnen erleichtert das Festhalten der Unterergebnisse Ihre weitere Vorgehensweise. Als besonders hilfreich erweisen sie sich später, wenn Sie am Schluss die Zusammenfassung schreiben und auf Basis Ihrer Zwischenergebnisse zu einem Gesamtergebnis kommen.

3.6.4 Schluss

Der Schluss hat im doppelten Sinn einen positiven Effekt: Er bildet den inhaltlichen Abschluss der Arbeit – für Sie und Ihren Leser. Im Schlussteil haben Sie die Möglichkeit, noch einmal Ihre Ergebnisse und die damit verbundenen Standpunkte kritisch zu hinterfragen. *Habe ich alle Kriterien ausreichend berücksichtigt? Welche Stärken und Schwächen sind erkennbar? Was bedeutet das für den Nutzer, künftige Entwicklungen oder nachfolgende Generationen? Was könnte verbessert werden? Welcher Trend lässt sich daraus ableiten?* Nehmen Sie unbedingt auch noch einmal Ihre Ausgangsfragen zur Themenfindung und -eingrenzung hinzu, um alles abschließend zu kontrollieren.

Ein guter Schluss, das meint eine sachliche Zusammenfassung der Ergebnisse, auf der Sie Ihren Ausblick oder Ihre Handlungsempfehlungen gründen, hat auch für Ihren Leser viele Vorteile. Sicher, in erster Linie sollte Ihr Prüfer die gesamte Arbeit lesen. Aber denken Sie einmal an Ihren künftigen Arbeitgeber oder andere potenziell Interessierte, denen Sie innerhalb Ihres späteren beruflichen Umfeldes begegnen werden. Im Alltag reicht die Zeit oft nicht aus, eine wissenschaftliche Arbeit vom Anfang bis zum Ende zu lesen. Daher konzentrieren sich viele Leser zunächst auf das Inhaltsverzeichnis, um Punkte von beruflichem oder persönlichem Interesse auszumachen und gezielt nur Einleitung und Schluss zu lesen.

3.7 Literaturverzeichnis

Das Literaturverzeichnis ist neben dem Inhaltsverzeichnis der meistgelesene Teil einer Bachelorarbeit. Erstens erkennt der fachkundige Leser, ob Sie alle wichtigen Referenzen beachtet haben und ob er selbst möglicherweise schon mit dem einen oder anderen Autor auf wissenschaftlicher Ebene in Kontakt stand. Zweitens kann er sich schnell einen Überblick darüber verschaffen, wie aktuell Ihre verwendete Literatur ist und einschätzen, wie zeitgemäß Ihr Forschungsstand ist. Drittens, und das ist bei Ihrer Abschlussarbeit von besonderer Bedeutung für die Note, ob Sie sorgfältig gearbeitet haben. *Haben Sie auch wirklich alle zitierten Quellen angegeben? Stimmt die Reihenfolge?* In das Literaturverzeichnis gehören alle Autoren und Titel, die Sie in Ihrer gesamten Arbeit zitiert haben. Auch Vorträge, Radio- oder TV-Beiträge und Quellen aus dem Internet – in der Literatur wird im Zusammenhang mit dem wissenschaftlichen Arbeiten oft von *flüchtigen* Medien gesprochen –, die Sie für Ihre Argumentation hinzuziehen, müssen im Literaturverzeichnis aufgeführt werden. Auf die Dokumentation werden wir in Kapitel 4.3 gezielt eingehen.

Häufig kommt an dieser Stelle die Frage nach der Länge des Literaturverzeichnisses. Das hängt natürlich von Ihrem Thema ab. Wenn Sie zum Beispiel in den Bereichen Naturwissenschaft, Medizin oder Technik eine wissenschaftliche Arbeit schreiben, ist die Literarturliste in der Regel weniger umfangreich als in den Wirtschafts- oder allgemein in den Geisteswissenschaften. Denn bei Forschungen in den Naturwissenschaften arbeiten Sie in der Regel verstärkt mit feststehenden Formeln, Einheiten und Größen anhand derer Sie Ihr Ergebnis errechnen, ableiten und bestimmen können. Ein Literaturverzeichnis ist keine Bibliografie, das heißt, Sie sollen nicht die gesamte zur Verfügung stehende Literatur zu einem bestimmten Thema zusammentragen, sondern tatsächlich nur die Quellen angeben, denen Sie sich in Ihrem Text intellektuell auch durch Ihre verwendeten Zitate verpflichtet haben.

Die Anordnung der Literaturangaben erfolgt in alphabetischer Reihenfolge entsprechend der Nachnamen der Autoren bzw. Herausgeber. In Kapitel 4.3 werde ich noch detailliert und mit Beispielen auf die Anordnung der Namen bei Namenszusätzen eingehen. Daher soll an dieser Stelle noch auf Besonderheiten verzichtet werden. Haben beispielsweise verschiedene Autoren ein Werk herausgegeben oder geschrieben, so sind diese ebenfalls von ihrem Nachnamen ausgehend in alphabetischer Reihenfolge anzugeben. Wenn Autoren mehrere Beiträge veröffentlicht haben, auf die Sie Bezug nehmen, sind die Publikationen in zeitlicher Reihenfolge, das heißt nach dem Erscheinungsjahr sortiert, anzugeben. Ein Beispiel finden in der folgenden Abbildung.

Beide Regelungen gelten auch, wenn der Autor mit einem oder mehreren (Ko-)Autoren Publikationen veröffentlicht hat. Hier folgt die Anordnung wieder auf Basis der Nachnamen in alphabetischer Reihenfolge. Wenn die gleichen Autoren mehrere Schriften herausgebracht haben, die Sie in Ihrer Arbeit zitieren, so ist auch hier die Liste nach dem Jahr der Publikation zu sortieren.

Zitieren Sie aus Artikeln oder Aufsätzen, so sind ebenfalls zunächst der Autor und der Titel anzugeben. Dazu muss der Leser jedoch wissen, in welchem Medium und an welcher Stelle er die Beiträge finden kann. Das bedeutet, Sammelbände, Handbücher, Lexika oder Jahrbücher, aus denen Sie ausgewählte Beiträgen zitieren, müssen in das Literaturverzeichnis aufgenommen werden.

Um dem Leser einen guten Überblick verschaffen zu können, gibt es auch für das Literaturverzeichnis kleine formale Regeln. Bei Angaben, die über eine Zeile hinausgehen, sollte ein hängender Einzug gewählt werden (alle weiteren Zeilen sind bündig 0,5 – 1 cm nach rechts eingerückt). Der Zeilenabstand ist einzeilig. Der Abstand zum nächsten Titel sollte eine Leerzeile betragen.

Literaturverzeichnis

Bamberg, Eva/Ducki, Antje/Metz, Anna-Marie (1998): Handlungsbedingungen und Grundlagen der betrieblichen Gesundheitsförderung. In: Bamberg, Eva/ Ducki, Antje/Metz, Anna-Marie (Hrsg.), Handbuch betriebliche Gesundheitsförderung. Arbeits- und Organisationspsychologische Methoden und Konzepte, Göttingen/Bern/Toronto/Seattle: Hogrefe Verlag für Psychologie, S. 17-36.

Behr, Wolfgang (1985): Bundesrepublik Deutschland – Deutsche Demokratische Republik. Systemvergleich Politik – Wirtschaft – Gesellschaft, (2. Aufl.), Stuttgart/Berlin/Köln/Mainz: Verlag W. Kohlhammer.

Bräutigam, Gregor (2005): Verhaltensökonomie. Kreatur – Persönlichkeit – Gruppe. Wie natürliche Eigeninteressen die Kernausrichtung des Humankapitals vorgeben, Aachen: Shaker Verlag GmbH.

Bräutigam, Gregor (2010): Personalmanagement. Profitbeziehung – Konzeptionsaufbau – Funktionsablauf. Wie durch wissensbasiertes Kollektivmanagement Humankapital die betriebliche Leistung optimiert, Aachen: Shaker Verlag GmbH.

Bräutigam, Gregor (2008): Selbstmanagement. Orientieren – Transformieren – Fokussieren. Wie durch wissensbasiertes Individualmanagement Humankapital die persönliche Erfüllung optimiert, Aachen: Shaker Verlag GmbH.

Busch, Michael (2006): Kompendium Arbeitsmedizin, (5. Aufl.), ohne Verlag.

Escobar Pinzón, Luis Carlos/Keth, Alexander: Mobbing. In: Landau, Kurt/Pressel, Gerhard, (Hrsg.), Medizinisches Lexikon der beruflichen Belastungen und Gefährdungen, (2. Aufl.), Stuttgart: Gentner Verlag GmbH & Co. KG, S. 699-703.

Frantzke, Anton (2004): Grundlagen der Volkswirtschaftslehre. Mikroökonomische Theorie und Aufgaben des Staates in der Marktwirtschaft. In: Pietschmann, Bernd P./Vahs, Dietmar (Hrsg.), Praxisnahes Wirtschaftsstudium, (2. Aufl.), Stuttgart: Schäffer-Poeschel Verlag.

Geißler, Rainer (2008): Die Sozialstruktur Deutschlands. Zur Gesellschaftlichen Entwicklung mit einer Bilanz zur Vereinigung, (5. Aufl.), Wiesbaden: VS Verlag für Sozialwissenschaften.

Infratest Dimap (2009): ARD Deutschland Trend November 2009, URL: http://www.infratest-dimap.de/umfragen-analysen/ (entnommen am 23.04.2013).

Niedl, Klaus (1995): Mobbing/Bullying am Arbeitsplatz. Eine empirische Analyse zum Phänomen sowie zu personalwirtschaftlich relevanten Effekten von systematischen Feindseligkeiten, München und Mering: Rainer Hampp Verlag.

Saldern, Matthias von (2002), Mobbing – Die vier Ursachenebenen, in: Saldern, Matthias von (Hrsg.), Mobbing. Theorie – Empirie – Praxis, Betriebspädagogik aktuell, Band 4, Hohengehren: Schneider Verlag, S. 25-42.

Abb. 30: Beispiel für ein Literaturverzeichnis

3.8 Eidesstattliche Erklärung

In den meisten Prüfungsordnungen ist zum Abschluss der Prüfungsarbeit eine eidesstattliche Erklärung vorgeschrieben, in der Sie erklären oder versichern müssen, dass Sie die vorliegende Arbeit selbstständig angefertigt haben. Bitte beachten Sie hier, dass die Beachtung der Grundsätze ordnungsgemäßen wissenschaftlichen Arbeitens unbedingt beachtet werden müssen, bei Zuwiderhandlung haben Sie mit ernsten rechtlichen Konsequenzen zu rechnen. In einigen Prüfungsordnungen ist bereits eine Formulierung vorgegeben, die Sie entsprechend übernehmen können und nur noch um Ihr Thema, Ort, Datum und Unterschrift zu ergänzen brauchen. Sollte dies an Ihrer Hochschule nicht der Fall sein, stellen die beiden nachfolgenden Abbildungen Ihnen gängige und zulässige Beispiele zur Verfügung.

Beispiel 1: Erklärung

Hiermit erkläre ich, dass ich meine Bachelorarbeit mit dem Titel

Thema

selbstständig verfasst und keine anderen als die angegeben Quellen benutzt habe. Die Stellen der Arbeit, die anderen Werken im Wortlaut oder dem Sinn nach entnommen sind, sind unter Angabe der Quelle als Entlehnung kenntlich gemacht.

Ort, Datum   Unterschrift mit Vor- und Zuname

Beispiel 2: Eidesstattliche Versicherung

Ich versichere hiermit, dass ich meine Bachelorarbeit mit dem Titel

Thema

selbstständig und ohne fremde Hilfe angefertigt, und das ich alle von anderen Autorenwörtlich übernommenen Stellen wie auch die sich an die Gedankengänge anderer Autoren eng anlehnenden Ausführungen meiner Arbeit deutlich gekennzeichnet und die Quellen zitiert habe.

Ort, Datum Unterschrift mit Vor- und Zuname

Abb. 31: Muster für eine eidesstattliche Erklärung

Das Rezept für erfolgreiches wissenschaftliches Arbeiten haben Sie nun. Jetzt müssen Sie – bildlich gesprochen – nur noch Ihre guten Zutaten für das »perfekte Dinner« hinzugeben – und dabei sollen Ihnen die nachfolgenden Kapitel dieses Buches helfen.

3.9   Zusammenfassende Tipps

☺ Betrachten Sie die formalen Anforderungen oder Regeln als wichtige Orientierungshilfe für sich und Ihre Leser. Dann fällt es Ihnen auch leicht, zu schreiben.

☺ Eine Dokumentvorlage mit einheitlicher Formatierung vor Beginn der Arbeit erstellt, schafft ein einheitliches und ansprechendes Erscheinungsbild.

☺ Jeder Untergliederungspunkt hat einen Gedankengang und jeder Absatz einen Gedanken.

☺ Formulieren Sie Ihre Überschriften, auch die der Untergliederungspunkte offen und auf den wesentlichen Kern ihrer jeweiligen inhaltlichen Aussage zugeschnitten.

☺ Setzen Sie Abbildungen gezielt ein, um komplexe Sachverhalte zu verdeutlichen, zur Unterstützung Ihrer Argumentation oder um Informationen schneller und nachhaltig zu kommunizieren.

☺ Wählen Sie eindeutige, im Idealfall selbsterklärende Abbildungs- und Tabellenüberschriften. Damit werden die Darstellungen auch unabhängig vom Fließtext verständlich.

☺ Zu viele Abbildungen hemmen den Lesefluss.

☺ Darstellungen sollten nicht mit zu vielen Details überfrachtet werden und weitestgehend ähnlich aufgebaut sein.

☺ Haben Sie daran gedacht unter jede Tabelle oder Abbildung die Quelle anzugeben – auch wenn Sie nur entlehnt ist?

☺ Einmal eingeführte Definitionen, Abkürzungen und Symbole müssen nach vorheriger Erklärung immer einheitlich mit derselben Bedeutung verwendet werden.

4 Richtig zitieren

Man tadelte Herrn v. H. wegen eines schlechten Satzes. Mit Recht. Denn es stellte sich heraus, daß der Satz von Jean Paul und gut war.
Karl Kraus (1874 – 1936)

Dieses Kapitel ist dem sicheren Umgang mit Zitaten und Zitierformen gewidmet. Praxisnah soll es jedem Leser vermitteln,

- warum richtiges Zitieren für den wissenschaftlichen Austausch und die Forschung sinnvoll und notwendig ist,
- mit Zitaten und Quellen sicher umzugehen,
- mit verschiedenen Zitiermethoden sorgfältig zu arbeiten,
- welche Varianten des wörtlichen Zitierens und indirekter Zitate möglich sind,
- korrekt zu paraphrasieren,
- welche Konsequenzen Plagiate mit sich bringen.

4.1 Warum richtiges Zitieren so wichtig ist

Bei der Erstellung einer Bachelorarbeit gilt ein wichtiger Grundsatz: Ideen und Ergebnisse, die nicht von Ihnen selbst erdacht, entwickelt und erarbeitet wurden, sind immer auch als Übernahmen fremden Gedankenguts kenntlich zu machen und müssen mit der entsprechenden Quelle belegt werden. Man spricht in diesem Zusammenhang auch von Intellectual Property, das heißt, geistigem Eigentum, dem es mit Respekt zu begegnen gilt. Schnell werden Sie beim Schreiben Ihrer Arbeit feststellen, dass Sie eine wissenschaftliche Arbeit nicht allein aus Ihren Gedanken heraus schreiben können. Wissenschaftliches Arbeiten und Schreiben ist kein einsames oder monotones Werk im Elfenbeinturm, sondern ein lebendiger Austauschprozess, den Sie aktiv mitgestalten und voranbringen: Halten Sie sich dabei vor Augen, dass Sie einen Dialog führen – und dazu gehören nun mal mindestens zwei Beteiligte. Mit Ihrer Bachelorarbeit bewegen Sie sich immer auch im Kontext von anderen wissenschaftlichen Arbeiten und stellen damit auch eine Verbindung zu bereits veröffentlichten Werken und anderen Verfassern her.

Während Sie in einem realen Gespräch immer noch direkt korrigieren können, haben Sie in einer schriftlichen Arbeit diese Möglichkeit nicht. Daher ist es wichtig, Ihre Meinung von der Ansicht anderer deutlich zu unterscheiden. Das Zitieren bietet Ihnen hierzu die beste Voraussetzung. Auch in Hinblick auf Ihren weiteren beruflichen Werdegang wird das richtige Zitieren gekoppelt an Ihre Ableitungen und Entwicklungen für Sie und Ihr Unternehmen eine große Bereicherung sein. Denn nur durch genaues Zitieren kann der Leser Ihre Argumentation nachvollziehen. Zugleich kann der Leser weitere Informationen zur genauen Herkunft der Daten und Fakten gewinnen, die für die Bewertung der Ergebnisse der Bachelorarbeit nötig sind. Durch die Quellenangaben ermöglichen Sie den interessierten Lesern auch, sich darüber hinausgehende Informationen über das Thema zu verschaffen.

Das Zitieren ist für den Autor noch eine weitere wesentliche Unterstützung – und zwar ganz nebenbei:

1. Er zeigt damit, dass er in der Lage ist, nach renommierten Fachleuten zu recherchieren, die bezogen auf Ihren Untersuchungsgenstand über ausgewiesene Expertise verfügen und diese auch als solche zu erkennen.
2. Er stellt unter Beweis, dass er die Fähigkeit hat, sich mit fachkundigen Spezialisten auf wissenschaftlicher Ebene auseinandersetzen zu können.
3. Er kann damit seine Thesis untermauern und Argumentation bestärken.

4.2 Richtlinien des Zitierens

Wir wissen nun, warum es keine wissenschaftliche Arbeit ohne Zitate geben kann. Doch wie und wonach zitiert man denn eigentlich »wissenschaftlich«? Es gibt im Wesentlichen zwei Zitiermethoden. Die traditionelle Zitierweise, bei welcher die vollständige Quelle in der Fußnote angegeben wird, ist nach wie vor gültig. Daneben hat das Deutsche Institut für Normung e. V. (DIN) bereits 1984 in der Norm *DIN 1505 Teil 2, Titelangaben von Dokumenten: Zitierregeln* veröffentlicht, um eine Vereinheitlichung zu erreichen. Ziel ist es, die wissenschaftliche Kommunikation zu verbessern und Dokumente leichter identifizieren zu können. Im Folgenden werden Ihnen die Regeln der gängigen Methoden des Zitierens vorgestellt. Für welche Systematik Sie sich dabei entscheiden, ist eine Frage Ihrer persönlichen Vorlieben oder der Vorgabe Ihres Dozenten. Wichtig ist, dass Sie sich für eine Methode entscheiden und diese konsequent anwenden, um Einheitlichkeit zu gewährleisten.

4.2.1 Zitieren nach dem Harvard-System

Bei der Zitierweise nach dem Harvard-Methode werden die Quellen vor einem Zitat in Klammern angegeben. Die Angaben erfolgen dabei in stark verkürzter Form. Diese gilt zugleich als Verweis auf eine ausführliche Angabe im Literaturverzeichnis am Ende Ihrer Arbeit. Ein Verweis im Text stellt sich wie folgt dar:

- Name des Autors
- Erscheinungsjahr (dahinter folgt ein Komma)
- Seitenzahl

Hierzu zwei Beispiele:
»Wissen kann nur dann sukzessive aufgebaut werden, wenn die Verweise auf frühere Veröffentlichungen korrekt sind« (Kruse 2007, S.82).
Die Copy-and-Paste-Methode ohne dezidierte Quellenangabe ist in einer wissenschaftlichen Arbeit eine Todsünde, die von einem erfahrenen Prüfer oft schnell erkannt wird. Nicht zuletzt geben einige Beurteiler gezielt Satzstrukturen oder Passagen bei Google ein, um die eigentliche Quelle zu finden (vgl. Kruse 2007, S. 83).

Mit der Kurzzitation (auch amerikanische Zitierweise genannt) können Sie jedoch nur arbeiten, wenn Sie alle (!) angeführten Verweise im Literaturverzeichnis als Quelle ausführlich bibliographieren. Die zitierten Quellen werden dabei in alphabetischer Reihenfolge nach den Autorennamen angeordnet. Die nachfolgenden Darstellungen beziehen sich auf die verschiedenen Publikationsformen, die Sie für Ihre wissenschaftliche Arbeit heranziehen:

1. Monografien
Name des Autors
Vorname
Erscheinungsjahr
Titel
Auflage
Erscheinungsort

Beispiel für Monografien:
Prexel, Anja (2010): Nachhaltigkeit kommunizieren - nachhaltig kommunizieren: Analyse des Potenzials der Public Relations für eine nachhaltige Unternehmens- und Gesellschaftsentwicklung. Wiesbaden

2. Beiträge aus Sammelbänden
Name des Autors
Vorname
Erscheinungsjahr
Titel des Aufsatzes. **In:**
Name des Herausgebers
Vorname
Titel des Sammelbandes
Erscheinungsort
Seitenzahl (des Beitrags)

Beispiel für Beitrag aus einem Sammelband:
Boeckh, Andreas (1992): Entwicklungstheorien: Eine Rückschau. In: Nohlen, Dieter/Nuscheler, Franz (Hg.): Handbuch der Dritten Welt. Band 1. Bonn, S. 110-130

3. Aufsätze (aus Zeitschriften, Zeitungen und Festschriften)
Name des Autors
Vorname
Erscheinungsjahr
Titel des Aufsatzes. **In:**
Name der Zeitschrift/Zeitung/Festschrift
Ausgabe Nr. und Erscheinungsjahr
Seitenzahl (des gesamten Aufsatzes)

Beispiel für Aufsatz:
Juwaheer, Thanika (2005): An emerging environmental market in Mauritius. Myth or reality? World Review of Entrepreneurship, Management and Sustainable Development, Heft 01/2005, S. 57-76

4. Internet
Name des Autors
Vorname
Erscheinungsjahr
Titel des Aufsatzes. **In:**
Komplette Adresse der Internetseite
Aufrufdatum der Internetseite

Beispiel für Internetabruf:
Klingebiel, Stephan (2012): Wie viel Entwicklung durch Hilfe? In: http://www.econoafrika.com/?hp=438 (Abruf: 31. 08. 2013)

4.2.2 Zitieren nach der traditionellen Methode

Die Zitierweise mit Fußnoten, die auch als traditionelle Zitierweise bezeichnet wird, ist ebenfalls verbreitet und bewährt. Im Unterschied zur direkt im Text zu verwendenden Harvard-Methode, deren besondere Charakteristika in der Kurzform als Verweis zum Literaturverzeichnis liegt, wird bei der traditionellen Zitierweise mit Fußnoten die vollständige Quelle direkt aufgeführt. Wenngleich Sie damit bereits die Quelle vollständig angegeben haben, muss ein Literaturverzeichnis am Ende Ihrer Arbeit erstellt werden, in dem Sie alle benutzen Quellen nach den vorgegebenen Richtlinien angeben (▶ **Kap. 3.7** und **4.3**). Die Fußnoten arbeiten mit Nummernverweisen, die ihrer tatsächlichen Reihenfolge nach (aufsteigend) nummeriert sind. Die Verwaltung der Fußnoten ist unkompliziert. Sie ist inzwischen ein fester Bestandteil der aktuellen Textverarbeitungsprogramme und wird automatisch vorgenommen (▶ **Kap. 4.4**). Der Aufbau der Quellenangaben im Literaturverzeichnis gleicht den Regeln nach dem Harvard-System. Unterschiede gibt es lediglich in der Reihenfolge. Wenn Sie mit der Zitierweise nach der traditionellen Methode arbeiten, sähe die Kennzeichnung ihrer Zitate im Vergleich zur Harvard-Methode, die Sie im vorigen Abschnitt kennengelernt haben, folgendermaßen aus (bei Sammelbänden, Aufsätzen oder Internetseiten wären die entsprechenden Nachweise in analoger Weise in der Fußnote aufzuführen):

Beispiel für traditionelle Methode der Zitation:
»*Wissen kann nur dann sukzessive aufgebaut werden, wenn die Verweise auf frühere Veröffentlichungen korrekt sind*«.[1]
(...)
[1] Kruse, Otto: Keine Angst vor dem leeren Blatt. Ohne Schreibblockaden durchs Studium. 12. Auflage, Frankfurt/Main 2007, S.82
Die Copy-and-Paste-Methode ohne dezidierte Quellenangabe ist in einer wissenschaftlichen Arbeit eine Todsünde, die von einem erfahrenen Prüfer oft schnell erkannt wird. Nicht zuletzt geben einige Beurteiler gezielt Satzstrukturen oder Passagen bei Google ein, um die eigentliche Quelle zu finden.[2]
(...)
[2] Vgl. Kruse, Otto: Keine Angst vor dem leeren Blatt. Ohne Schreibblockaden durchs Studium. 12. Auflage, Frankfurt/Main 2007, S.83

4.3 Zitierregeln sicher anwenden

Häufig tauchen erst beim Schreiben viele Fragen zum richtigen Umgang mit Zitaten auf: *Was mache ich, wenn ich keine Jahresangabe in meiner*

Quelle finde? Muss ich Berufsbezeichnungen angeben? Darf ich aus Seminararbeiten zitieren? Was ist, wenn der Originaltext einen Sprachfehler enthält? Wie weise ich meine Informationen aus einem Interview nach oder *Was mache ich, wenn ich die Quelle im Internet nicht mehr abrufen kann?* Das folgende Kapitel gibt Ihnen hierzu Antworten und Tipps für die korrekten Angaben.

Fehlende Orts-, Jahres- oder Seitenangaben
Nicht immer sind in allen Quellen, die Sie für Ihre Arbeit heranziehen alle nach den Zitierrichtlinien notwendigen Angaben enthalten. Stehen Ihnen diese Informationen nicht zur Verfügung, sind solche an der entsprechenden Stelle Ihrer Literaturangabe entsprechend zu kennzeichnen. Man schreibt zum Beispiel für:

* ohne Jahr(-esangabe)   o. J.
* ohne Ort(-sangabe)   o. O.
* ohne Verfasser(-angabe)   o. V.
* ohne Seitenangabe   o. S.

Belege für Abbildungen und Tabellen fremder Autoren
Übernehmen Sie eine Abbildung und eine Tabelle direkt oder indirekt (*in Anlehnung an:*) von einem anderen Autor, so ist die Quelle sowohl im Kurzbeleg als auch in der Fußnote – je nachdem für welche Zitierweise Sie sich entschieden haben – zunächst jeweils direkt unter der entsprechenden Abbildung oder Tabelle anzugeben und in jedem Fall auch im Literaturverzeichnis aufzuführen (▶ **Kap. 3.5**).

Viele Satzzeichen in einem Titel
Einige Monografien oder Aufsätze enthalten lange Titel. Manche gehen über zwei Zeilen hinaus. Dabei werden die Versatzstücke oft durch Punkte oder Anführungszeichen hervorgehoben. Alle Satzzeichen, die der Autor verwendet hat, gehören mit zum Titel und müssen demzufolge von Ihnen angeführt werden. Steht am Ende beispielsweise ein Satzzeichen, so übernehmen Sie das, machen ein Leerzeichen danach und gehen damit über zur nächsten Angabe.

Zitieren aus Seminar- oder Abschlussarbeiten?
Die Antwort auf die Frage, ob Sie aus einer Seminar- oder Abschlussarbeit sollten lautet: Nein! Diese Arbeiten stehen der Öffentlichkeit nicht zur Verfügung, so dass die Überprüfbarkeit und wissenschaftliche Diskussion nicht gewährleistet ist. Anders hingegen verhält es sich mit Dissertationen, sofern Sie bereits veröffentlicht sind.

Mündliche Informationen

Mündliche Informationen aus Vorträgen oder Expertengesprächen, die Sie zum Beispiel mit einem Referenten während oder nach einem Vortrag ausgetauscht oder in einem Interview gewonnen haben, machen den Text oft anschaulicher, da sie aktuelle und praxisnahe Entwicklungen dokumentieren. Allerdings sind solche Informationen nur bedingt zitierfähig, weil sie in den meisten Fällen ebenfalls nicht der Öffentlichkeit zugänglich sind, und sollten daher nur im Ausnahmefall verwendet werden. Das sollte man in jedem Fall mit seinem Betreuer besprechen. Werden mündliche Informationen von einer anderen Person in die Arbeit einbezogen, so sind auch diese nach Ihrer gewählten Zitierform kenntlich zu machen. Im Beleg müssen dazu die Person, das heißt, der Vortragsredner oder Interviewpartner, der Anlass des Gesprächs oder die Organisation sowie die berufliche Position der Person sowie den Ort und Gesprächszeitpunkt angegeben werden. In der Praxis sähe dies zum Beispiel wie folgt aus:

Nach der Harvard-Methode im Text: (mündliche Mitteilung, Schlaufuchs 2014).
Nach der traditionellen Zitierweise in der Fußnote:
[1] Schlaufuchs, Simon: Schlaufuchs Unternehmensberatung GmbH, Geschäftsführer, Interview im Geschäftsbüro, Kameradschaftsweg 7, 49086 Osnabrück vom 14. Februar 2014.

Titel und Namenszusätze von Autoren

Titel von Autoren zum Beispiel akademische Grade wie *Prof., Dr.,* oder *Dipl.-Kfm.* sowie Ehrenbezeichnungen etwa *Prof. mult. h.c.* oder *Dr. h.c.* und Berufsbezeichnungen beispielsweise *Ministerialrat* (MR) und Ähnliches werden nicht angegeben. Namenszusätze werden als Teil des Nachnamens angesehen – zum Beispiel:
O'Neill, Eugene Gladstone
MacBride, Stuart
Adelstitel bilden die Ausnahme – zum Beispiel:
Beauvoir, Simone de
Houten, Christine van
Saldern, Matthias von

Angabe von verschiedenen Quellen zu einer Aussage

Kommen Sie auf Basis verschiedener Meinungen zu einem für Sie schlüssigen Ergebnis, so müssen Sie Ihre Gedankengänge und Schlussfolgerungen auch transparent und damit für Ihre Leser nachvollziehbar machen. Dabei sind die verschiedenen Quellen, die Sie hinzugezogen haben und auf denen Sie Ihre Argumentation oder auch Ihre weitere Vorgehensweise stützen, kenntlich zu machen.

Beispiel:
Ethno-Marketing beschreibt die Identifizierung, Auswahl und differenzierte Bearbeitung von Teilmärkten kleiner ethnischer Gruppen, die sich durch eine intern homogene und extern heterogene mentale Programmierung ihrer Mitglieder voneinander unterschieden. Diese Beschränkung des Ethno-Marketings auf ethnische Minderheiten findet sich in der deutschsprachigen Literatur, die sich häufig mit dem Ethno-Marketing für Immigrantengruppen in Deutschland beschäftigt, vermehrt wieder.[1]

Die Fußnote könnte wie folgt aussehen:
[1] Vgl. Müller, Stefan; Gelbrich, Katja: Interkulturelles Marketing, a.a.O., S. 219, Dorfner, Wolfgang: Ethno-Marketing unter dem Aspekt der demografischen Entwicklung, Köln 2009, S. 25 sowie Krauss-Weysser, Folker; Ugurdemir-Brincks, Natalie: Ethno-Marketing. Türkische Zielgruppen verstehen und gewinnen, München 2002, S. 63; Wolfgang Dorfner sieht Ethno-Marketing als die Erfassung der ethnischen Gruppen in einem Land, um sie schließlich systematisch zu bearbeiten, während Ethno-Marketing für Folker Krauss-Weysser und Natalie Ugurdemir-Brincks bedeutet, das Konsum- und Kaufverhalten von ethnischen Minderheiten zu analysieren und für diese Zielgruppen Konzepte zu entwickeln. Vgl. hierzu u. a. Dorfner, Wolfgang: Ethno-Marketing (...), a. a. O., S. 26; Valiente, Claudia; Yetgin, Tanja: Ethno-Marketing für die deutschtürkische Zielgruppe, Saarbrücken 2006, S. 103.

4.4 Fußnoten

Fußnoten haben zwei wesentliche Funktionen: Erstens enthalten Sie nach der traditionellen Zitierweise die vollständige Quellenangabe und zweitens hat der Autor die Möglichkeit, *Anmerkungen* zu seinem Text zu machen, die ansonsten den Leseverlauf stören würden. Alle Zitate und Anmerkungen werden dabei in den schriftlichen Ausführungen mit einer Nummer versehen. Anmerkungen sind dabei genau wie Quellenangaben zu behandeln. Wenngleich die Fußnoten Ihnen die Möglichkeit bieten, Anmerkungen vorzunehmen, sei Ihnen dennoch geraten, mit Anmerkungen so sparsam wie möglich zu arbeiten. Denn das Hin- und Herspringen zwischen dem eigentlichen Text und den Erklärungen am Seitenende stört den Lesefluss. Anmerkungen des Verfassers werden nur dann in einer Fußnote erfolgen, um von der inhaltlichen Rangordnung nachgeordnete Informationen zu vermitteln, etwa eine nähere Erklärung oder Verweise. Eine Anmerkung kann zum Beispiel dann sinnvoll sein, wenn Sie darauf hinweisen wollen, dass es zu einem bestimmten Punkt noch weitere wissenschaftliche Erkenntnisse oder Differenzierungen gibt, auf die Sie an dieser Stelle jedoch nicht eingehen wollen, weil Sie Ihren Fokus auf eine neue oder andere Betrachtungsweise gerichtet haben. Eine Anmerkung hierzu könnte wie folgt aussehen:

Zwei Beispiele für eine Anmerkung im Fußnotenbereich:

[2] Die ebenfalls vom Autor untersuchten Kulturelemente Helden, Rituale und Einstellungen werden aufgrund ihrer geringeren kulturellen Bedeutung und Relevanz für das Marketing in der vorliegenden Arbeit nicht berücksichtigt.

[2] Die generelle Gültigkeit der These wird in der Literatur angezweifelt (vgl. hierzu Emrich, Christin: Interkulturelles Marketing-Management, 2. Aufl., Wiesbaden 2009, S. 17). Daher bleibt es für diese Arbeit bei der Annahme, dass sich Sprache als einer von mehreren Faktoren auf Kultur auswirkt.

Platzierung von Fußnoten

Die Platzierung der Fußnote ist abhängig von den von Ihnen übernommenen Ausführungen/Gedanken des fremden Autors. Übernehmen Sie nur ein bestimmtes Wort oder eine Wortgruppe aus einem Text, so steht die Fußnote direkt hinter dem Bezugswort oder dem Satzteil. Übernehmen Sie einen ganzen Satz oder mehrere Sätze, so wird die hochgestellte Ziffer hinter das letzte Satzzeichen gestellt.

Zwei Beispiele

1. **Das Zitat umfasst nur eine spezielle Wortgruppe:** Der Anthropologe Hall bezeichnet »Kultur als Kommunikation und Kommunikation als Kultur«. Im Managementkontext ist sein Kulturmodell daher insbesondere in Kommunikationssituationen nützlich.
2. **Das Zitat umfasst einen ganzen Satz:** »Da die Planung in einer Planwirtschaft durch ihre Zentralität ungeheuer komplex ausfällt, wird oftmals die Produktvielfalt eingeschränkt, was zur vereinfachten Planung führt«.

Mehrere Zitate von einem Autor

In Untersuchungsbereichen, zu denen es bislang nur wenig Literatur gibt oder zu denen sich nur ein oder zwei ausgewiesene Experten bisher fachkundig geäußert haben, lässt es sich manchmal nicht vermeiden, mehrfach denselben Autor direkt oder indirekt zu zitieren. Um auch die Fußnoten übersichtlich halten zu können, bietet es sich an, bei unmittelbar aufeinanderfolgenden Zitaten aus derselben Quelle die Abkürzung *Ebenda* oder auch *Ebd.* jeweils verbunden mit der Seitenzahl zu verwenden. Bei einem sinngemäßen Zitat muss immer der Verweis durch *Vgl.* (steht für Vergleiche) eingeleitet werden.

Beispiele:
[1] Vgl. Wilken, Matthias: Ethno-Marketing, Düsseldorf 2004, S. 42.
[2] Ebd., S. 33.
[3] Vgl. ebd., S. 33.
[4] Ebd., S. 34.

Wird das Werk eines Autors mehrfach zitiert, aber nicht aufeinanderfolgend, ist es ausreichend, wenn Sie das Werk bei der Erstnennung zunächst vollständig angeben und im weiteren Verlauf den Namen, Vornamen, dem Kürzel a. a. O. (steht für *am angegebenen Ort*) und die Seitenzahl aufführen.

Beispiele:
[1] Vgl. Wilken, Matthias: Ethno-Marketing, Düsseldorf 2004, S. 42.
[2] Ebd., S. 33.
[3] Vgl. hierzu Abschnitt 3.1.2.
[4] Vgl. Wilken, Matthias: Ethno-Marketing, a.a.O., S. 42.
[5] Ebd., S. 33.
[6] Vgl. Müller, Stefan; Gelbrich, Katja: Interkulturelles Marketing, München 2004, S. 326.
[7] Vgl. Wilken, Matthias: Ethno-Marketing, a.a.O., S. 42.
[8] Ebd., S. 34.

Diese Regel ist jedoch tatsächlich nur anzuwenden, wenn Sie den Autor auf einer Seite mehrfach zitieren. Auf jeder folgenden Seite muss auch die Ortsangabe wieder stehen, so dass der Leser nicht nachschlagen werden muss.

☺ Zum Abschluss der Arbeit empfiehlt es sich daher, noch einmal genau zu **prüfen, ob nicht eine Zeile und damit auch der Quellennachweis auf die nächste Seite gesprungen ist** und ggf. die Ortsangabe hinzugefügt werden muss.

Zitate von einem Autor aus verschiedenen Werken

Zitieren Sie aus mehreren Werken eines Autors auf einer Seite, so müssen Sie eine eindeutige (gleichbleibende) Kennzeichnung des Werkes gewährleisten, auf das Sie sich im konkreten Fall beziehen. Das bedeutet, mit der ersten Nennung der Publikation auf der betreffenden Seite geben Sie die Quelle an und bleiben im Folgenden mit dem Hinweis *a.a.O.* und der Seitenzahl stets dabei. Das folgende Beispiel gibt einen Überblick über die Vorgehensweise.

Beispiel für die Angabe von mehreren Werken eines Autors auf einer Seite

[1] Pepels, Werner: Einführung in die Marktforschung, Wiesbaden 2012, S. 15.

[2] Vgl. ebd. S. 16.

[3] Vgl. Pepels, Werner: Grundlagen des Marketing, Frankfurt am Main 2005, S. 154.

[4] Eriksen, Thomas H. (A Non-ethnic State for Africa?): A Non-ethnic State for Africa? A Life-world Approach to the Imagining of Communities, in: Yeros, Paris (Hrsg.): Ethnicity and Nationalism in Africa. Constructivist Reflections and Contemporary Politics, Houndmills 1999, S. 188

[5] Vgl. Eriksen, Thomas H. (Multiculturalism, Individualism and Human Rights): Multiculturalism, Individualism and Human Rights. Romanticism, Enlightenment and Lessons from Mauritius, in: Wilson, Richard (Hrsg.): Human Rights, Culture and Context. Anthropological Perspectives, London 1997, S. 67.

[6] Vgl. Pepels, Werner: Grundlagen des Marketing, a.a.O., S. 173.
Vgl. Eriksen, Thomas H., A Non-ethnic State for Africa?, a.a.O., S. 195.

[7] Ebd., S. 196.

[8] Vgl. Eriksen, Thomas H., Multiculturalism, Individualism and Human Rights, a.a.O., S. 75.

[9] Pepels, Werner: Einführung in die Marktforschung, a.a.O., S. 22.

Zitate von einem Autor aus verschiedenen Werken im selben Erscheinungsjahr
Nicht selten veröffentlichen Wissenschaftler in einem Jahr mehrere Publikationen, die für Ihre Arbeit von Relevanz sind. Auch dies ist kein Problem, denn die weitere Zuordnung können Sie durch den Zusatz von Kleinbuchstaben (a,b,c ...) hinter dem Erscheinungsjahr vornehmen (insbesondere bei der Harvard-Methode ist diese Differenzierung unerlässlich, um die Übersicht zu wahren).

Mehrere Autoren zitieren
Häufig kommt es vor, dass mehrere Autoren ein Werk herausgegeben haben oder an einer wissenschaftlichen Gemeinschaftspublikation beteiligt sind. In diesem Fall werden bei bis zu drei Autoren die Namen jeweils in alphabetischer Reihenfolge genannt, wobei die jeweiligen Vornamen abgekürzt werden können. Wichtig ist, dass Sie konsequent bei einer gewählten Form bleiben. Haben mehr als drei Autoren einen Text geschrieben, so kann die Quellenangabe nach der Nennung des ersten Autors mit *et al.* (aus dem Lateinischen für *et alii (m)/aliae (f) = und anderen* stehend) *oder u. a.* (und anderen) abgekürzt werden.

Beispiel 1 (Bis zu drei Autoren werden ausgeschrieben):

Nach der Harvard-Methode im Text:
[...] Zu dem Ergebnis kommen Kaufmann, D./Kraay, A./Mastruzzi, M. (2008, S. 103) auf Basis ihrer empirischen Untersuchung.

Im Literaturverzeichnis oder nach der traditionellen Zitierweise (hier mit Angabe der Seitenzahl) **in der Fußnote:**
Daniel Kaufmann, Aart Kraay and Massimo Mastruzzi (2008): Governance Indicators: Where Are We, Where Should We Be Going? World Bank Policy Research Working Paper No. 4654. Washington D.C., S. 103. In: http://papers.ssrn.com/sol3/papers.cfm?abstract_id=1148386## (Abruf: 10.08.2014).

Beispiel 2 (Mehr als drei Autoren können mit *et al.* oder *u. a.* abgekürzt werden):

Nach der Harvard-Methode im Text:
Dieser Aspekt wir vor allem von Grega et al. (2008, S. 27) betont.

Im Literaturverzeichnis oder nach der traditionellen Zitierweise (hier mit Angabe der Seitenzahl) **in der Fußnote:**
Grega, Pierre et. al.(2008): *Citizen's Voice and Accountability*: Democratic Republic of Congo Case Study. Final Report. Walhain, S. 27. In: http://www.google.de/url?sa=t&rct=j&q=&esrc=s&source=web&cd=1&ved=0CDQQFjAA&url=http%3A%2F%2Fwww.norad.no%2Fno%2Fevaluering%2 (...) (Abruf: 10. 08.2014).

Angabe von Publikation mit mehreren Auflagen

In vielen Fällen kommt es vor, dass das Werk eines Autors noch weitere Male aufgelegt wird. Sie sollten immer mit der aktuellsten und jüngsten Auflage arbeiten. Das Wort *Auflage* wird in der Fußnote oder im Literaturverzeichnis mit *Aufl.* abgekürzt. Darüber hinausgehende Angaben zur Auflage wie *verbesserte, aktualisierte, überarbeitete* oder *erweiterte* sind überflüssig. Die Angabe sähe dann wie folgt aus:

Beispiel:
Peters, Horst (2012): Wirtschaftsmathematik. 4. Aufl., Stuttgart

4.5 Direkte Zitate

Beim direkten Zitat, also wenn Sie den Text eines fremden Autors wörtlich übernehmen, dürfen keine Änderungen vorgenommen werden, auch nicht, wenn der Text Rechtschreib- oder Grammatikfehler enthält oder nach der alten Rechtschreibung verfasst ist. Daneben gilt es, das Zitat in Anführungszeichen zu setzen und die Quelle in der Fußnote aufzuführen. Bei Zitaten, die länger als drei Zeilen sind, empfiehlt es sich, diese in einem abgegrenzten Block darzustellen. Damit machen Sie Ihrem Leser schon optisch deutlich, dass es hier nicht um Ihr eigenes Gedankengut geht, sondern dass Sie die Meinung eines Experten heranziehen.

Beispiel (Zitat nach der traditionellen Methode):
Matthias Luserke führt die Formel weiter aus und kommt dabei zu einem plausiblen Ergebnis:
»*Die Spannung von Dynamisierung und Binnenkritik charakterisiert das Verhältnis von Sturm und Drang und Aufklärung, die Gleichzeitigkeit von Weiterentwicklung und radikaler Infragestellung aufgeklärter Positionen*

kennzeichnet den in der Tat nicht leicht zu handhabenen Begriff, der alle Themen, Motive und Schlagwörter des Sturm und Drang umspannt.«[1]
[1] Luserke, Matthias: J. M. R. Lenz: Der Hofmeister – Der neue Menoza – Die Soldaten. München 1993, S. 16.

4.5.1 Varianten des wörtlichen Zitierens

Auslassungen

Sicher haben Sie schon in Studien- oder Hausarbeiten festgestellt, dass einige Zitate viel zu ausführlich und zu lang sind, um im Rahmen Ihrer Bachlorarbeit verwendet zu werden. Hier haben Sie die Möglichkeit, das Zitat durch das Auslassungszeichen [...] entsprechend anzupassen. Diese Vorgehensweise können Sie auch anwenden, wenn das Zitat, das Sie gerne einbinden möchten, im Original den Lesefluss stören würde. Denn nicht immer lässt sich ein wörtliches Zitat in den eigenen Text einfügen, ohne dass der Satz schwerfällig oder sogar unverständlich wird. Wenn Sie ein direktes Zitat durch Auslassungen anpassen, prüfen Sie unbedingt, ob es hierdurch nicht zu einer Sinnverfälschung kommen kann: Auf keinen Fall darf das Zitat so gekürzt werden, dass der eigentliche Kontext fehlt und eine an sich treffende Aussage plötzlich einen ganz anderen Sinn bekommt.

Beispiel für ein verkürztes Zitat nach der traditionellen Methode:
Von diesem erfährt Pastor Lenz scharfe Kritik. Kindermann bezeichnet ihn etwa als »Fanatiker«: »Alle Predigten und religiösen Schriften des Pastors [...] atmen den Geist eines geradezu fanatischen Pietismus.«[1]
[1] Kindermann, Heinz: J. M. R. Lenz und die Deutsche Romantik. Wien u. Leipzig, 1925, S. 1.

Hervorhebungen

Wer eine bestimmte Passage oder ein Wort in einem Zitat hervorheben möchte, um der Aussage ein besonderes Gewicht zu verleihen, muss die Veränderung des Zitates ebenfalls entsprechend nachweisen. Dies ist durchaus zulässig, indem man im Quellennachweis den Zusatz *Hervorhebung durch den Verfasser* (oder kurz: *Herv. d. Verf.*) angibt.

Beispiel (nach der Harvard-Methode):
*»Computer und Internet stellen viele Ressourcen zur Verfügung, **aber** sie bieten auch viele Möglichkeiten, sich geschäftig zu halten, ohne wirklich zu*

schreiben, oder sich mit Dingen abzulenken, bei denen man schneller Erfolge sieht als beim Schreiben« (Kruse 2007, S.59, Herv. d. Verf.).

Hat der Urheber bereits einen Teil seines Textes hervorgehoben, muss dies ebenfalls durch einen Verweis, in diesem Fall durch den Zusatz *Hervorhebung im Original* (oder kurz: *Herv. i. Orig.)* kenntlich gemacht werden.

Beispiel (nach der Harvard-Methode):
»Zeigen Sie keinen falschen Respekt! *Gehen Sie mit Aussagen von Autoritäten und ›Gurus‹ eines Fachgebietes nicht weniger kritisch um wie mit den Veröffentlichungen unbekannter Fachvertreter« (Kornmeier 2011, S. 130, Herv. i. Orig.).*

Eigene Einfügungen zum besseren Textverständnis

Es ist auch nötig, bei Zitaten, die aus einem bestimmten Kontext übernommen wurden, weitere Ergänzungen in den Text zu integrieren, damit der Leser die Aussage auch ohne Kenntnis des Kontexts nachvollziehen kann. Um Ihre mit dem ausgewählten Zitat verbundenen Gedankengänge für den Leser nachvollziehbar zu machen, kommen Sie daher nicht umhin, eine Erläuterung einzufügen. Auch hier gilt es, alle Veränderungen, die Sie am Originaltext vorgenommen haben, mit dem Kürzel *Anm. d. Verf.* (für Anmerkung des Verfassers) zu kennzeichnen.

Beispiel (nach der Harvard-Methode):
»Es (das Unternehmen, Anm. d. Verf.) war zum Zeitpunkt der Selbstanzeige schon insolvent« (Schlaufuchs 2013, S.39).

Grammatikalisch bedingte Veränderungen

Um den Leseverlauf zu erhalten, ist es zuweilen notwendig, die grammatikalischen Endungen bei der Übernahme eines wörtlichen Zitates zu verändern. Das ist durchaus zulässig, sofern Sie die Änderungen deutlich machen – dies geschieht durch eckige Klammern.

Beispiel (nach der Harvard-Methode):
Man sollte, wie Vogt und Sirridge erklären, in der »Herausforderung des Sohnes durch den Vater [...] ein[en] wichtige[n] Meilenstein der Entwicklung im Leben beider« sehen (Vogt, Sirridge 1993, S.69).

Fehler im Originaltext

Auch in Originaltexten können sich Rechtschreib- oder Grammatikfehler eingeschlichen haben. Das sollte Sie jedoch nicht beunruhigen. Denn beim wörtlichen Zitieren müssen Sie jedes Wort originalgetreu übernehmen. Um darauf hinzuweisen, dass Sie den Fehler oder die frühere Schreibweise exakt übernommen haben, wird hinter dem entsprechenden Wort ein [sic!] eingefügt. *Sic* kommt aus dem Lateinischen und bedeutet *so.*

Beispiel (nach der Harvard-Methode):
»Seid [sic!] der Einführung des Bonus-Systems ist die Leistungsbereitschaft der Mitarbeiter deutlich gestiegen« (Schlaufuchs 2014, S. 63).

Empfehlenswert ist es, zu prüfen, ob Sie das ausgewählte Zitat mit dem sprachlichen Fehler tatsächlich für Ihre Argumentation zwingend benötigen oder ob sich alternativ nicht ein gleichwertiges, fehlerfreies heranziehen lässt.

4.5.2 Zitate aus Sekundärliteratur

Grundsätzlich muss aus Originaltexten (Primärliteratur) zitiert werden. Ausnahmen bilden sehr alte, im Original nicht mehr zu beschaffende oder fremdsprachige Texte. In diesen Fällen, können Sie aus der Sekundärliteratur zitieren, jeweils unter Angabe des Werkes, aus dem Sie das Zitat entnommen haben.

Beispiel (nach der traditionellen Methode):
[1] Vgl. Ampère, Jean-Jacques: Hélène. Fantasmagorie classic – romantique. In: Le Globe. Tome VI. No 34. Paris, 20 févier 1928, S. 209-211. Zitiert nach: Schöne, Albrecht: Goethe. Faust Kommentare. In: Johann Wolfgang Goethe. Sämtliche Werke, Briefe, Tagebücher und Gespräche. Bd 7/2. Frankfurt am Main 1994, S. 37

Wird fremdsprachige Literatur mit eigener Übersetzung zitiert, muss darauf hingewiesen werden, auch um ein Plagiat auszuschließen (► **Kap. 4.7**).

4.6   Indirekte Zitate

Während der Literaturrecherche oder auch innerhalb der Materialauswertung sind Sie möglicherweise schon auf interessante Meinungen und Aussagen gestoßen. Im besten Fall haben Sie sich dazu auch schon Textbausteine zusammengestellt, die Ihre Position stützten könnten, die Sie jedoch in Hinblick auf Ihre inhaltlich Aussage der Arbeit mit eigenen Worten wiedergeben möchten. In diesem Fall handelt es sich um ein indirektes Zitat. Dabei wird entgegen des direkten Zitates auf eine Kennzeichnung durch Anführungszeichen verzichtet. Nichtsdestotrotz müssen diese Informationsquellen kenntlich gemacht werden und auch im Text erkennbar bleiben. Daher sind auch indirekte Zitate mit einer Fußnote oder einem entsprechenden Einzelbeleg zu versehen. Denken Sie immer daran: In Ihrer Bachelorarbeit schreiben Sie wissenschaftlich – und dies nicht ohne Grund, denn Sie wollen schließlich innerhalb einer konkreten Untersuchung Ihre eigenen Erkenntnisse und Positionen zum Ausdruck bringen.

Beispiel für indirektes Zitieren (nach der traditionellen Methode):

Als erstes Ergebnis der Diskussion bleibt festzuhalten, dass die Literaturwissenschaftler seit Mitte des 20. Jahrhunderts zwei Aspekte in ihren Ausführungen geltend gemacht haben: Die ablehnende Haltung der Stürmer und Dränger gegenüber der Aufklärung wird berücksichtigt. Darüber hinaus wird auf die kritischen Tendenzen der Aufklärungstradition aufmerksam gemacht, deren sich die Autoren des Sturm und Drang bewusst waren.[1]

[1] Bereits Herder erkannte 1769 die Gefahr, die in der Aufklärung steckt. Auf seiner Schiffsreise von Riga nach Nantes vermerkte er in seiner Magna Charta des Sturm und Drang: »[...], alle Aufklärung ist nie Zweck, sondern immer Mittel; wird sie jenes, so ists Zeichen dass sie aufgehört hat, dieses zu sein.« Johann Gottfried Herder: Journal meiner Reise im Jahr 1769. In: Sämtliche Werke, hrsg. v. Bernhard Suphan. Bd. IV, Berlin 1978, S. 412.

4.7   Zitat oder Plagiat? – Richtig paraphrasieren

In wissenschaftlichen Arbeiten sollte möglichst wenig wörtlich zitiert werden. Konzentrieren Sie sich hierbei auf wirklich prägnante Aussagen, die Sie nur schwer in eigene Worte fassen können. Um Ihre Position zu verteidigen oder die Behauptung eines anderen Autors zum Thema zu widerlegen, haben Sie die Möglichkeit, sinngemäß zu zitieren oder zu paraphrasieren. Paraphrasieren im wissenschaftlichen Kontext bedeutet, dass Sie die Meinung eines Fremdautors mit eigenen Worten wiedergeben und gleichzeitig auf den Verfasser hinweisen. Die Äußerung des Fremdautors wird dabei in die indirekte Rede gesetzt.

Beispiele für Paraphrasen, denen die indirekte Rede folgt:
Nach Ansicht des Herausgebers sei eine Rezession mittelfristig nicht zu erwarten.
Eine Rezession sei laut Schlaufuchs mittelfristig nicht zu erwarten.
Ausgehend von der Untersuchung von Schlaufuchs, wonach eine Rezession mittelfristig nicht zu erwarten sei …

Es gibt jedoch noch weitere Möglichkeiten, fremdes Gedankengut kenntlich zu machen, ohne dabei den Konjunktiv nutzen zu müssen, der auf längeren Strecken ermüdend wirkt. In Nebensätzen, die mit »dass« eingeleitet werden, dürfen Sie auch den Indikativ einsetzen. Viele Autoren nutzen den Indikativ auch ganz bewusst, um darzustellen, dass sie derselben Auffassung wie der Verfasser sind.

Beispiele für gängige Formulierungen, auf die der Indikativ folgt:
Der Autor vertritt die Position, dass …
Schlaufuchs ist der Auffassung, dass …
Der Verfasser sieht das Problem darin, dass …
Schlaufuchs schlussfolgert daraus, dass …
Der Herausgeber kommt zu dem Ergebnis, dass …
Schlaufuchs geht davon aus, dass …
Nach Schlaufuchs bedeutet dies, dass …
Schlaufuchs gibt zu bedenken, dass …
Schlaufuchs zeigt damit, dass …

Es gibt noch weitere sprachliche Möglichkeiten, um in eindeutiger Weise zu paraphrasieren und kenntlich zu machen, wessen Meinung/Gedankengut wiedergeben wird. Eine empfehlenswerte und umfassende Übersicht hat Silke Heimes (2011) zusammengestellt.

- Wie Loriot feststellte (1975, S. 12), gibt es die Steinlaus nur in …
- Loriot betont (1975, S. 12), dass es die Steinlaus nur in … gibt.
- Laut Loriot (1975, S. 12), gibt es die Steinlaus nur in …
- Gemäß Loriot (1975, S. 12), gibt es die Steinlaus nur in …

- Loriot zeigte in seiner Untersuchung (1975, S. 12), dass es die Steinlaus nur in ... gibt.
- Nach den Ausführungen von Loriot (1975, S. 12), gibt es die Steinlaus nur in ...
- Steinläuse gibt es nur in ... (vgl. Loriot 1975, S. 12)
- Loriot fand heraus (1975, S. 12), dass es die Steinlaus nur in ... gibt.
- Dies basiert darauf, dass Loriot herausfand (1975, S. 12), dass es die Steinlaus nur in ... gibt.
- Die Aussagen stützen sich auf die Untersuchungen von Loriot (1975, S.12), der herausfand, dass es die Steinlaus nur in ... gibt.
- Loriot postulierte (1975, S. 12), dass es die Steinlaus nur in ... gibt.
- Die Ergebnisse der vorliegenden Arbeit stimmen mit den Untersuchungen Loriots überein (1975, S. 12), nach denen es die Steinlaus nur in ... gibt.
- Basierend auf Loriots Untersuchungen (1975, S. 12), nach denen es die Steinlaus nur in ... gibt.
- Wie von Loriot (1975, S. 12) betont wird, gibt es die Steinlaus nur in ...
- Dieser Abschnitt stützt sich auf die Untersuchungen von Loriot (1975, S. 12) nach denen es die Steinlaus nur in ... gibt.
- Nach Auffassung von Loriot (1975, S. 12), gibt es die Steinlaus nur in ...
- Der Absatz gibt die Hauptgedanken von Loriot wieder (1975, S. 12), der nachwies, dass es die Steinlaus nur in ... gibt.
- Die Ausführungen beziehen sich auf Loriot (1975, S. 12), der ausführt, dass es die Steinlaus nur in ... gibt.
- Bezug nehmend auf Loriot (1975, S. 12), der das Vorkommen der Steinlaus nur in ... nachwies ...

Abb. 32: »Inspirationshilfen zum Paraphrasieren« nach Heimes (2011, S. 98)

Allerdings kommt es immer wieder zu Fehlern bei der Kennzeichnung von indirekten Zitaten oder Paraphrasen, was zum Vorwurf des Plagiats führen kann. Am Beispiel der Universität Hannover soll hier eine Definition des Plagiats in wissenschaftlichen Arbeiten gegeben werden:

»Ein Plagiat ist die widerrechtliche Übernahme und Verbreitung von fremden Texten jeglicher Art und Form ohne Kenntlichmachung der Quelle. Dies gilt für alle Medien, d. h. Bücher, wissenschaftliche und andere Zeitschriften, Zeitungen und alle anderen Druckerzeugnisse sowie das Internet. Die häufigsten Formen des Plagiats in wissenschaftlichen Arbeiten sind:

1. Die wörtliche Übernahme einer oder mehrerer Textpassagen ohne entsprechende Quellenangabe (Textplagiat).
2. Die Wiedergabe bzw. Paraphrasierung eines Gedankengangs, wobei Wörter und der Satzbau des Originals so verändert werden, dass der Ursprung des Gedankens verwischt wird (Ideenplagiat).
3. Die Übersetzung von Ideen und Textpassagen aus einem fremdsprachigen Werk, wiederum ohne Quellenangabe.
4. Die Übernahme von Metaphern, Idiomen oder eleganten sprachlichen Schöpfungen ohne Quellenangabe.
5. Die Verwendung von Zitaten, die man in einem Werk der Sekundärliteratur angetroffen hat, zur Stützung eines eigenen Arguments, wobei zwar die Zitate selbst dokumentiert werden, nicht aber die verwendete Sekundärliteratur (Zitatsplagiat).«

Gehen Sie also sorgfältig mit der verwendeten Literatur um. Eine im Vorfeld der Arbeit eingehende Beschäftigung mit den gängigen Zitiertechniken ist wichtig und notwendig. Zumal Sie am Ende auch eine eidesstattliche Versicherung abgeben müssen, in der Sie schriftlich versichern, die Arbeit selbständig verfasst und keine anderen als die angegebenen Quellen und Hilfsmittel benutzt haben (▶ **Kap. 3.8**).

4.8 Zitate aus dem Internet

Bedingt durch Wikipedia, E-Books, Blogs und anderes, das uns heute die ebenso bunte wie breitgefächerte Vielfalt des Internets bietet, ziehen heute viele Studierende verstärkt Internet-Quellen bei der Erstellung Ihrer Bachelorarbeit heran. Das ist grundsätzlich überhaupt nicht verkehrt und bietet zudem große zeitliche Vorteile. Man muss nicht erst in die Bibliothek gehen oder warten, bis ein vorgemerktes Buch zurückgegeben und wieder bereitgestellt worden ist. Doch sollten Sie neben der wissenschaftlichen Qualität der Online-Quelle auch Aspekte wie Seriösität und vor allem Nachhaltigkeit im Hinterkopf behalten. Denn mit dem riesigen Angebotsspektrum steigt die Gefahr, den Überblick zu verlieren und nicht mehr sorgfältig herauszufiltern, was tatsächlich dem wissenschaftlichen Qualitätsanspruch der eigenen Arbeit entspricht und damit verwendbar ist. Deshalb sollten Sie sich gerade bei einer akademischen Abschlussarbeit nicht zu stark auf diese Quellentyp stützen. Ganz besonders beliebt bei Studierenden ist Wikipedia. Der Verwendung von Wikipedia steht nichts entgegen, um sich einen ersten, meist oberflächlichen Überblick zu verschaffen – im strengen Sinne zitierfähig ist es nicht. Fragen Sie sich deshalb stets, woher diese Informationen stammen, ob sie objektiv überprüfbar sind oder nur von fachfremden »Hobbyschreibern« zusammenkopiert worden sind. Wikipedia ist nämlich eine freie Enzyklopädie und ein Portal, das allen offensteht. Dieses freie Online-Lexikon erhebt damit keinen umfassenden wissenschaftlichen Anspruch.

Darüber hinaus können bedingt durch die Besonderheiten des Internets mittel- bis langfristige Probleme bei der Kennzeichnung der Quellen auftauchen. Das liegt darin begründet, dass einzelne Seiten bis zur Abgabe der Abschlussarbeit oder nach einigen Wochen und Monaten durchaus in einer anderen Version oder womöglich gar nicht mehr vorliegen können. Diesen Aspekt sollten Sie beim Verfassen Ihrer Bachelorarbeit berücksichtigen und Online-Quellen auch als solche markieren. Die Angabe nach der Harvard oder traditionellen Zitierweise finden Sie in Kapitel 4.2 ausführlich dargestellt. Die wichtigste Angabe ist die vollständige Internetadresse/URL, daneben sollte das Datum Ihres des letzten Zugriffs aufgeführt werden, so dass der Leser den aktuellen Stand des Dokumentes nachvollziehen kann. Ganz sicher geht man, indem man von der zitierten Seite einen Ausdruck oder Screenshot anfertigt. Diesen können Sie dem Anhang beifügen, was nicht zwingend notwendig ist. Empfehlenswert ist es jedoch, die Screenshots abzuspeichern und aufzubewahren, für den Fall, dass die Seite, auf die sich Sie sich in Ihrer Arbeit bezogen haben, nicht mehr existiert und Ihr Betreuer Nachfragen zu dem Zitat oder der Quelle haben sollte.

☺ An einigen Hochschulen gibt es inzwischen prozentuale **Richtwerte für die Verwendung von Internet-Quellen.** Am besten erkundigt man sich hierzu bei seinem Betreuer oder zuständigen Prüfungsamt.

4.9   Grenzen der Zitate

In Seminaren zum wissenschaftlichen Arbeiten wird häufig gefragt, wie viele Quellen zitiert werden sollten oder wie oft man überhaupt zitieren darf. Eine klare Antwort darauf lässt sich nicht geben. Denn aus welchen Quellen und wie oft zitiert wird – oder vielmehr zitiert werden muss – hängt vom Thema ab. Zu einem aktuellen Thema kann man per se nicht so viel Literatur finden, wie zu einer bereits länger bestehenden Forschungsfrage. Aufgrund des begrenzten Literaturangebots ist man daher im Zweifel nur auf ein bis zwei Experten angewiesen, die bei Bedarf auch immer wieder der wissenschaftlichen Arbeitstechnik entsprechend angegeben werden müssen. Literatur zu aktuellen Themen, jüngsten Entwicklungen innerhalb eines Bereiches oder Diskussionen findet sich in diesen Fällen dann auch meistens in Form von Artikeln in Zeitungen, (Fach-) Zeitschriften, im Internet oder als Basisinformation in Form von Studien oder eigenen Erhebungen.

Einige Hochschulen empfehlen als Richtwert etwa eine Literaturangabe pro Seite. Hierbei handelt es sich um einen Durchschnittswert. Ausgehend von einer Seite wären dies bei einer Bachelorarbeit im Umfang von 60 Seiten also insgesamt 60 Zitate und Quellenangaben. Eine zahlenmäßig definierte Grenze nach oben oder unten kann es jedoch nicht geben. Das ist auch verständlich, denn mit Ihrer Bachelorarbeit sollen Sie zeigen, dass sie in der Lage sind, nach wissenschaftlichen Methoden zu einem lösungsorientierten Ergebnis zu kommen. Da sich Wissenschaft aber nur im kritischen Dialog entwickeln kann, ist es notwendig, Ihre Erkenntnisse durch Veröffentlichung bekannt zu machen und dabei eigene Erkenntnisse von fremden klar zu trennen. Die Erfahrung zeigt, dass man innerhalb eines Spielraumes von 40 Prozent unter- oder oberhalb des empfohlenen Richtwertes bleibt. Sollten Sie merken, dass Sie weit darüber hinaus kommen, überprüfen Sie am besten noch einmal kritisch Ihre Vorgehensweise. Denn wissenschaftliches Arbeiten und Schreiben bedeutet nicht, ein Zitat an das nächste zu reihen. Vielmehr geht es um die Nachvollziehbarkeit Ihrer Gedankengänge, das heißt, um Ihre eigenen Schlüsse, die Sie aus dem Dialog ziehen und damit zu einer Problemlösung in Hinblick auf Ihre eingangs gestellte zentrale Frage gelangen.

4.10   Zusammenfassende Tipps

☺ Zitieren nach Harvard-Methode oder traditionell mit Fußnoten? Informieren Sie sich auch bei Ihrem Betreuer, Ihrem zuständigen Prüfungsamt oder Institut über die dort übliche oder gewünschte Form der Kenntlichmachung.
☺ Bleiben Sie konsequent bei der Verwendung ihrer einmal gewählten Zitiermethode.
☺ Verwenden Sie wörtliche Zitate nur für wichtige, richtungsweisende Aussagen unter Berücksichtigung der Primärliteratur.
☺ Fehler im Originaltext müssen kenntlich gemacht werden.
☺ Paraphrasieren Sie stets sinngemäß und vermeiden Sie dabei jegliche inhaltliche Verfälschung.

5 Grundlagen des wissenschaftlichen Schreibens

Die Sprache ist gleichsam der Leib des Denkens.
Georg Wilhelm Friedrich Hegel (1770 – 1831)

Lehrziel dieses Kapitels ist es, jedem Studierenden Wege des wissenschaftlichen Schreibens zu eröffnen. Dazu gehört es,

- verschiedene Strukturbausteine zum Aufbau eines Kapitels und deren Umsetzung zu vermitteln,
- die Gedanken in eine logisch-nachvollziehbare Argumentationsstruktur zu bringen,
- den roten Faden der Argumentation beizubehalten,
- sachliche Argumente und Formulierungen anzuführen,
- klare Satzstrukturen zu schaffen,
- präzise Aussagen und treffende Formulierungen zu finden,
- als Verfasser in den Hintergrund zu treten,
- die Trennung von Wichtigem und Unwichtigen vorzunehmen,
- häufige Fehler zu vermeiden,
- neutrale Begriffe zu verwenden.

5.1 Gedankliche Klarheit

Allein der Begriff Wissenschaftssprache verursacht bei vielen Studierenden großes Unbehagen. Dazu besteht jedoch kein Grund, vielmehr können Sie ganz beruhigt sein. Denn wissenschaftliches Schreiben bedeutet keineswegs, dass Sie dröge, komplizierte oder verklausulierte Texte hervorbringen sollen, die Sie spätestens nach der dritten Durchsicht selbst nicht mehr verstehen und Ihr Leser erst recht nicht. Beim wissenschaftlichen Schreiben stehen sechs Kriterien im Vordergrund, die es Ihnen erleichtern, komplexe Sachverhalte verständlich und nachvollziehbar zu beschreiben. Die nachfolgende Abbildung zeigt ihnen die wesentlichen Methoden des wissenschaftlichen Schreibens, auf die im weiteren Verlauf dieses Kapitels konkret eingegangen wird.

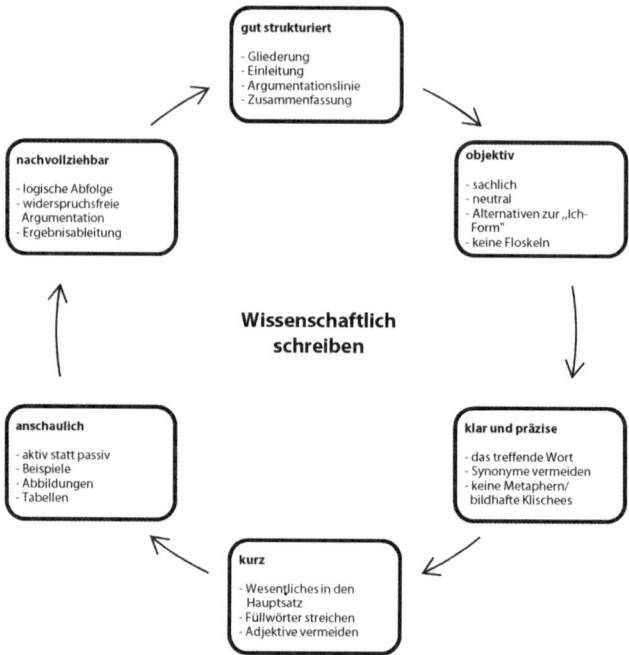

Abb. 33: In sechs Schritten zum guten Stil

Allerdings ist eine wissenschaftliche Arbeit auch nicht im journalistischen oder gar umgangssprachlich-saloppen Stil zu verfassen. Im Vordergrund Ihrer Arbeit steht nicht der Unterhaltungswert, sondern der Informationsgehalt für Ihren Leser. Der Leser – und damit ist zuallererst Ihr Prüfer/Dozent gemeint – möchte davon überzeugt werden, dass Sie sich in gehobenem, klarem und fachlich einwandfreiem Stil mit dem Thema Ihrer Arbeit auseinandergesetzt haben.

Nur, was heißt das konkret? Inhaltlich zusammenhängende Aufzählungen, Beobachtungen und Ergebnisse müssen im Text auch als solche erkennbar sein. Das gibt dem Leser Orientierung und lässt ihn die Logik der Herangehensweise nachvollziehen. Je klarer der Autor seine Gedanken ordnet und formuliert, desto höher ist die Aufnahmebereitschaft des Lesers. Auch wenn der Grundriss für die Gliederung im Wesentlichen steht, sollte man sich vor Beginn der Arbeiten an jedem Kapitel noch einmal bewusst die Fragen stellen:

- Was möchte ich in diesem Kapitel sagen?
- In welcher Reihenfolge ordne ich die notwendigen Informationen an?

☺ Für viele Studierende hat es sich als hilfreich erwiesen, sich einen roten Faden zu notieren. Er ist sozusagen das Storyboard der Arbeit, indem die wesentlichen Hauptgedanken der Kapitel skizziert sind und hilft dabei, die wesentlichen Inhalte nicht aus den Augen zu verlieren. Hierzu bieten sich verschiedene Techniken an, die ich Ihnen gerne kurz vorstellen möchte:

- Versuchen Sie ihre wichtigsten Argumente für jedes Kapitel auf einer Seite niederzuschreiben.
- Formulieren Sie für jeden Abschnitt eine Frage, die Sie darin beantworten möchten.
- Ist der Aufbau noch nicht stringent nachvollziehbar, schreiben Sie sich die wesentlichen Argumente auf eine Karte und ordnen Sie Karten so lange, bis sie eine logische Reihenfolge ergeben, oder Sie gefunden haben, was möglicherweise noch fehlt oder stärker beleuchtet werden sollte.
- Steht der rote Faden erst einmal, machen Sie ihn danach reißfest! Am besten legen Sie sich hierzu eine zweispaltige Liste an oder knicken das Papier längs in der Mitte. Notieren sie sich nun ausgehend von ihren wesentlichen Argumenten rechts die Überschriften für die einzelnen Kapitel. Schreiben Sie links daneben Ihre wichtigsten Einfälle zu den Unterkapiteln.
- Welche Technik(en) Sie auch wählen – bleiben Sie dabei offen für weitere Ideen.

Die logische Abfolge der Information ist die Basis der Argumentation. Wer sich bei der Ordnung der wesentlichen Gedanken insbesondere in Hinblick auf die Unterkapitel unsicher ist, kann sich folgende Strukturbausteine zum logischen Aufbau eines Kapitels zur Orientierung nehmen:

- These (= zu beweisende Behauptung)
- Argument(e) (= Mittel zur Begründung der Behauptung)
- Beispiel
- Gegenargument(e) (= Mittel zur Widerlegung der Behauptung)
- (Schluss-)Folgerung

5.2   Argumentieren

Die argumentativ logische Vorgehensweise bildet die Grundlage jeder wissenschaftlichen Arbeit. Denn mit Ihrer Arbeit zeigen Sie, dass Sie in der Lage sind, mit überzeugenden, wissenschaftlich-fundierten Argumenten Position zu beziehen und lösungsorientierte Handlungsvorschläge zu erarbeiten. Argumentationstechniken bilden die wichtigste Säule des Hauptteils. Thesen oder Hypothesen, letztere meinen noch nicht wissenschaftliche bestätigte Annahmen, wollen begründet, bestätigt oder gegebenenfalls widerlegt sein. Eine verlässliche Grundlage hierfür bieten Zahlen und Fakten aus empirischen Untersuchungen und Befunden mithin also das Ergebnis Ihrer Literaturrecherche (▶ Kap. 2) oder Ihrer Expertengespräche. Bei der Argumentationskette geht es zunächst um die Anordnung und Formulierung der Aussage. Danach wird diese begründet und sollte als wahrscheinlich gelten oder aber als entsprechend unwahrscheinlich widerlegt werden. Die logische Begründung, warum etwas so ist wie angenommen, ist zentraler Bestandteil der Argumentation Ihrer Arbeit.

Tab. 6: Aufbau und Struktur einer Argumentationskette zur Begründung eines Sachverhalts (Quelle: In Anlehnung an Thomas-Johaentges, Thomas (2013, S. 89))

1. Formulierung der Problematik
2. Vorstellung verschiedener Standpunkte
3. Bewertung der Standpunkte
4. Eigene Position finden und beziehen Beispiele: A Entscheidung für einen der vorgestellten Standpunkte Pro-Argumente anführen – beginnend mit • zweitwichtigstes Argument • weitere Vorteilsargumente (zur Verdichtung der Begründung) • Hauptargument Um Gegenargumentation entgegen zu kommen, empfiehlt sich den eigenen Standpunkt nochmals kritisch zu überprüfen und zugleich auf Kontra-Positionen hinzuweisen. Im nachfolgenden Schritt wird dann die eigene Position überzeugend gegründet und bestätigt. B Entwicklung von Lösungsmöglichkeiten durch eine Synthese der Gegenargumente C Vertretung eines anderen, eigenen Standpunktes (zum Beispiel auf Basis empirischer Untersuchungen, veränderten Parametern etc.) und Distanzierung von den vorgestellten Sichtweisen
5. Den Leser einbeziehen – Möglichkeit zum Dialog/ einer eigenen Haltung anregen Abschließend, das heißt, nach der Einführung in die Problemstellung, der verschiedenen Standpunkte und der daraus resultierenden, begründeten eigenen Position, kann der Leser zum Beispiel durch eine offene Frage zum Abschluss des Gliederungspunktes, dazu animiert werden, sich selbst ein eigenes Bild zu machen, was in der Wissenschaft mittelfristig zu neuen Ergebnissen führen könnte.

Bauen Sie also – wie Sie es bereits in Ihrem Inhaltsverzeichnis gezeigt haben – die einzelnen Gliederungspunkte *logisch*, also gedanklich folgerichtig auf. Jedes Kapitel sollte schrittweise zum Gesamtergebnis führen. Um dieses Ziel zu erreichen, hat es sich bewährt, sich für die einzelnen Abschnitte Untersuchungsziele festzulegen, auf die Sie Ihre Argumentation ausrichten wollen. Um stringent den roten Faden zu erhalten und weiterführen zu können, hat es sich in Seminaren für viele Studierende als hilfreich erwiesen, sich vor Beginn eines neuen Kapitels inhaltliche Stichworte zu machen, nachdem sie Ihr Untersuchungsziel für das entsprechende Kapitel definiert haben (▶ **Kap. 6.1**). Versuchen Sie es einmal! Bringen Sie nun Ihre Stichworte zum Inhalt in eine logische Reihenfolge. Haben Sie sich erst einmal eine Skizze gemacht, wird es Ihnen leicht fallen, Ihre Argumentation nachvollziehbar und zielführend darzustellen.

In der vorangegangenen Tabelle wurde eine grundsätzliche Möglichkeit zur Argumentation gezeigt. Es gibt jedoch noch weitere, die sich für verschiedene Ausgangspositionen anbieten. Bünting u. a. (1996, S. 184 f.) unterschieden zwischen fünf Mustern von Argumentationsketten, die sich je nach Fragestellung und Untersuchungsstatus wirkungsvoll einsetzen lassen:

Muster 1: Dreifache Begründung

1. Hieraus lässt sich aus drei Gründen folgende Hypothese aufstellen:
2. Erstens zeigt eine einfache Beobachtung, dass ...
3. Zweitens haben wir folgende Tests gemacht: ...
4. Drittens ergibt die Teststatistik, dass ...
5. Es scheint also lohnend, eine umfassende Untersuchungsstatistik vorzunehmen.

Muster 2: Einerseits und andererseits

1. Das ist die Interpretation von A:
2. Einerseits spricht dafür, dass ...
3. Andererseits spricht dagegen, dass ...
4. A hat dabei folgendes übersehen ...
5. Wird es berücksichtigt, führt das zu folgender Interpretation: ...

Muster 3: Nicht A, nicht B, sondern C

1. Hypothese A besagt, dass ...
2. Sie ist wie folgt begründet: ...
3. Hypothese B hingegen besagt, dass ...

4. ..., weil ...

5. In beiden Hypothesen ist nicht berücksichtigt, dass ...

6. Daraus folgt nunmehr, dass ...

Muster 4: Gründe und Gegengründe abwägen

1. A schlägt folgenden Lösungsweg vor: ... (These)
2. Er begründet das mit ...
3. Dagegen spricht allerdings, dass ... (Antithese)
4. Wägt man beides ab, dann ... (Prozess der Synthese)
5. Daraus lässt sich also schließen, dass ... (Synthese als Ergebnis)

Muster 5: Zusammenfassung und Kompromiss

1. These A besagt, dass ..., und zielt dabei auf ...
2. These B besagt, dass ..., und zielt darauf ...
3. Beide liegen im Kern richtig, denn ...
4. In Hinblick auf die in dieser Arbeit verfolgte Fragestellung kommt es darauf an, dass ...
5. Vor diesem Hintergrund lassen sich dennoch wichtige Teile von A und B miteinander verbinden, indem ...

Denken Sie mit Beginn eines neuen Kapitels auch daran, Ihren Leser mitzunehmen. Kurze Verbindungssätze zum vorherigen Kapitel bieten eine gute Überleitung. Besonders für Leser, die Ihre Ausführungen nicht in ihrer Gesamtheit lesen, sondern deren Interesse auf einzelne Aspekte gerichtet ist.

☺ **Bleiben Sie Ihrem Schreibstil treu.** Eine wissenschaftliche Arbeit ist keine Aneinanderreihung von Zitaten. Selbst, wenn Sie diese leicht abwandeln, um wörtliche Zitate zu vermeiden, spiegelt sich doch der Sprachduktus des Fremdautors in diesem Textstück wider. Abgesehen davon, dass diese Vorgehensweise dem Anspruch einer wissenschaftlichen Arbeit nicht gerecht wird, beeinflusst ein Text aus Versatzstücken verschiedener Verfasser auch die Lesbarkeit negativ. Versuchen Sie, frei zu formulieren und sich nicht zu sehr von den Formulierungen Dritter beeindrucken zu lassen. Eine gute Möglichkeit hierzu zeigt Brink (2013, S. 173) auf: *Am besten liest man sich zunächst die Originalquellen durch, die für einen Gliederungspunkt verwendet werden sollen, überlegt dann, was und wie man schreiben möchte und* *versucht schließlich, den Gliederungsabschnitt Absatz für Absatz zu formulieren und am Ende mit den entsprechenden Quellen zu belegen.*

5.3 Präzision und Objektivität

Ähnliches wie für die äußere Form gilt auch für den Sprachstil in wissenschaftlichen Texten: Bleiben Sie sachlich. Bezogen auf das wissenschaftliche Schreiben bedeutet dies: Schreiben Sie präzise, schlicht und knapp. In eine wissenschaftliche Arbeit gehören keine persönlichen Empfindungen, Vorlieben oder Abneigungen. Schreiben Sie unvoreingenommen und neutral gegenüber anderen Meinungen. Ihre Leser wollen mitdenken und sich eine eigene Meinung zu Ihren Gedankengängen und Ergebnissen bilden. Deshalb sollten Sie sachlich schreiben und auf rhetorische Fragen, Polemik oder Belehrungen grundsätzlich verzichten.

Vermeiden Sie unnötig lange und komplizierte Sätze und schreiben Sie tatsächlich nur das, was Sie auch selbst verstehen. Wie soll dies sonst Ihr Leser verstehen? Während Ihrer Schulausbildung sind Sie sicher auch mit Franz Kafka (1883 – 1924) in Berührung gekommen. Erinnern Sie sich vielleicht noch an die literaturtheoretische Besprechung zu seinem *Urteil?* Schauen wir uns eine Passage hierzu noch einmal an:»*Wendet sich eine Soziologie der Literatur dagegen der ästhetischen oder besser: zeichenhaften Qualität von Literatur zu, will sie also deren soziale Bedingtheit auf der Ebene gattungsübergreifender wie gattungsspezifischer Formen, Stilprinzipien und Inhalte, ihrer dargestellten Welten und bevorzugten Themen, ihrer einzeltext-, œuvre- oder korpusspezifischen Semantiken aufsuchen, dann wird sie zu einer Soziologie der ›semiotischen‹, also ›zeichenhaften‹ Systemkomponenten von Literatur« (Die Zeit, 18.10.2012, S. 63)*[3]

Spätestens jetzt wird sich der eine oder andere daran erinnern, dass er diesen Satz seinerzeit mindestens dreimal lesen musste, um sich einigermaßen dem Inhalt zu nähern und sich dabei die Frage gestellt hat, was der Autor damit sagen wollte.

Versetzen Sie sich immer wieder in die Rolle des Lesers, denn alles, was zu unsachlich und nicht zusammenhängend formuliert ist, lenkt vom Inhalt ab. In der Konsequenz sinkt die Aufmerksamkeit Ihres Lesers. Nicht zuletzt bildet die Sprache die Struktur Ihrer Gedanken ab. Ordnen Sie zunächst Ihre Gedanken klar, so dass der Leser Ihre Gedankengänge, Argumentation und Schlussfolgerungen nachvollziehen kann. Sprachli-

---

3 Anmerkung zur Zitation: Aus: Kafkas "Urteil" und die Literaturtheorie: Zehn Modellanalysen, zitiert nach: »Wie bitte«, in: Die Zeit 43 (18. Oktober 2012) S. 63.

che Präzision und Objektivität bilden die wichtigsten Säulen des wissenschaftlichen Schreibens.

Just KISS! – Keep it short and simple!
In der Schule oder in Seminaren haben Sie sicher von der KISS-Formel gehört. Dahinter verbirgt sich *Keep it short and simple* und das Prinzip zielt auf Vereinfachung. Bezogen auf das Schreiben von wissenschaftlichen Texten kann diese Möglichkeit durchaus sinnvoll sein, insbesondere dann, wenn ein von Ihnen formulierter Satz droht, in eine einzige verschachtelte Sackgasse zu münden, wie wir es im oben gezeigten Beispiel gesehen haben.

Wichtige Aussagen gehören in Hauptsätze. Das heißt nicht, dass Sie keine Nebensätze bilden sollen oder dürfen. Natürlich sind Nebensätze erlaubt und haben Ihre Berechtigung, etwa wenn Sie Begriffe erklären. Ohne Nebensätze geht es nicht, sonst wäre Ihre Arbeit monoton. Aber auf die Struktur kommt es an. Experimentelle oder artistische Sprachkunstwerke gehören nicht in eine wissenschaftliche Arbeit. Ein Satz sollte nicht über drei Zeilen hinausgehen. Hier ist Ihre Präzision gefragt.

Das treffende Wort macht Sätze häufig leichter verständlich und entwirrt komplexe Dopplungen oder Verstärkungen, die in den meisten Fällen unnötig sind. Oftmals neigen wir dazu, Dinge, für die es einen allgemeingültigen und allgemeinverständlichen Begriff gibt, auszuschmücken und zu erweitern, weil es uns das Gefühlt gibt, noch deutlicher zu werden. Das Gegenteil ist jedoch der Fall. Durch Dopplungen oder Ausschmückungen werden Aussagen eher ungenauer und unverständlicher. Anstelle des guten Stils auch bei der Begriffswahl treten gespreizte Formulierungen – die folgende Tabelle zeigt einige Beispiele.

Tab. 7: Gespreizte Formulierungen und ihre besseren Alternativen

Gespreizte Formulierung	Bessere Alternative
Aufgabenstellung	Aufgabe
auseinanderdividieren	dividieren, auseinander bedeutet schon geteilt
Einzelindividuum	Individuum, das Individuum bezieht sich auf den Einzelnen
Entwicklungsverlauf	Entwicklung
gemeinsam kooperieren	kooperieren, kooperieren kann man schließlich nur gemeinsam

Tab. 7: Gespreizte Formulierungen und ihre besseren Alternativen – Fortsetzung

Gespreizte Formulierung	Bessere Alternative
hineininterpretieren	interpretieren, damit erklärt, deutet man bereits einen Text/ eine Aussage
miteinbeziehen	einbeziehen
Maßnahmenkatalog erarbeiten	Maßnahmen oder Lösungen erarbeiten
Motivationsstrukturen	Motivation, Gründe, Motive
nachrecherchieren	recherchieren, indem man eine Sache recherchiert, geht man ihr bereits nach
persönlich anwesend	anwesend, niemand kann unpersönlich anwesend sein
technisch ohne erkennbare Mängel	technisch einwandfrei
vorprogrammieren	programmieren, man kann nur etwas voraus planen/programmieren
vorrangiges Handeln erfordernd	oberste Priorität
wirtschaftspolitische Zielsetzungen	Wirtschaftspolitische Ziele, Ziel der Wirtschaftspolitik
Zukunftsentwicklung	Entwicklung, eine Entwicklung ist immer zukunftsweisend
Zukunftsvision	Vision, eine Vision ist immer auf die Zukunft gerichtet
zusammenaddieren	addieren, zusammenzählen

Darüber hinaus bietet Ihnen das treffende deutsche Wort eine sinnvolle Alternative zu **Fremdwörtern und Anglizismen**, die es beim wissenschaftlichen Arbeiten und auch ganz allgemein zu vermeiden gilt. Ein Fremdwort sollte nur dann verwendet werden, wenn es im Deutschen keine verständliche, passende und auf dieser Stilebene angesiedelte Entsprechung gibt. Tatsächlich sind im internationalen Geschäftsverkehr und in den Wirtschaftswissenschaften viele Begriffe wie beispielsweise *Outsourcing* für die Verlagerung von Aufgaben Usus. Und auch in unseren Sprachgebrauch haben sich Begriffe, insbesondere im IT-Bereich wie E-Mail (statt elektronische Post) oder Internet (wir würden niemals Zwischenvernetzung sagen), fest etabliert. Sie sind allgemeinverständlich und treffend. Aber Vorsicht bei vielen anderen Anglizismen, nehmen wir hier den Begriff *Handy*. Hierbei handelt es sich um Scheinentlehnungen aus dem englischen Sprachraum, die es dort so jedoch gar nicht gibt, sondern sich in der deutschen Sprache erst entwickelt haben. Engländer und Amerikaner kennen diesen Ausdruck nicht, sie sprechen unmissverständlich von *mobile phones* – also Mobiltelefonen.

Gleiches gilt für **Synonyme**, also bedeutungsgleiche Wörter. Zwar haben wir in der Schule gelernt, dass Abwechslung einen Text spannender und lebendiger werden lässt. Doch bezogen auf wissenschaftliches Schreiben kann genau dies zu Ungenauigkeiten und Missverständnissen führen. Hier schafft Wiederholung Verständlichkeit und sie laufen nicht Gefahr, dass der Leser plötzlich etwas anderes versteht als ursprünglich gemeint ist. Denn Synonyme können in der Regel das treffende Wort nicht ersetzen.

Bei Studierenden beliebt, aber vom Prüfer nicht gern gesehen sind **rhetorische Fragen, Polemik oder Ironie.** Diese Stilmittel mögen in einer Rede, einer Kolumne oder einem Essay die Aufmerksamkeit des Zuhörers oder Lesers wecken, in einer wissenschaftlichen Arbeit sollten sie jedoch vermieden werden. Erstens stellen Sie sich damit in den Vordergrund und zweitens haben diese Stilmittel in Hinblick auf das wissenschaftliche Schreiben keinen sachlich objektiven Nutzwert.

(Schlechtes) Beispiel:
Und was soll uns dieses Ergebnis nun sagen? Es zeigt, dass ...
Bessere Alternative:
Das Ergebnis zeigt, dass ...

Ähnlich verhält es sich mit scharfen, unsachlichen oder gar aggressiven, also **polemischen Äußerungen** zu einem Thema oder zu anderen Standpunkten. Diese sind zu vermeiden! Die wissenschaftliche Schreibweise zeichnet sich gerade dadurch aus, dass sie wertungsfrei und neutral ist. Persönliche Empfindungen, Vorlieben und Interessen bleiben außen vor, um sachlich, objektiv, präzise und nachvollziehbar schreiben zu können.

Auch **Metaphern und bildhafte Klischees** entsprechen nicht dem sachlich betrachtenden, analytischen und vergleichenden Charakter einer wissenschaftlichen Arbeit. Bleiben Sie auch hier sachlich. Wenn Sie beispielweise von deutlich *steigenden Energiekosten von bis zu 5 Prozent per anno* sprechen, dann schreiben Sie es auch in dieser Klarheit und nicht reißerisch: *Die Gaspreise drohen zu explodieren.* So schaffen Sie zwar kein Bedrohungsszenario im Kopf des Lesers, aber Sie tragen zu einer lösungsorientierten und sachlichen Diskussion des Problems bei. Daran können Sie eine logisch nachvollziehbare Argumentation anschließen.

Adjektive erhöhen in vielen Fällen zwar die bildliche Vorstellungskraft des Lesers und werden daher besonders gern in der Belletristik oder journalistischen Reportage genutzt, doch können sie auch Sachverhalte verfälschen oder verkomplizieren. Wenn Sie von *steigenden Energiekosten* sprechen, sagen Sie es in dieser Präzision. Superlative oder Steigerungen mittels Adjektiven – beispielsweise *Vor dem Hintergrund des explosionsartigen Gaspreisanstiegs* – machen eine Angelegenheit oder einen Prozess nicht deutlicher.

Hinzu kommt die Gefahr, Adjektive oftmals steigern zu wollen, mit dem Hintergedanken, die Aussage dadurch zu präzisieren. Das Gegenteil ist allerdings der Fall: Erstens wirkt das Geschriebene damit häufig reißerisch und zweitens können sich hier schnell Fehler einschleichen, indem viele Studierende dazu tendieren, Adjektive falsch zu steigern – zum Beispiel: *Noch **idealer** ist die Einbindung des Shopper Marketing in das Hersteller- und Handelsmarketing.* Es gibt zahlreiche Adjektive, dazu gehört auch das Wort ideal, die aufgrund ihrer eindeutig präzisen Bedeutung, für die es keine vergleichbare Gradabstufung mehr gibt, eigentlich nicht mehr gesteigert werden können. Man spricht in diesem Zusammenhang auch von »absoluten Ajdektiven«. Hierzu zählen auch: *absolut, alltäglich, dreieckig, eindeutig, einzig, extrem, ganz, ideal, lebendig, maximal, minimal, rund, schriftlich, stumm, total, unvergleichbar, voll*

Als keine Stütze kann es helfen, sich bewusst zu machen, dass die meisten nicht steigerbaren Adjektive auf *-los* enden – zum Beispiel: *atemlos, ausnahmslos, aussichtslos, endlos, kinderlos, pausenlos, rücksichtslos, uferlos.*

☺ Prüfen Sie, wie viele Adjektive Sie in einem Satz verwendet haben. Als grobe Richtlinie gilt etwa ein Adjektiv pro Satz – andernfalls sollten Sie versuchen, auf alle übrigen und nicht zwingend notwendigen zu verzichten.

Noch mehr als Adjektive können **Füllwörter** den Text überfrachten und zu Redundanzen in der Aussage führen. *Eigentlich* ist das wissenschaftliche Schreiben leicht, *immerhin* es geht *doch nur schlichtweg* darum, das Wichtigste und die logisch folgende Argumentation genau darzustellen: Wichtiges von Unwichtigem zu trennen und das Wesentliche sorgfältig zum Ausdruck zu bringen! Wenn nur diese ganzen Zusätze wie unnötige Adverbien und Konjunktionen nicht wären, die in ihrer schier unüberschaubaren Fülle die Kernaussagen aufblähen und häufig auch noch zu schwer verständlichen Satzkonstruktionen führen... Deshalb: Geizen Sie mit Füll- und Flickwörtern. Zugegeben, können Sie dem Text hier und da ein wenig Geschmack und Betonung verleihen, doch sollten Konjunktionen

(▶ **Kap. 5.4.1**) und Adverbien nur dann verwendet werden, wenn Sie inhaltliche Zusammenhänge und Konsequenzen verdeutlichen. Ein übermäßiger Gebrauch verleiht einem wissenschaftlichen Text eher eine *Gedacht-wie-gesprochen-Note* als einen durchdachten und präzisen Charakter.

Da wir Füllwörter häufig unbewusst in unserer Sprache benutzen und demzufolge auch im Schriftgebrauch oft unbedacht verwenden, soll Ihnen die auf Wolf Schneiders Deutsch-für-Profis-Bibel (1999, S. 120 f.) basierende, nachfolgende Auflistung einen Überblick über häufig vermeidbare Füllwörter geben – prüfen Sie doch, welche Sie in Ihrem eigenen Text streichen können.

Häufig vermeidbare Füllwörter

aber	dahingehend	ganz und gar
abermals	damals	gänzlich
allemal	danach	gar
allem Anschein nach	dann und wann	gelegentlich
allenfalls	demgemäß	gemeinhin
allenthalben	denkbar	genau
allerdings	derweil	geradezu
allesamt	des Öfteren	gewiss
allzu	durchaus	gewissermaßen
also	durchweg	glatt
an sich	eben	gleichsam
anderenfalls	eigentlich	glücklicherweise
anscheinend	ein bisschen	gottseidank
auch	einfach	größtenteils
aufs neue	einige	halt
augenscheinlich	einigermaßen	häufig
ausdrücklich	einmal	hie und da
ausgerechnet	ein wenig	hinlänglich
außerdem	ergo	höchst
äußerst	erheblich	höchstens
beinahe	etliche	im Allgemeinen
bei weiten	etwa	immer
bekanntlich	etwas	immerzu
besonders	fast	in der Tat
bestenfalls	folgendermaßen	in der Natur der Sache
bestimmt	folglich	liegend
beziehungsweise	fortwährend	indessen
bloß	freilich	in diesem Zusammen-
dabei	ganz	hang

in jedem Fall
insbesondere
irgendwie/-wo etc.
ja
jedenfalls
jemals
kaum
keinesfalls
keineswegs
längst
lediglich
leider
letztlich
manchmal
mehr oder weniger
meinetwegen
meist
meistens
meistenteils
mindestens
mithin
mitnichten
mitunter
möglicherweise
möglichst
nämlich
naturgemäß
natürlich
neuerdings
neulich
nichtsdestotrotz
nichtsdestoweniger
nie
niemals
nur
nun
offenbar
offenkundig
offensichtlich

oft
ohnedies
ohne weiteres
ohne Zweifel
partout
plötzlich
praktisch
quasi
recht
reichlich
reiflich
relativ
restlos
richtiggehend
rundum
samt und sonders
scheinbar
schlichtweg
schließlich
schlussendlich
schon
selbst
selbstredend/-spre-
chend
selbstverständlich
seltsamerweise
sicher
sicherlich
so
so genannte,/-r/-s
sogar
sonst
sowieso
sozusagen
überaus
überdies
überhaupt
übrigens
umständehalber

unbedingt
ungefähr
ungemein
ungleich
unglücklicherweise
unlängst
unsagbar
unsäglich
unstreitig
unzweifelhaft
vergleichsweise
vermutlich
vielfach
vielleicht
voll
voll und ganz
vollends
völlig
vollkommen
vollständig
von neuem
wahrlich
wahrscheinlich
weitestgehend
wenigstens
wieder
wiederum
wirklich
wohl
wohlgemerkt
womöglich
ziemlich
zugegeben
zumeist
zusehends
zuweilen
zweifellos
zweifelsfrei
zweifelsohne

Gender balance – maskulin oder geschlechterneutral?

Hier stellt sich für viele Studierende die Frage: *Was bedeutet das genau und wie gehe ich in meiner Arbeit damit um?* Dem Gesetz nach müssen Amts- und Rechtssprache geschlechtsneutral formuliert sein. Ziel ist es, die Gleichbehandlung von Frau und Mann sichtbar zu machen, um ihr in angemessener Weise (sprachlich) Rechnung zu tragen. Während in den vergangenen Jahren grundsätzlich in der maskulinen Form gesprochen und geschrieben wurde (zum Beispiel: *die Studenten, die Mitarbeiter, die Teilnehmer etc.*) gilt es in Hinblick auf die sprachliche Gleichberechtigung zu unterschieden in *Studentinnen und Studenten, Mitarbeiterinnen und Mitarbeiter, Teilnehmerinnen und Teilnehmer etc.* Diese Differenzierung ist inzwischen selbstverständlich. Im Sprachgebrauch sowie in der Schriftform können sich Aussagen jedoch oftmals sperrig und lang anhören, weil die Leserinnen und Leser sich noch nicht (ganz) daran gewöhnt haben. Im Zuge der schriftlichen Gleichbehandlung sind viele öffentliche oder staatliche Einrichtungen dazu übergegangen, eine geschlechtsneutrale Form durch ein zusätzliches */-innen* oder auch *Innen* kenntlich zu machen. Übertragen auf unsere Beispiele würde das *Student/-innen oder StudentInnen, Mitarbeiter/-innen oder MitarbeiterInnen sowie Teilnehmer/-innen oder TeilnehmerInnen* heißen. Zwar sind diese Formen im Schriftgebrauch etabliert, die Lesbarkeit eines (längeren) Textes wird dadurch aber nicht verbessert.

Für wissenschaftliche Arbeiten ist das generische Maskulinum bis dato allgemeingültig. Wer jedoch den Aspekt der Gleichberechtigung nicht außer Acht lassen möchte, hat die Möglichkeit – zum Beispiel in der Einleitung – einen Zusatz aufzunehmen, um das »Problem« dadurch zu umgehen: *Auf die Verwendung beider Geschlechtsformen wird, der Einfachheit halber und mit Blick auf die bessere Lesbarkeit des Textes, verzichtet.*

Darüber hinaus gibt es zahlreiche geschlechtsneutrale Alternativen, um eine maskuline Form im Schrift- und auch Sprachgebrauch zu vermeiden und zugleich präzise zu formulieren:

Beispiele für geschlechterneutrale Formulierungen

Generisches Maskulinum	Alternative geschlechterneutrale Bezeichnung
Arbeitnehmer	Beschäftigte
benutzerfreundlich	bedienungsfreundlich
Einwohner	Bevölkerung
Einer	Jemand

Jeder/Jedermann	alle
Keiner	Niemand
Jeder/Jedermann	alle
Mitarbeitergespräch	Beurteilungsgespräch, Qualifizierungsgespräch
Studenten	Studierende
Teilnehmer	Teilnehmende

5.4 Inhaltlich logisch schreiben

Um die inhaltliche Logik auch sprachlich abbilden zu können und damit im Sinne der Wissenschaft die Struktur Ihrer Arbeit und Ihrer Gedankenführung nachvollziehbar machen zu können, bietet sich Ihnen eine Vielzahl von Möglichkeiten. Speziell für das Schreiben wissenschaftlicher Arbeiten soll Ihnen dieser Abschnitt eine Unterstützung bieten, indem die wesentlichen Mittel und deren Gebrauch vorgestellt werden.

5.4.1 Konjunktionen und Aufzählungen

Eine besondere Rolle innerhalb des wissenschaftlichen Schreibens nehmen Konjunktionen ein. Konjunktionen oder auch Konnektoren sind Bindewörter. Sie bieten Ihnen eine große Unterstützung, denn sie verbinden Sätze oder Satzteile und verdeutlichen dabei zugleich die inhaltlich-logischen Zusammenhänge.

Beispiele für Konjunktionen:

austauschend	anstelle dessen/von, statt, anstatt, stattdessen, sondern
begründend	allein, da, daher, zumal, denn, weil, nämlich
bedingend	angenommen, falls, gegebenenfalls, gesetzt den Fall, dass ..., sofern, vorausgesetzt, wenn
einräumend	aber, dennoch, doch, dessen ungeachtet, unbeschadet dessen, gleichwohl, jedoch, allerdings, wenn auch, soweit wie möglich
einschränkend	außer, nur, dass ..., vorerst, vorbehaltlich, soweit es ... betrifft, unter Berücksichtigung von, solange
ergänzend	auch, außerdem, daneben, darüber hinaus, des Weiteren, ferner, und, sowie

erklärend	dass heißt, dass meint, dass bedeutet, und zwar, um ... zu
folgend	also, allein, daher, folglich, demzufolge, demnach, dementsprechend, hiermit, hierdurch, insofern, somit, sodass
gegensätzlich	dagegen, demgegenüber, während, wohingegen
vergleichend	als wenn, als wie, so wie, ebenso, ebenfalls, entsprechend
verhältnismäßig	je ... desto, je ... umso, je nachdem
zeitlich	als, bevor, dazwischen, zugleich, gleichzeitig, nachdem, seit, seitdem, währenddessen, unterdessen

Wer A sagt, muss auch B sagen – mehrgliedrige Konjunktionen
Mehrgliedrige Konjunktionen verbinden gleichrangige Sätze. Sie sind besonders hilfreich, wenn Sie einen inhaltlichen Gegensatz ausdrücken möchten.

Zum Beispiel:
weder – noch
teils – teils
sowohl – als auch
zwar – aber/doch
entweder – oder
einerseits – andererseits
auf der einen Seite –auf der anderen Seite
zunächst – anschließend

Gerade bei der Verknüpfung mittels einerseits – andererseits schleichen sich leicht Fehler ein. Vor dem *andererseits* oder *auf der anderen Seite* steht immer ein Komma. Sie können auch einen Punkt setzen, wenn Sie ihre Gegensätze weiter ausführen möchten. Allerdings hat sich schon so mancher in seinen weiteren Ausführungen verloren, so dass er das *andererseits* in seiner Gegenüberstellung im wahrsten Sinne des Wortes vergessen hat.

Aufzählungen
Ähnlich wie bei mehrgliedrigen Konjunktionen verhält es sich in Hinblick auf die logische Konsequenz auch mit Aufzählungen. Das heißt, wenn Sie mit *erstens* einen Abschnitt oder einen Satz beginnen, sollte in der Folge auch mindestens ein zweiter Gesichtspunkt genannt werden.

Im Idealfall haben Sie noch weitere Perspektiven, die Sie mit *drittens* oder *viertens* einleiten möchten. Aufzählungen eignen sich besonders, wenn Sie verschiedene Parameter oder Merkmale erklären und zusammenführen sowie bei Zusammenfassungen oder zur Begründung eines Ergebnisses. Sie können jedoch auch bei der Überleitung zu einem neuen Kapitel oder Abschnitt hilfreich sein.

Beispiele für Aufzählungen

als erstes	folglich
als nächstes	hinzufügen
als weitere	im Folgenden
anschließend	in der Konsequenz
abschließend	in der Folge
ansonsten	in weiteren Betrachtungsfeld
auch	im Übrigen
auch noch	im Weiteren
außerdem	komplettieren
basierend auf	nachtragen
bezugnehmend auf	neben
daneben	noch
dann	schließlich
darauf aufbauend	sonst noch
darüber hinaus	sowie
dazu kommt	und
des Weiteren	überdies
erstens (zweitens, etc.)	vervollständigen
ergänzend	weiterhin
erweiternd	zudem
ferner	zusätzlich

5.4.2 Nominal- und Verbalstil

In wissenschaftlichen Arbeiten steht nicht der Autor im Mittelpunkt, sondern die Herangehensweise an die Problemstellung oder eine Analyse sowie die Herleitung und Einordnung der Ergebnisse. Daher wird leider vielfach der Nominalstil verwendet. Der Bezeichnung leitet sich von dem lateinischen Begriff Nomen für Substantiv ab und bedeutet, dass man in den Satzkonstruktionen weitgehend auf Vollverben verzichtet und stattdessen zahlreiche Substantive verwendet. Zwar wirkt ein Text mit vielen Substantivierungen zunächst sachlich aufgeräumt und damit wissenschaftlich, zugleich macht der Nominalstil ihn auch extrem sperrig und führt auf Dauer zur schnellen Ermüdung des Lesers. Wo es geht, vermeiden Sie daher am besten diesen doch eher schwerfällig-statischen Stil. Die Wissenschaftssprache sollte sachlich präzise sein, aber das heißt nicht zwangsläufig, dass sie auch ermüden oder langweilen soll. Vereinfachen Sie komplizierte Sätze, indem Sie Substantivierungen durch Verben ersetzen, um den Text lesefreundlicher und vor allem auch verständlich zu machen. Das nachfolgende Beispiel nach Feldheim (o. J., o. S.) zeigt eine Möglichkeit, verklausulierte Sprachkonstruktionen aufzulösen und die eigentliche Aussage auf den Punkt zu bringen:

(Schlechtes) Beispiel:
Die Komplexität des Aufbaus eines Preissystems ist für die Entstehung einer **Auswahlsituation** *mit hohem Schwierigkeitsgrad verantwortlich.*
Bessere Alternative:
Bei einem komplexen Preissystem ist es für den Kunden schwer, ein Produkt zu **wählen.**

Der Nominalstil eignet sich jedoch hervorragend dazu, die Ich-Form zu vermeiden (▶ **Kap. 5.6**) oder eine prägnante, kurze Wirkung zu erzielen (zum Beispiel auch bei Überschriften, Legenden, in Handlungsanleitungen etc.).

5.4.3 Aktive und passive Formulierungen

Wissenschaftliche Aufsätze sind häufig im Passiv geschrieben. Das heißt, im Vordergrund des Inhaltes steht nicht eine handelnde Person, sondern ein Prozess, eine Ableitung oder ein Ergebnis.

Zum Beispiel:
Aktiv: Der Marketingexperte hat das Image des Unternehmens durch eine gezielte Kommunikationsstrategie deutlich aufgewertet.
Passiv: Durch eine gezielte Kommunikationsstrategie wurde das Image des Unternehmens deutlich aufgewertet.

In passiven Sätzen fällt das Subjekt zugunsten des Objekts weg. Anstelle dessen tritt das Objekt. Passivkonstruktionen klingen zwar stets sachlich, ermüden jedoch auf Dauer den Leser. Sie sind nur dann sinnvoll, wenn ein Ergebnis oder eine Handlung im Fokus der Betrachtung steht oder wenn es darum geht, den Autor in den Hintergrund treten zu lassen (▶ **Kap. 5.5**). Daher sollten Sie versuchen, soweit wie möglich aktive Formulierungen zu verwenden.

5.5   Wer ist hier der Autor – man, wir oder ich?

Wie bereits mehrfach betont, gilt für eine wissenschaftliche Arbeit stets: Sie muss überprüfbar sein, die Gedankengänge müssen für den Leser nachvollziehbar sein. Der Leser muss wissen, wie Sie zum Ergebnis Ihrer Arbeit kommen, welche Informationen und Untersuchungen Sie zu Ihren Schlussfolgerungen führen (▶ **Kap. 4.1**) und wie Sie diese abschließend bewerten. Für viele Studierende stellt sich an dieser Stelle die Frage: *Wie teile ich das meinem Leser mit? Darf man ›ich‹ schreiben?* Die Antwort gleich vorab: Ja, Sie dürfen! Zwar ist die Vermeidung der Ich-Form stark verbreitet, doch nicht zwingend. Es ist durchaus zulässig, logisch geordnete Gedankengänge, die daraus resultierende Ausarbeitung und mögliche Ergebnisse in Ich-Form darzustellen. Sie sollten die Autorenreferenz in Hinblick auf die Ich-Form in jedem Fall vor Beginn Ihrer Arbeit mit Ihrem Betreuer besprechen. Möglicherweise gibt es hier persönliche Vorlieben. Sachlicher und souveräner wirkt jedoch ein Text, wenn er nicht in dieser persönlichen Form geschrieben ist.

Die Ich-Form ist den meisten noch aus der Schulzeit vertraut: In Erzählungen oder Romanen begegnet Ihnen häufig der Autor, indem er aus der Ich-Perspektive schreibt. Der Autor ist damit gegenwärtig und tritt klar in Erscheinung – eine zulässige Perspektive für einen prosaischen Text. Aber: In wissenschaftlichen Arbeiten sollte der Verfasser weitestgehend im Hintergrund bleiben und nicht als Hauptperson in Erscheinung treten. Beim Schreiben in der Ich-Form besteht die Gefahr, in einen Erzählstil zu verfallen, der einen Eindruck von subjektiver Betrachtungsweise und Bewertung entstehen lässt.

Bei **Passivwendungen** wird immer eine Personalform des Verbs *werden* mit dem Partizip Perfekt zusammen. In Hinblick auf das wissenschaftliche Schreiben wird meistens die 3. Person Singular verwendet – mit einer Person oder einer Sache oder einem Vorgang *wird etwas gemacht* –, so dass der Handlungsträger weglassen werden kann und somit die Sache in den Vordergrund rückt (▶ **Kap. 5.4.2**).

> **Beispiele:**
> Ich teile dazu das Segment in vier Rubriken ein.
> Das Segment wird hierzu in vier Rubriken unterteilt.
> Vor diesem Hintergrund wird das Segment in vier Rubriken gegliedert.

Der Nominalstil bietet mittels der Substantivierung eine weitere Möglichkeit, den Autor außen vor zu lassen und eine Sache, ein Ergebnis oder einen Vorgang in den Mittelpunkt der Aussage zu stellen (▶ **Kap. 5.4.2**).

Beispiele:
Ich leite die Variablen auf Basis der erarbeiteten Kriterien wie folgt ab: ...
Die Ableitung der Variablen erfolgt auf Basis der erarbeiteten Kriterien, das heißt, ...
Die Ableitung der Variablen basiert auf den erarbeiteten Kriterien wie folgt: ...

Na also! Damit haben Sie schon einmal zwei wesentliche Möglichkeiten wissenschaftlich-sachlicher Formulierung kennengelernt. Sie können sachlich und präzise schreiben – das grammatikalische Grundwissen haben Sie bereits! Mit dem Nominalstil und Passiv-Formulierungen bietet Ihnen die Grammatik sozusagen elegante Möglichkeiten, *sich* geschickt aus der Affäre zu ziehen.

Das unpersönliche »man«: »Eine abschließende Betrachtung findet man im Schlussteil der vorliegenden Arbeit.« In diesem Fall dient das *man* dazu, einer Aussage Allgemeingültigkeit zu verleihen. Es kann auch verwendet werden, wenn das handelnde Subjekt nicht von Relevanz oder unbekannt ist. Geht es allerdings zum Beispiel um differenzierte Betrachtungsweisen, empfiehlt sich das unpersönliche *man* nicht. Zum Beispiel: »Man glaubte lange Zeit, dass ...«. Hier stellt sich die Frage, *wer* hier etwas glaubte. Denn mal ehrlich, wer ist hier mit *man* gemeint? Sie und ich? Der Volksmund, eine Forschervereinigung, eine kleine Gruppe? *Man* wird hier zu einem ungenauen Platzhalter für eine Allgemeinaussage und kann im schlimmsten Fall einen manipulativen Anschein beim Leser erwecken. Von solchen verallgemeinernden und somit wenig konkreten Aussagen ist vor diesem Hintergrund dringend abzuraten, es sei denn, Sie zitieren wörtlich.

Das unpersönliche »es«: »Es finden sich im Zuge der empirischen Untersuchungen deutliche Unterschiede in Hinblick auf ...« – in diesem Satz findet *es* ähnliche Verwendung wie *man*. Es wird als Platzhalter eingesetzt für ein anderes Subjekt oder weist darauf hin. Mit einem *es* umgehen Sie, den Leser direkt oder persönlich anzusprechen. »Sie finden im Zuge der empirischen Untersuchungen deutliche Unterschiede in Hinblick auf...« würde doch seltsam klingen. Wenngleich auch diese (Leser-)Ansprache zuweilen in der Wissenschaftsliteratur vorkommt, ist sie doch zu vermeiden. Der Leser wird nur ungern direkt mit *Sie* angesprochen.

Das kollektive oder pädagogische »wir«: »Wie wir in Kapitel 3 bereits festgestellt haben, ...« – hier schafft das *wir* sicherlich die Stimmung einer Autor-Leser-Gemeinschaft und kann durchaus bestimmte (partizipative) Empfindungen hervorrufen. Doch hat dies nur wenig mit dem wissenschaftlich sachlichen Stil Ihrer Arbeit zu tun. Die gelegentliche Verwendung von *wir* ist ohne Bedenken zulässig. Allerdings sollten Sie darauf achten, auch eine gewisse Distanz zum Leser, den Sie in aller Regel ja auch nicht kennen, einzuhalten und eine durchgehende Wir-Form vermeiden. Denn ähnlich wie beim unpersönlichen *man* wird sich der eine oder andere Leser ebenfalls die Frage stellen, wer hier letztlich gemeint ist. Bleiben Sie präzise und gehen Sie deshalb sparsam mit dem *wir* um.

Wir anstelle des *ich* zu setzen (im Sinne des **pluralis majestatis**) gilt heutzutage als antiquiert. Abgesehen davon sollten Sie allgemein besser nicht von sich, erst recht nicht im Plural sprechen, das könnte falsche Schlüsse zulassen. Nur wenn Sie tatsächlich mehrere Autoren sind und ein Gemeinschaftswerk erstellt haben, bietet es sich an, in der Wir-Form zu schreiben.

Deagentivierung: »Die Arbeit beschäftigt sich im Folgenden ...« oder »Die Arbeit hat ergeben, dass ...« – bei der Deagentivierung wird der Agent, das heißt die eigentlich handelnde Person oder das Subjekt, im Schreibprozess weggelassen. Stattdessen lässt der Autor die Sache sprachlich selbst wie eine Person ausführen. Anstelle von »*ich werde in Kapitel 4 diesen Aspekt noch einmal vertiefen*« würde »*das Kapitel also diesen Aspekt noch einmal vertiefen*«. Ob diese Methode logisch sinnvoll ist (*Kann eine Arbeit untersuchen?* oder *Kann ein Kapitel vertiefende Einblicke geben?*), mag jeder für sich selbst entscheiden. Tatsache ist es, dass diese Form heute gängig und nach herrschender Meinung in einer wissenschaftlichen Arbeit auch zulässig ist.

5.6 Kleine Finessen

5.6.1 Häufig falsch verstandene oder verwechselte Wörter

Besonders in wirtschaftswissenschaftlichen Abhandlungen wird beispielsweise das Wort *Konkurrenz* verwendet. Es ist verständlich, wenn Studierende das Wort durch den Begriff *Wettbewerb* im Textverlauf ersetzen, um sprachliche Abwechslung zu schaffen. Mit Wettbewerb assoziieren viele Leser jedoch eine sportliche Herausforderung. Bleiben Sie daher gerade bei Themen im wirtschaftlichen Kontext bei der *Konkurrenz*.

Wählen Sie Ihre Begriffe genau. Wenn Sie sich unsicher im Gebrauch sind, schlagen Sie im Duden oder einem Fachlexikon nach, denn der Fehlerteufel versteckt sich bekanntlich gerne im Detail. Selbst Studierenden der Wirtschaftswissenschaften unterläuft in den ersten Semestern manchmal noch der Faux-pas *Umsatz* und *Gewinn* zu verwechseln. Die beiden Begriffe aus der Betriebswirtschaftslehre scheinen zunächst ja auch nah beieinander zu liegen, doch gibt es einen entscheidenden Unterschied: Der *Umsatz* ergibt sich aus allen verkauften Produkten oder Leistungen, kurz allen Erlösen eines Unternehmens oder auch aus selbstständiger Tätigkeit innerhalb eines bestimmten Zeitrahmens etwa pro Quartal oder eines Jahres. Durch die Abzüge aller Aufwendungen und Steuern errechnet sich der *Gewinn*.

So schnell wie festgesetzte Begriffe wie rechts und links beispielsweise verwechselt werden, gibt es Wörter, die häufig falsch benutzt oder verstanden werden. Die nachfolgende Auflistung soll Ihnen eine Übersicht geben.

Beispiele für häufig falsch verstandene oder verwechselte Wörter

anthologisch ausgewählt *(*von **Anthologie** = Sammlung ausgewählter literarischer Texte)
anthropologisch die **Anthropologie** betreffend (nach Rudolf Steiner (1861–1925) begründete weltanschauliche Lehre auf der auch die Waldorfpädagogik basiert)

demografisch wirtschafts- und sozialpolitische Bevölkerungsbewegungen betrachtend
demoskopisch auf Meinungsumfragen basierend

differenziert bis ins Kleinste unterscheidend, nuanciert
dezidiert sicher, bestimmt unmissverständlich, entschieden

effektiv wirkungsvoll, lohnend, nutzbringend
effizient wirtschaftlich, ökologisch mit wenig Aufwand möglichst viel erreichen

emigriert jemand der ausgewandert, geflüchtet ist (politisch)
emeritiert in den Ruhestand versetzter Hochschulprofessor

essenziell lebensnotwendig, wesentlich
existenziell daseinsbedingt, kernhaft
existenzialistisch die Lebenseinstellung des Existenzialismus vertretend

evakuieren bei drohender Gefahr, Räumen von Gebäuden, um Menschen/ Güter in Sicherheit zu bringen
evaluieren sach- und fachgerecht beurteilen, bewerten

extrahieren die (Quint-)Essenz, den wesentlichen Inhalt aus etwas herausziehen
exaltieren sich übertrieben über eine Sache oder Jemanden aufregen

ideal die höchste Vorstellung betreffend
ideell geistig, der Idee entsprechend

idealistisch den Idealismus betreffend, wirklichkeitsfremd, unrealistisch, romantisch
ideologisch einer Ideologie entsprechendes überzeugtes Handeln, wirtschaftlich, politisch, materiell, oder religiös

illegal per Gesetz verboten, nicht erlaubt
illoyal verräterisch, ungetreu, den Gegner nicht respektierend

integer anständig, untadelig, moralisch einwandfrei, unbestechlich
intrigant hinterhältig, unaufrichtig

intellektuell verstandesmäßig, weltgewandt, kultiviert, geistreich
intelligent klug, gescheit, begabt

islamisch zum Islam gehörend; muslimisch
islamistisch auf dem Islam beruhend, von ihm geprägt, extreme Ausformung

nominal dem Nennwert nach, zahlenmäßig
nominiert ein für eine Auszeichnung, Preis oder Amt vorgeschlagene Person

ökologisch umweltbewusst, umweltfreundlich
ökonomisch sparsam, wirtschaftlich mit größtmöglichen Nutzen verbunden
ökumenisch gemeinsames Vorgehen der christlichen Kirchen und Konfessionen

praktikabel (für einen bestimmten Zweck) anwendbar, nutzbar, geeignet
praktisch praxisbezogen, wirklichkeitsnah

profan nichts Besonderes, gewöhnlich, alltäglich
profund gründlich, tief, umfassend

relativieren etwas zu etwas anderem in Beziehung setzen und dadurch seinen Wert im Vergleich zu bestimmen
revidieren etwas auf seine Richtigkeit überprüfen und es ggfs. korrigieren

Regression langsamer Rückgang, rückläufige Tendenz
Repression (gewaltsame) Unterdrückung von Kritik, Widerstand, politischen Bewegungen oder individuellen Bedürfnissen

Rezension kritische Besprechung im Kulturbereich (z. B. Literatur, Theater-, Film oder Musikkritik etc.)
Rezession konjunktureller Abschwung, Wirtschaftskrise

universal gesamtheitlich, umfassend, weltweit
universell vielseitig, allgemein

sozial geregeltes Zusammenleben der Menschen in Staat und Gesellschaft, dem Allgemeinwohl dienend
sozialistisch den Sozialismus betreffend (Gesellschaftsmodell)
soziologisch auf der Soziologie basierend, einordnend, einteilend, klassifizierend

Symbol Sinnbild, Formelzeichen, Zeichen
Synonym sinn- oder bedeutungsverwandtes Wort

5.6.2 Political Correctness

Political Correctness[4] bezeichnet nach herrschender Meinung das Schlagwort der politischen Korrektheit, das jeweils auf der Basis unseres westli-

---

4 Der Begriff Political Correctness ist antithetisch besetzt. Der These, diskriminierende und diffamierende Begriffe zu vermeiden, steht die Antithese gegenüber, wonach Political Correctness als Zensur, Sprachreglementierung oder Sprechverbot betrachtet wird. In diesem Abschnitt soll lediglich vor dem Hintergrund des aktuellen Sprachgebrauchs und seiner Entwicklung auf (ab-)wertende, negativ besetzte oder unsachliche Bezeichnungen und deren aktuelle Alternativen hingewiesen werden, um für einen weitmöglichst sachlichen und verantwortungsvollen Sprachgebrauch zu sensibilisieren.

chen, moralischen Wertesystems definiert oder mit Bedeutungsgehalt ge-
füllt wird und heute besondere Aufmerksamkeit erfährt. Grundlage dieses
Begriffs ist der Anti-Diskriminierungsgedanke. Political Correctness steht
für das wachsende Bewusstsein, die Interessen von ethnischen oder sozialen Minderheiten stärker zu beachten und vor diesem Hintergrund
Diskriminierungen im Sprachgebrauch zu vermeiden, die bislang tole-
riert oder schlichtweg nicht erkannt wurden. Gerade bei wissenschaftlichen Arbeiten, etwa zu Themen wie *Fachkräftemangel und Zuwanderung*
oder der *Asyldiskussion*, gibt es immer wieder Bezeichnungen für bestimmte Bevölkerungsgruppen, die noch vor einigen Jahren selbstverständlich benutzt wurden. Doch im Zuge der Sensibilisierung für diskriminierende Äußerungen gegenüber existenziell, politisch, sozial, geistig
oder körperlich benachteiligten Menschen werden einige Begriffe derzeit
nicht mehr verwendet – ganz aktuell die Bezeichnung *Zigeunersauce* für
eine Paprika-Sauce. Einige Bezeichnungen, die uns möglicherweise seit
Kindertagen vertraut sind – denken wir einfach mal an den Sarotti-Mohr
–, gelten aufgrund ihres, zweifellos ungewollt diskriminierenden Charak-
ters als politisch inkorrekt. Diffamierende und diskriminierende Ausdrü-
cke sind wertend, damit unsachlich und sollten auch keinen Einzug in
Ihre Arbeit finden. Die folgende Tabelle soll Ihnen Beispiele für politisch
nicht länger korrekte Begriffe und ihre – *politisch korrekten* – Alternativen
aufzeigen.

Tab. 8: Beispiele für politisch inkorrekte Begriffe und ihre politisch korrekten Entsprechungen

Politisch inkorrekt	Politisch korrekt
Ausländer	Migranten, Menschen mit Migrationshintergrund/ Zuwanderungsgeschichte
Neger/ Mohr	Schwarze, Afroamerikaner (USA)
Negerkuss	Schaumkuss/ Schokoladen(schaum)kuss
Zigeuner	Sinti und Roma
Eskimo (dt. = Rohfleischesser)	Inuit
Dritte Welt	Entwicklungsland/-länder
Behinderte	Menschen mit Behinderungen
mongoloid	Down Syndrom
Lernbehinderte	Förderschüler
Rollis	Mobilitätseingeschränkte
fett	vollschlank/ adipös

Tab. 8: Beispiele für politisch inkorrekte Begriffe und ihre politisch korrekten Entsprechungen – Fortsetzung

Zuckerkranke	Diabetiker
Sekretär/in	(persönliche/r) Assistent/in
Putzfrau	Raumpflegerin
Müllmann	Entsorgungsbeauftragter
Hausmeister	Facility Manager

5.7 Zusammenfassende Tipps

☺ Je klarer der Autor seine Gedanken ordnet und formuliert, desto höher ist die Aufnahmebereitschaft des Lesers.

☺ Fertigen Sie sich vor dem Schreiben eines Kapitels jeweils ein Konzept an. Schreiben Sie sich die wichtigsten Gedanken (»roter Faden«) auf und bringen diese in eine logische Abfolge.

☺ Die logische Abfolge der Information ist die Basis der Argumentation.

☺ Wichtige Informationen gehören in Hauptsätze.

☺ Definieren Sie Begriffe und Abkürzungen.

☺ Suchen Sie nach dem treffenden Wort.

☺ Vorsicht bei Bildern und Sprachklischees.

☺ Geizen Sie mit Fremdwörtern.

☺ Verbannen Sie den »Blähstil«.

☺ Lesen Sie sich Ihren Text laut vor. Das mag sich im ersten Augenblick komisch anhören. Doch Sie werden dabei merken, wie holprig so mancher Satz anmutet, oder dass der Zusammenhang, den Sie herstellen wollten, nicht deutlich genug wird und Sie noch einmal neu formulieren müssen.

☺ Konjunktionen unterstützen Sie bei der Verdeutlichung der inhaltlichen Logik.

☺ Auf ein *einerseits* muss in der logischen Konsequenz auch ein *andererseits* folgen. Gleiches gilt für *erstens*.

☺ Vermeiden Sie die Ich-Form. Es gibt viele andere Möglichkeiten, wissenschaftliche Inhalte sachlich zu beschreiben, ohne dabei zu langweilen.

☺ Verwenden sie Verben anstelle von Substantivierungen – nutzen Sie den Nominalstil nach Möglichkeit nur für kurze und knappe Darstellungen oder als Alternative zur Ich-Form.

☺ Benutzen Sie nur Wörter, über deren Bedeutung und Verwendung Sie sich auch wirklich im Klaren sind, ansonsten schlagen Sie sicherheitshalber im Duden nach.

☺ Vermeiden Sie Füllwörter.

6 Aller Anfang ist nicht (!) schwer – Schreibblockaden überwinden

Ein kühnes Beginnen ist halbes Gewinnen.
Heinrich Heine (1797 – 1856)

Im Mittelpunkt dieses Kapitels stehen Lösungswege und Einstiegshilfen, um den Einstieg in den Schreibprozess zu finden und fließend weiterschreiben zu können. Konkret geht es darum,

- die individuelle, innere Schreibbalance zu finden,
- überhaupt erst den Einstieg zu finden,
- Konzentration aufzubauen und zu halten,
- zur Zufriedenheit mit dem eigenen Text zu gelangen.

6.1 Entspannt schreiben und bleiben

Jetzt sind sie schon einen großen Schritt weiter: Sie haben sich in Ihr Thema eingefunden, es eingegrenzt, die Literaturrecherche und Materialauswertung abgeschlossen, die Gliederung steht und Ihr Betreuer hat Ihnen grünes Licht gegeben. Prima, dann geht es jetzt ans Schreiben – und zwar ganz entspannt! Nun fragen Sie sich: *Aber wie schreibe ich das denn alles auf?* Diese Frage taucht bei vielen Studierenden spätestens zu diesem Zeitpunkt auf. Vorweg sei an dieser Stelle angemerkt: Machen Sie sich keine unnötigen Gedanken, Sie werden das gut machen. Es gibt keine maßgeschneiderte Vorlage, denn Wissenschaft lebt nun einmal von individuellem Gedankengut und eigenständig erarbeiteten Lösungen oder Lösungsansätzen, die als Grundlage des wissenschaftlichen Austausches (▶ **Kap. 4.1**) dient. Dies schließt die Sprache und den Sprachstil mit ein. Wichtig ist es, sich an einige Regeln des wissenschaftlichen Schreibens zu halten, die Ihnen das Kapitel aufzeigt und an Beispielen praxisnah belegt.

Vertrauen Sie auf sich und Ihr Gefühl. Sie haben allen Grund dazu. Denn während die einen gerne schreiben, löst das Schreiben-Müssen bei den anderen Unbehagen aus und führt zu Verkrampfungen. Besonders denjenigen, die sich mit dem Schreiben schwer tun, wird Otto Kruse (1998, S. 24) in seinem Buch *Keine Angst vor dem leeren Blatt* aus der Seele sprechen, wenn er sagt:

Das stille Blatt und die Aufforderung: Fülle mich! Diese Aufforderung kann Wirbel von milchstraßenartiger Größe im Kopf hervorrufen, in denen Gedanken und Gefühl sich jagen, ohne eine feste Kontur, geschweige denn einen Einleitungssatz zu bilden.

Im Sinne von Krämer (2009, S. 170) hilft hier tatsächlich nur eines, nämlich einfach mit dem Schreiben anzufangen. Doch was, wenn man sich trotz aller inneren und aktiven Motivation plötzlich wie blockiert fühlt und keinen Satz zu Stande bringt? Psychologen sprechen hier auch von Schreibblockaden. Eine Schreibblockade bezeichnet ein psychisches Problem, bei dem Autoren für einen unbestimmten Zeitraum nicht in der Lage sind, einen zusammenhängenden Text zu verfassen. Schreibblockaden äußern sich zum Beispiel durch generelles Unwohlsein am Arbeitsplatz beim Blick auf den Bildschirm und das noch zu schreibende Dokument, durch das Gefühl das Gelesene oder Gedachte einfach nicht richtig auf den Punkt bringen zu können oder den richtigen Einstieg zu finden. Die Hauptursachen hierfür liegen oft in nicht klar strukturierten Gedanken oder der Angst vor einem kritischen Leser – in erster Linie dem Prüfer. Das muss jedoch nicht sein und vor allem nicht so bleiben! Die folgenden Anregungen sollen Ihnen Tipps für einen erfolgreichen Einstieg (▶ **Kap. 6.2**) und Durchhaltevermögen geben.

Kein Hausbau ohne Baustelle – Die Baustellen-Taktik
Es wurde in diesem Buch bereits betont, dass Sie der Architekt Ihrer Bachelorarbeit sind. Das heißt, Sie haben auf Basis der statischen Rahmenbedingungen, der formalen und textlichen Anforderungen, alle Freiheiten, Ihr »Bauvorhaben«, also Ihre Arbeit, individuell zu gestalten. Es gibt keine zwingenden Vorgaben zur Ausgestaltung Ihrer Textteile: Einige schreiben sukzessive ihrer Gliederung folgend vom Anfang bis zum Ende und arbeiten sich somit Kapitel für Kapitel vor. Andere wiederum gehen nach der Baustellen-Taktik vor, indem sie zunächst ein Kapitel oder Unterkapitel schreiben, um sich im nächsten Schritt dem nächstfolgenden oder einem ganz anderen zu widmen. All das ist kompatibel, zulässig und lässt Ihren persönlichen Vorlieben freien Raum.

Die Baustellen-Taktik ist dann sehr hilfreich, wenn man keinen richtigen Anfang für das nach dem logischen Aufbau folgende Kapitel findet oder das Gefühl hat, einfach nicht von der Stelle zu kommen. Erfahrungsgemäß ist es in diesen Situationen leichter, mit einem Kapitel zu beginnen, zu dem man bereits über ein breites Vorwissen verfügt oder an dem man persönlich ein großes Interesse hat. Der Schreibfluss wirkt motivierend und führt Sie, wie die folgende Abbildung zeigt, genauso wie die lineare Vorgehensweise zum Ziel. Darüber hinaus werden Sie Ihr Wissen sukzessive durch die Literatur erweitern. Dabei entstehen im

Zuge des Arbeits- und Schreibprozesses auch neue Ideen, die sich in den meisten Fällen auch als Lösung des Problems herauskristallisieren. Also, nutzen Sie diese Chance und legen Sie los!

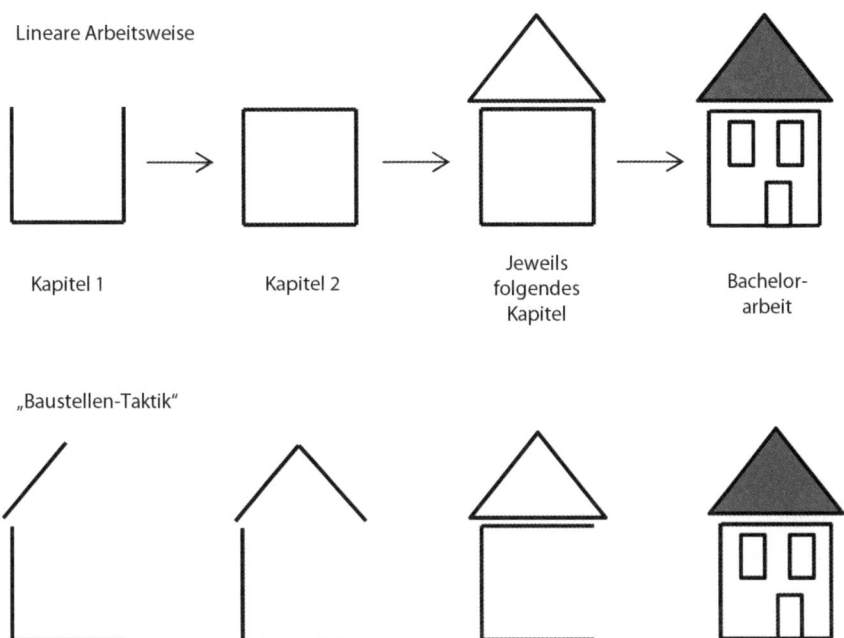

Abb. 34: Im Schreibfluss bleiben – Arbeitstechniken

Richten Sie sich Ihren Arbeitsplatz dementsprechend ein mit allem, das Sie dafür benötigen, um nicht zwischendurch aufstehen und etwas holen oder gar noch suchen zu müssen. Das beeinträchtigt nämlich nicht nur Konzentration und Schreibfluss, sondern stiehlt Ihnen wertvolle Zeit. Überlegen Sie sich, was Ihre wichtigsten Arbeitsmaterialien sind (Rechner/Laptop, Literatur, farbliche Klebezettel, um Inhalte besser zu strukturieren, Textmarker, Stifte, Papier für eigene Notizen/Brainstormings, Duden, Fachlexika etc.) und stellen sich alles bereit.

Eine gute Übersicht schafft Klarheit und fördert die Konzentration
Ordnen Sie sich alles so, wie es Ihnen angenehm und optimal zugänglich erscheint. Eine gute Übersicht am Schreibtisch erhöht die Konzentration. Dasselbe gilt auch für die Datenordnung im PC. Versuchen Sie auch hier, für sich eine übersichtliche Struktur zu schaffen. Das können beispielsweise Ordner zu verschiedenen Teilen der Arbeit sein oder Dateien zu einzelnen Kapiteln, Verzeichnissen oder Gesprächsprotokollen mit dem Betreuer.

Rechtschreibung und Sicherung

Haben Sie auch Ihr elektronisches Rechtschreibprogramm aktiviert? Sehen Sie vorsichtshalber noch einmal nach. Das Rechtschreibprogramm erkennt nicht alle Fehler, doch vermittelt es den meisten Autoren während des Schreibens ein sichereres Gefühl. Auch eine regelmäßige Sicherung des Dokuments ist empfehlenswert. Die Sicherungsfrequenzen können Sie ebenfalls im Vorfeld einstellen. Alle zehn Minuten sollte ausreichen. Nach beendeter Arbeit ist es ebenfalls ratsam, die Datei zusätzlich auch noch einmal an die eigene E-Mail-Adresse zu senden und/oder auf einem Stick zu speichern für den Fall, dass der Rechner plötzlich einen Defekt aufweisen sollte.

Bis hierher und wie weiter?

Nicht immer fließt der Text so, wie man es gerne hätte. An einigen Tagen schafft man ein ganzes Kapitel oder sogar mehrere Gliederungspunkte, an anderen Tagen geht es hingegen nur schleppend voran und am Ende des Tages steht man gerade mal vor einem einzelnen Abschnitt. Lassen Sie sich davon nicht aus der Ruhe bringen. Erstens ist die Tagesform bei keinem Menschen immer gleich und zweitens gibt es auch immer Unterkapitel, die einem mehr oder weniger liegen. Das ist ganz normal. Eine kurze Pause verbunden mit einem kleinen Spaziergang an der frischen Luft kann manchmal Wunder bewirken, um den Kopf frei zu bekommen und sich mit neuem Elan wieder an die Arbeit begeben zu können. Wichtig ist es, dabeizubleiben, das heißt regelmäßig zu schreiben und Ihre Zeitplanung einzuhalten. Hakt es an einer Stelle, kann es durchaus hilfreich sein, mit einem anderen Abschnitt zu beginnen (▶ **Abb. 33**). Sie werden sehen, wie sich auch dadurch Ihre Bachelorarbeit Schritt für Schritt weiterentwickelt.

Eine Notizbuch für alle Fälle: Tagebuch einer Bachelorarbeit

Bestimmt kennen Sie das auch: Sie haben etwas gelesen oder gehört, dem Sie *später* unbedingt noch einmal nachgehen wollen. Doch zu Hause angekommen oder am Ende des Arbeitstages weiß man gar nicht mehr genau, was man eigentlich nachschlagen oder überprüfen wollte. Es ist daher empfehlenswert, immer ein Notizbuch oder eine Kladde mit Stift bei sich zu tragen, um spontane Gedanken oder treffende Formulierungen, die einem oft ganz unerwartet und nicht am Arbeitsplatz in den Sinn kommen, direkt und schriftlich festzuhalten oder einzukleben. Das können Fragen sein, die sich Ihnen plötzlich stellen, Antworten, die Sie finden, aber auch Grafiken, Diagramme, Bilder, Titel möglicher Kapitel oder Unterkapitel, noch unerledigte Aufgaben sowie zu lesende Artikel oder die Recherche bestimmter Quellen – kurzum: Alles, was Ihnen rund um Ihr Thema einfällt und Ihre weitere Arbeit bereichern könnte. Mit diesem Notizbuch am Schreibtisch und Ihrer Gliederung fällt es leichter, die Rohfassung zu beginnen. Einige Studierende haben es darüber hinaus als hilfreich empfunden, sich speziell für die akademische Arbeit eine Kladde in Form eines *Bachelorarbeitstagebuches* anzulegen. Dieses könnte zum Beispiel in einen Zeitplan sowie tägliche und wöchentliche Arbeitseinheiten und -ziele unterteilt sein und Raum für eigene Notizen bieten. Insbesondere der tägliche Arbeitsplan, den Sie selbst festlegen, kann eine Motivationshilfe während der Schreibphase sein – vorausgesetzt Sie setzen sich ein realistisches Arbeitspensum. Anschließend können Sie die erledigten Punkte durchstreichen oder abhaken. Für die meisten ist das ein befreiendes Gefühl, ein Ansporn für den nächsten Tag gibt.

Unzufrieden mit dem eigenen Text?
Es gibt immer wieder Situationen, in denen man mit dem eigenen Text partout nicht zufrieden ist, weil einzelne Sätze zu kompliziert sind und der gesamte Abschnitt schwerfällig wirkt, weil er die eigentliche Aussage nicht hundertprozentig wiedergibt oder weil man schlichtweg nicht weiß, ob das zuvor Geschriebene nun gut oder doch *irgendwie misslungen* ist. Auch diese Situation kennt jeder Autor. Lesen Sie sich den Satz oder Abschnitt einfach laut vor – durch die Verbalisierung wird der Text konkreter. Oftmals hört man dabei selbst schon heraus, was fehlt oder stolpert über das, was möglicherweise zu aufgebläht formuliert ist und den Schreib- und Lesefluss schwerfällig macht.

Alternativ dazu – und das empfiehlt sich während der gesamten Erstellungsphase – sollten Sie Freunde oder Bekannte um Ihre Meinung bitten. Außenstehende haben Abstand zum Gegenstand der Betrachtung, so dass es ihnen leichter fällt, das Wesentliche auf den Punkt zu bringen. Das bedeutet im Umkehrschluss, dass Schwachstellen schneller sichtbar werden und sich dann gezielt bereinigen lassen.

Eine weitere Möglichkeit besteht darin, den Text einfach mal zwei bis drei Tage ruhen zu lassen und sich in der Zwischenzeit dem nächsten (Unter-)Gliederungspunkt zu widmen. Zu sehen, wie es dennoch Stück für Stück vorangeht, schafft Selbstvertrauen und verhindert Stagnation. Wenn Sie sich nach einigen Tagen Abstand erneut an den Text setzen, werden Sie feststellen, dass er entweder doch gar nicht so schlecht ist und an einigen Stellen vielleicht noch ein wenig schleifen. Oder aber es wird Ihnen klar, warum Sie mit der Textpassage in Hinblick auf ihren sprachlichen oder wissenschaftlichen Anspruch unzufrieden sind.

6.2   Den Einstieg finden

Möglichkeiten, die Gedanken zu ordnen – zum Beispiel durch Hilfsfragen, nach dem Kriterienkatalog und dem Mind Mapping – haben wir bereits in Kapitel 1.4 kennengelernt. Wählen Sie die für Sie geeignetste Methode aus, wenn es mit den vielen Gedanken im Kopf und deren Anordnung – nämlich Seite für Seite – auf dem Papier nicht so recht klappen mag. Denn genau hierin liegt das Problem: *Das beißt sich, das bringt man nicht ohne Schmerzen aufs Papier* (Krämer 2009, S. 170). Einige Autoren sprechen in diesem Zusammenhang auch von Schreibschmerz. Ein einheitliches Schreibschema gibt es nicht. Aber das eröffnet Ihnen auch die Chance, einen individuell auf Sie zugeschnittenen Schreibmodus zu entwickeln und bei Ihrem einmal eingeschlagenen Weg zu bleiben. Die Gliederung, in die Sie zuvor so viel Zeit und Überlegungen gesteckt haben, bietet Ihnen jetzt eine gute Orientierung dazu. Denn eine *1:1-Gehirn-Papier-Abbildung* (vgl. Krämer 2009, S. 170) ist schlichtweg nicht möglich, aber mit einer gut durchdachten Gliederung im Hinterkopf schreibt es sich viel leichter (vgl. Krämer 2009, S. 170). Bei einer Sache können Sie sich ganz sicher sein: Die erste Fassung Ihrer Arbeit wird nicht die letzte sein, aber mit jeder Überarbeitung besser werden. **Deshalb: Fangen Sie einfach an!** Einige Studierende nehmen sich beispielsweise vor, die erste Seite wegzuwerfen. Wer sich mit dem Schreiben – vor allem mit *dem richtigen Anfang* – etwas schwer tut, für den kann diese Methode eine durchaus entlastende Wirkung haben. Denn egal, was sie zunächst schreiben, Sie kommen damit überhaupt erst einmal in den Schreibfluss – und das ist das Wichtigste. Einmal begonnen, werden Sie automatisch weiterschreiben. Machen Sie sich dabei zunächst keine großen Gedanken um den perfekten Ausdruck. Der wird während des Schreibprozesses und der Überarbeitung von ganz allein kommen. Schreiben Sie die Rohfassung möglichst zügig. Ein Festbeißen an sprachlichen Formulierungen hält Sie dabei nur unnötig auf und raubt Energie. Hinzu kommt, dass Sie sich bei möglichen Kürzungen zum Ende nur schwer von Textteilen trennen können, an denen Sie so mühsam gefeilt haben.

Eine Frage, eine provokante Behauptung oder ein kontroverser Einstieg wecken das Interesse des Lesers. Vielleicht haben Sie gerade einen aktuellen Artikel zu ihrem Thema mit widersprüchlichem Inhalt oder hohem Diskussionspotenzial gelesen? Dann könnte der Einstieg beispielsweise wie folgt aussehen:

Beispiel:
»Großes Potenzial« titelte jüngst eines der führenden Wirtschaftsmagazine (genaue Quellenangabe nicht vergessen) in Deutschland in Hin-

blick auf den geplanten Börsengang des Kurznachrichtendienstes Twitter. Facebook hat gezeigt, dass Börsengänge von sozialen Netzwerken schwierig sein können und einen Absturz erfahren. Twitter macht zwar 500 Millionen Dollar Umsatz im Jahr, doch seit der Gründung nur Verluste. Warum sollte es sich lohnen, in das Unternehmen als Aktionär zu investieren? Die vorliegende Arbeit beleuchtet die Chancen und Risiken für Anleger.

Eine andere Möglichkeit, die Aufmerksamkeit des Lesers zu gewinnen, besteht in einem pointierten Zitat.

Beispiel:
Veränderte Wertevorstellungen und die stetig wachsende Schnelllebigkeit lassen unsere Gesellschaft mehr und mehr zu einer »Ellbogengesellschaft« werden (auch hier gilt: genaue Quellenangabe nicht vergessen). Das Zusammenleben der Menschen wird immer komplizierter. Diese Entwicklungen sind nicht zuletzt besonders auf die Globalisierung und die immer größeren technischen Möglichkeiten zurückzuführen, wenn man beispielsweise die Entwicklung vom Mobbing zum »Cybermobbing«, das heißt Mobbingaktivitäten im Internet, betrachtet. Mobbing ist ein Ergebnis der genannten Entwicklungen, wobei sich hier die Frage stellt, ob Mobbing als Redewendung erst mit der zunehmenden Veränderung der Gesellschaft entstand, die Handlungen hinter dem Begriff möglicherweise aber schon viel früher.

Eine weitere Hilfe, um in den Schreibprozess einzusteigen, kann eine suggestive Anregung durch persönliche Vorbilder oder einen Mentor sein. Stellen Sie sich hierzu am besten eine Person vor, deren Expertise Sie sehr schätzen und ihre mögliche Meinung zum gewählten Themeneinstieg. Fragen Sie sich dabei, welche Anregungen sie Ihnen wohl geben würde und formulieren Sie diese Gedanken in einem Text.

Ebenfalls als hilfreich hat sich bei einigen Studierenden die Methode des Bildersammelns erwiesen. Hierbei geht es darum, die zu einem Thema passenden, bildlichen Assoziationen zu sammeln. Danach versucht man diese zu skizzieren – zum Beispiel in der Bachelor-Tagebuch-Kladde oder auf Papier, um sie an einem gut sichtbaren Ort – etwa dem Arbeitsplatz – zu platzieren. Bilder oder ganz allgemein Visualisierungen wecken neue Denkimpulse.

6.3   Die eigene Schreibbalance finden

Lieber zu Hause oder doch in der Bibliothek? Oder vielleicht auf dem Rasen? Lieber erst auf Papier oder gleich in die Tastatur? Wenn Sie sich diese Frage stellen, folgen Sie mit gutem Gefühl, Ihrer Gewohnheit – insbesondere dann, wenn Sie glauben sollten, das wissenschaftliche Schreiben läge Ihnen nicht. Warten Sie ab und stellen Sie fest, wie gut Sie das lernen können. Die folgenden Kapitel zeigen, dass wissenschaftliches Schreiben und Formulieren sogar Spaß machen kann.

6.3.1   Lieber zu Hause oder in der Bibliothek schreiben?

Das Schreiben, ganz gleich ob es sich um wissenschaftliche, prosaische oder journalistische Texte handelt, ist in erster Linie ein kreativer Prozess. Je wohler Sie sich dabei in Ihrer Umgebung fühlen, umso besser wirkt sich das auf Ihre Kreativität aus. Vor allem sollten Sie Ruhe haben. Wenn Sie in einer WG leben, in der ein bewegtes, trubeliges Leben herrscht, oder nebenan Baustellenlärm oder lautstark spielende Kinder die Konzentration negativ beeinflussen, sollten Sie schleunigst dem Beispiel vieler anderer Kommilitonen folgen und sich einen Ort wählen, an dem Sie ungestört arbeiten können. In der Bibliothek finden Sie die besten Voraussetzungen dafür. Auch, wenn Sie sich erst an die neue Umgebung gewöhnen müssen, es lohnt sich!

Daneben bietet die Arbeit in der Bibliothek weitere Vorteile: Jeder Studierende erspart sich viel Zeit und kann in Hinblick auf die Literaturrecherche jederzeit fachkundiges Personal fragen. Viele Studierende nehmen sich die Literatur von der Auswertung bis zur Erstellung des fertigen Manuskriptes mit nach Hause. Prinzipiell ist nichts dagegen einzuwenden, allerdings gibt es einige Exemplare, die nicht ausleihbar sind, so dass Sie sich notgedrungen immer mal wieder auf den Weg machen müssen. Hinzu kommt, dass Ihnen während des Schreibens auch immer wieder neue inhaltliche Fragen und Problemstellungen kommen, denen Sie nachgehen wollen, aber die richtige Literatur gerade nicht zur Hand haben. Das heißt, Sie müssen die Arbeit unterbrechen, in die Bibliothek fahren, zurückfahren und sich wieder in Ihr Thema einfinden. Dabei entstehen Ihnen enorme Zeit- und Reibungsverluste. Die Erstellung einer Bachelorarbeit erfordert über die gesamte Zeit eine weiterführende Literaturrecherche. Bei der Arbeit in der Bibliothek können Sie jederzeit auf den Bestand zugreifen und nachschlagen, ein Zitat überprüfen, Fachbegriffe klären oder gegebenenfalls nachfragen, wo und wie Sie am einfachsten an Literatur und Quellen kommen.

Darüber hinaus hat sich gezeigt, dass Studierende, die in der Bibliothek ihre Abschlussarbeit schreiben, im Schnitt deutlich konzentrierter und effizienter arbeiten als Ihre Kommilitonen zu Hause. In der vertrauten Umgebung neigen viele Studierende dazu, sich schneller ablenken zu lassen oder die Arbeit doch noch ein wenig vor sich herzuschieben – etwa, weil man vorher doch noch eben das Bad sauber machen könnte, sich vielleicht doch noch einen Kaffee macht, der Postbote für ein Paket des Nachbarn klingelt, oder weil die beste Freundin »mal kurz« anruft, um von der neuen, tollen Bekanntschaft zu berichten. Am Ende haben Sie entweder noch gar nicht angefangen oder sind mitten aus dem Thema gerissen und müssen sich erst wieder einfinden. Auch das kostet Zeit. Tipp: Ihr Gehirn ist ein Anpassungskünstler, also trainieren Sie es.

Sie können jedoch auch an mehreren Plätzen arbeiten. Bei längeren Arbeitseinheiten von sechs bis acht Stunden bieten sich Ortswechsel an, die neue Energien freisetzen. Nach Möglichkeit sollten Sie einen Platz für sich suchen, an dem Sie nur arbeiten und nicht essen oder schlafen. Das Gehirn verknüpft mit bestimmten Orten bestimmte Bedürfnisse und Aufgaben. Wenn Sie an einen Ort oder zu einer bestimmten Zeit immer eine bestimmte Arbeit verrichten, wird Ihr Gehirn darauf programmiert sein. Probieren Sie es aus! Je öfter Sie es wiederholen und damit eine klare Struktur schaffen, umso leichter wird das Gehirn in einen anderen Modus wechseln.[5] Es wird Ihnen helfen, sich auf die Situation und die daran geknüpften Anforderungen einzustellen. Versuchen Sie es! Planen Sie sich für jeden Tag feste Zeiten von ... bis ... für Ihre Arbeit in der Bibliothek ein.

6.3.2 Lieber erst auf Papier oder gleich an den PC?

Einige Studierende schreiben Ihre Texte direkt am Bildschirm, andere machen sich zunächst Notizen oder formulieren am liebsten erst auf Papier. Wieder andere wählen eine Mischung aus beiden Vorgehensweisen. Alles ist erlaubt! Welche Möglichkeit Sie für sich wählen, sollten Sie nach Ihrer persönlichen Vorliebe entscheiden. Es hat sich gezeigt, dass letztlich Gewohnheit die Wahl des Schreibmediums bestimmt. Wenngleich Gewohnheiten veränderbar sind, sollten Sie auf dem Weg bleiben, auf dem Sie sich sicher fühlen.

Der Vorteil von Texten, die Sie direkt am Rechner schreiben, liegt im zeitlichen Rahmen. Denn das erspart ihnen die Zeit, Ihr handgeschriebe-

---

5   Vgl. hierzu: Heimes (2011), S. 55f. Heimes verdeutlicht in diesem Zusammenhang das Phänomen der klassischen Konditionierung mit dem Pawlow'schen Hund.

nes Manuskript erst noch einmal eingeben zu müssen. Zudem können Sie am PC direkt korrigieren, einfügen oder ergänzen.

Zunächst auf Papier zu arbeiten hat den Vorteil, dass Sie Ihre Gedanken konkreter und klarer ordnen können. Mit der Hand geschriebene Texte lassen dem Autor oftmals die Inhalte und Strukturen viel konkreter und greifbarer erscheinen. Diese Methode eignet sich besonders bei Schreibblockaden. In diesen (Not-)Fällen sollten Sie sich zunächst vom Druck am Rechner distanzieren. Denn das Schreiben auf Papier lässt zugleich Kreativität zu, die sich erfahrungsgemäß beruhigend auswirkt. Auf dem Papier haben Sie jederzeit die Möglichkeit, Skizzen anzufertigen, etwas bewusst durchzustreichen und neu zu schreiben, mit Verweisen zu arbeiten. So mag auf den ersten Blick ein wirres Gebilde entstehen. Doch dahinter steckt weit mehr: Es hilft Ihnen, Ihre Gedanken und Ausdrucksmöglichkeiten zu visualisieren und entsprechend der Konzeption Ihrer Arbeit zu einem Gesamtbild zusammenzusetzen.

☺ Ganz gleich, ob Sie auf Papier formulieren oder den Text gleich in den Rechner eingeben, eines ist immer zu berücksichtigen: **Sobald Sie merken, dass Sie ermüden, ohne Ihr gewünschtes Tagespensum erreicht zu haben, wechseln Sie das Schreibmedium.** Sie werden staunen, wie schnell Ihnen neue Ideen kommen.

6.3.3 Lieber noch mal beim Dozenten nachfragen oder besser nicht?

Viele Studierende wagen oft nicht den Weg zu einem Gespräch mit Ihrem Dozenten, um ein Feedback zu erhalten. Häufig, weil sie befürchten, sie würden dort nur stören oder es entstünde der Eindruck, dass sie nicht selbstständig (wissenschaftlich) arbeiten könnten. Machen Sie sich darüber keine Gedanken. Sicherlich ist an vielen Hochschulen die Betreuungsrelation zwischen Professor und Studierenden nicht optimal, doch es gehört zu den Aufgaben eines Dozenten, Sie in allen Belangen hinsichtlich Ihres Studiums zu beraten – auch während Ihrer Bachelorarbeit. Binden Sie Ihren Betreuer aktiv in Ihren Arbeits- und Schreibprozess ein.

Der Kontakt ist gerade dann besonders wichtig, wenn Sie das Gefühl haben, mit Ihrer Arbeit nicht weiterzukommen oder an zentralen Ausführungen zweifeln. In solchen Fällen kann ein Gespräch motivierend wirken und Sie in Ihrer Vorgehensweise bestärken. Dabei ist es unerheblich, dass Ihre wissenschaftliche Arbeit noch im Entstehen begriffen ist, denn

Ihr Betreuer erwartet kein fertiges Werk. Was sich im Entstehungs- und Entwicklungsprozess befindet, kann noch kein fertiges Endprodukt sein.

Bitten Sie ihn um ein möglichst differenziertes Feedback für einzelne Kapitel. Bedenken Sie dabei aber bitte, dass Ihr Betreuer sich stets an fachlichen Aspekten orientiert und keine therapeutische Unterstützung leisten kann. Je sachlicher und deutlicher sich Ihr Betreuer ausdrückt, umso mehr können Sie davon profitieren. Dann können Sie ganz konkret einzelne Punkte verbessern – dazu ist ein gewisser Abstand unerlässlich. Zudem hat Ihr Dozent möglicherweise noch Dutzende andere Arbeiten zu betreuen, für die er ebenfalls Zeit finden muss. Gerade in Hinblick auf die hohe Betreuungsdichte, aber auch für sich selbst, sollten Sie das Gespräch gut vorbereiten. Damit ersparen Sie sich und Ihrem Dozenten wertvolle Zeit. Schreiben Sie sich alle Fragen auf, die sich während des Arbeits- und Schreibprozesses stellten. So können Sie nichts vergessen und gezielt das Gespräch mit ihm suchen.

Sollten die vorgeschlagenen Maßnahmen zur Überwindung von Schreibblockaden, wie wir sie in Kapitel 6.1 erläutert haben, keinen positiven Effekt haben, empfiehlt es sich, eine professionelle Beratung aufzusuchen. Viele Hochschulen bieten ihren Studierenden inzwischen regelmäßige Beratungen durch einen Schreibcoach, spezielle Schreibtrainings oder auch psychologische Unterstützung an. Wem das Schreiben grundsätzlich schwerfällt, sollte bereits während des Studiums eine individuelle Schreibberatung oder ein Schreibtraining an seiner Hochschule besuchen.

6.4 Die Rechtschreibung hilft ...

Es sollte selbstverständlich sein, am Ende eines Abschnittes, zumindest aber vor der Abgabe der Arbeit den gesamten Text noch einmal auf Tipp- und Orthografiefehler zu prüfen. Dabei ist die neue Rechtschreibung für alle Arbeiten in staatlichen Einrichtungen rechtsverbindlich und damit einzuhalten.

Die automatische Rechtschreibprüfung sollte während des gesamten Schreibprozesses immer eingestellt sein. Sie zeigt Ihnen bereits während des Schreibens viele Fehler an. Allerdings erkennt die Rechtschreibhilfe bei weitem nicht alle Fehler. Es empfiehlt sich, einzelne Textabschnitte ein bis zwei Tage nach ihrer Erstellung noch einmal gezielt mit Blick auf Orthographie und Grammatik Korrektur zu lesen. Mit ein wenig Abstand zum selbst verfassten Text fallen Rechtschreib- und Grammatikfehler schneller auf.

Denken Sie bei Rechtschreibung und Grammatik immer an den guten Eindruck, den Sie mit Ihrer logisch aufgebauten und übersichtlichen Gliederung sowie Ihrem ordentlichen Layout bereits hinterlassen haben. Rechtschreib- und Grammatikfehler werden als schlampige Arbeitsweise gewertet, sind mit den Grundsätzen ordnungsgemäßen wissenschaftlichen Arbeitens nicht zu vereinbaren und machen jeden guten Eindruck zunichte.

Die folgenden Abschnitte sollen nicht als deutsche Grammatik in der Art des Duden verstanden werden, sondern gehen auf Aspekte ein, die im Rahmen wissenschaftlicher Arbeiten häufig auftreten.

6.5 Das Komma

Satzzeichen strukturieren den Text. Sind sie an der falschen Stelle eingefügt oder fehlen, bleibt der Leser »hängen«: Satzzeichen steuern den Lese- und Gedankenfluss. Bei falscher Zeichensetzung muss der Leser entweder überlegen, was Haupt- und Nebensatz ist, was der Autor sagen möchte oder – im schlimmsten Fall – bekommt der Satz eine gänzlich andere, falsche Bedeutung, wie die Abbildung zeigt.

Abb. 35: Satzzeichen bestimmen die Aussage

Die Praxis in Lehrveranstaltungen zeigt, dass der fehlerhafte Umgang mit Satzzeichen bei Studierenden weniger auf Bequemlichkeit beruht als vielmehr auf Unsicherheit. Dieser Abschnitt soll Ihnen einen Überblick über die wichtigsten Kommaregeln vermitteln.

Tab. 9: Die wichtigsten Kommaregeln im Überblick

Ein Komma steht ...	Beispiel
... bei Aufzählungen gleichwertiger Satzglieder, vdas können Nomen, Verben oder Adjektive sein, die nicht durch eine und/oder/ sowie verbunden sind.	Der Umsatzrückgang ist auf die steigenden Energiepreise, die schlechte Ernte, die Erhöhung der Lebensmittelsteuer und auf die veränderten Essgewohnheiten in Hinblick auf eine Reduzierung des Fleischkonsums zurückzuführen.
... bei Aufzählungen gleichwertiger Nebensätze, die nicht durch eine *und/oder/sowie* verbunden sind.	Da die Energiepreise gestiegen sind, die Ernte durch den nassen Frühling schlechter als im Vorjahr ausfiel und da sich das Ernährungsverhalten als Folge verstärkter gesundheitlicher Aufklärung geändert hat, werden in der Fleischwarenindustrie deutliche Umsatzeinbußen erwartet.
... zur Einschließung nach Erläuterungen, die durch *d. h., z. B., wie* und *zwar* eingeleitet werden.	Der versteckten Steuererhöhung durch kalte Progression, d. h. durch den nicht an die Preissteigerungen angepassten Einkommenssteuersatz, kann durch einen automatischen Anpassungsmechanismus entgegengewirkt werden, zum Beispiel durch eine Kopplung an die Preissteigerung oder an die Wachstumsrate des Volkseinkommens.
... zur Eingrenzung von Appositionen (Beifügungen, nähere Erklärung des Substantives).	Der Vorstandsvorsitzende, ein erfahrener Finanzexperte, verfügt über herausragende Kenntnisse im Equity Research.
... bei erweiterten Partizipien.	Der Konzernvorstand präsentierte den Anlegern, vor Freude errötend, die siebenstelligen schwarzen Zahlen.
... nach Anreden und Empfindungswörtern.	Oh nein, liebe Frau Schlaufuchs, Sie haben ganz recht, dass muss ein Missverständnis sein.
... vor Konjunktionen* (Bindewörtern).	Diese Ergebnisse sind nicht nur einzeln zu betrachten, sondern auch im Zusammenhang mit den wirtschaftlichen Folgen für das Unternehmen.
...zur Trennung von Hauptsätzen, auch wenn diese durch und/oder mit einander verbunden sind, oder in einen anderen Hauptsatz eingeschlossen sind.	Der Betriebsrat lädt zu einer Informationsveranstaltung ein, und ein wichtiger Tagesordnungspunkt sollen die veränderten Compliance-Richtlinien sein.

Tab. 9: Die wichtigsten Kommaregeln im Überblick – Fortsetzung

Ein Komma steht ...	Beispiel
...zur Trennung von Haupt- und Nebensätzen*	
subjunktional	Von einem Kauf der Aktie wird zum momentanen Zeitpunkt abgeraten, da die Entwicklung des zweiten Halbjahres aufgrund der steigenden Kupferpreise nicht absehbar ist.
relativ	Der Kursverlust, der auf die Unsicherheit der Anleger in Hinblick auf die steigenden Kupferpreise zurückzuführen ist, hemmt das Kaufverhalten.
interrogativ	Wann es zu einer Markteinführung einer gleichwertigen Alternative zum Kupfer kommt, lässt sich zum jetzigen Zeitpunkt noch nicht genau bestimmt werden.
... bei Infinitivsätzen sowie zur Einschließung des erweiterten Infinitiv mit zu* in das Satzgefüge	Um weiterhin innovativ und wettbewerbsfähig bleiben zu können, will das Unternehmen IT-Fachkräfte aus dem Ausland anwerben.

* Anmerkung: Auf Konjunktionen, die Trennung von Haupt- und Nebensätzen durch Subjunktionen und den *erweiterten Infinitiv mit zu* wird aufgrund der häufigen Nachfragen und Wünschen von Studierenden sowie durch die Differenzierung im Anschluss an die Tabelle noch einmal ausführlich eingegangen.

Konjuktionen

Konjunktionen (▶ **Kap. 5.4.1**) sind Bindewörter, die einzelne Wörter, Wortgruppen, Satzglieder oder auch ganze Sätze miteinander verbinden. Das Komma trennt die einzelnen Satzglieder, die durch eine Konjunktion eingeleitet und sprachlich verbunden werden. Damit sind dem Leser die Zusammenhänge sozusagen auf einen Blick deutlich. Die Tabelle 10 soll Ihnen eine Übersicht über die vier wichtigsten Konjunktionstypen bieten.

Subjunktionen

Subjunktionen (oder subordinierende Konjunktionen) sind ebenfalls Bindewörter, die einen Nebensatz einleiten. Während Konjunktionen ganze Sätze oder Satzglieder miteinander verbinden, leiten Subjunktionen einen Gliedsatz ein, das kann zum Beispiel ein nachgestellter, eingeschobener oder vorangestellter Nebensatz sein, der durch ein Komma vom Hauptsatz getrennt werden muss. Tabelle 11 zeigt die wichtigsten Subjunktionen.

Tab. 10: Die Konjunktionen

kopulativ (zusammen-stellend)	und, auch, und auch, wie auch, so auch, ebenfalls, ebenso, gleichfalls, nicht nur – sondern auch, selbst, sogar, ja sogar, zudem, insbesondere, überdies, darüber hinaus, respektive, beziehungsweise, außerdem, teils – teils, einerseits – andererseits, einesteils – anderteils, erstens – zweitens – drittens, erst, zuerst, dann, darauf, endlich, schließlich, später, ferner, des Weiteren, plus, zusätzlich, zudem ...
adversativ (entgegenstellend)	doch, jedoch, nur, allein, vielmehr, sondern, übrigens, wohl aber, nicht – sondern, aber, dagegen, hingegen, indes, indessen, dennoch, gleichwohl, trotzdem, dessen ungeachtet, nichtsdestoweniger, nichtsdestotrotz ...
kausal (begründend)	daher, darum, dadurch, denn, deshalb, deswegen, demnach, demzufolge, wonach, also, folglich, mithin, nämlich, so, somit, sonst, andernfalls, um zu ...
disjunktiv (ausschließend)	oder, entweder – oder, andernfalls, sonst, sofern ...

Tab. 11: Die Subjunktionen von A – Z

modal (Art)	indem, dadurch dass, dass, ohne dass, als ob
konditional (Bedingung)	wenn, es sei denn, dass, falls, sofern
konzessiv (Einräumung)	obwohl, obgleich, obschon, wenngleich, wenn auch, wiewohl
explikativ (Erklärung)	das heißt, das bedeutet, das meint,
konsekutiv (Folge)	dass, als dass, so dass
kausal (Grund)	weil, denn, da, nämlich, zumal, um
instrumental (Mittel)	indem, dadurch, dadurch dass
komparativ (Vergleich)	wie, als, ob, als wenn, als, gleichwie
temporal (Zeit)	während, indessen, solange, sooft, wenn, nun, nachdem, als, sobald, seit, bis, bevor, ehe
final (Zweck)	damit, dass, auf dass

Komma vor als und wie?

Die Frage taucht häufig auf. Ein Komma vor *als* und *wie* steht immer, wenn ein (kompletter) Nebensatz folgt (vereinfacht: Ein Satz mit einem Verb).

> **Beispiel:**
> *Die Gewinne im ersten Halbjahr liegen entgegen den Prognosen höher als im Vergleich zum Vorjahr.*
> *Die Gewinne im ersten Halbjahr liegen im Vergleich zum Vorjahr höher, als es Experten erwartet haben.*

Der erweiterte Infinitiv mit zu

Dieser Infinitivsatz ist immer ein Nebensatz, der durch ein Komma in das Satzgefüge eingebunden ist. Die Struktur des Infinitivsatzes ist leicht zu erkennen, da der Aufbau immer den gleichen Prinzipien folgt; die »Faustregel« hierzu lautet:

Hauptsatz, Erweiterung + Infinitiv mit *zu.*

> **Beispiel:**
> *Der Kommunikationsverantwortliche fühlte sich verpflichtet, mit einer offensiven Aufklärungskampagne Transparenz zu schaffen.*

Das Komma steht immer vor und hinter der Erweiterung und dem Infinitiv, es sei denn, der Satz schließt mit dem erweiterten Infinitiv mit zu ab (dazu voriges Beispiel). Diese Regel gilt auch für Infinitive mit *um – zu*, *ohne – zu* und *anstatt – zu*.

> **Beispiel:**
> *Der Kommunikationsverantwortliche fühlte sich verpflichtet, mit einer offensiven Aufklärungskampagne Transparenz zu schaffen, um die Betroffenen zu beruhigen und die Glaubwürdigkeit des Unternehmens wiederherzustellen.*

6.6   Zusammenfassende Tipps

☺ Das Gehirn ist ein Anpassungskünstler – also trainieren Sie es!

☺ Planen Sie sich für jeden Tag feste Zeiten von ... bis ... für Ihre Arbeit in der Bibliothek ein. Bei längeren Arbeitseinheiten zwischen sechs und acht Stunden können Ortswechsel neue Energien freisetzen.

☺ Eine Frage, eine provokante Behauptung oder ein kontroverser Einstieg wecken das Interesse des Lesers.

☺ Schreiben Sie nur, was Sie selbst verstehen – dann ist es auch für den Leser verständlich.

☺ Aktive, kurze Sätze ersetzen grammatikalisch schwer zu verstehende, lange Satzkonstruktionen (Schachtelsätze).

☺ Verben anstelle von passiven Substantivierungen machen Ihren Text dynamischer.

☺ Das treffende Wort macht den Text geschmeidig.

☺ Floskeln, Metaphern und Umgangssprache sind in wissenschaftlichen Texten deplatziert.

☺ Vermeiden Sie bedeutungsleere »Nullaussagen«.

☺ Die korrekte Verwendung von Fachbegriffen ist wichtig, doch wer über das Ziel hinaus schießt, erzielt ein Eigentor.

☺ Charakterisierende Begriffe und Begriffsbezeichnungen sind *politisch korrekt* zu verwenden.

☺ Die Rechtschreibhilfe zeigt bereits während des Schreibens Rechtschreib- und Grammatikfehler an.

☺ Mit zeitlichem Abstand zum Text fallen die eigenen Fehler schneller auf.

☺ Satzzeichen strukturieren den Text!

7 Von der Rohfassung zur Endfassung: Die letzte Überarbeitung

Von drückenden Pflichten kann uns nur die gewissenhafteste Ausübung befreien.
Johann Wolfgang von Goethe (1749 – 1832)

Das folgende Kapitel gestaltet sich in Form einer Checkliste. Jeder Studierende hat damit die Chance zu prüfen,

- ob er das Erlernte in Hinblick auf die inhaltlichen und formalen Anforderungen richtig angewandt hat,
- ob durchgehende Konsequenz und Sorgfalt gewährleistet ist,
- gegebenenfalls entsprechende Korrekturen oder Optimierungen vorzunehmen sind.

7.1 Endspurt

Jetzt sind Sie Ihrem Ziel schon ganz nah: Die Literatur ist recherchiert und ausgewertet, die Gliederung fixiert und schon im Rechner oder auf Papier festgehalten. Gerade während der Niederschrift, je näher es auf das Ende zugeht, stellen sich Studierende viele kritische Fragen: *Habe ich auch wirklich genügend Literatur herangezogen und hinreichend ausgewertet? Gibt es inzwischen vielleicht doch noch etwas Aktuelleres? Habe ich tatsächlich ausreichend recherchiert?* Diese quälenden Fragen und womöglich stundenlange Suche im Netz oder Wege in die Bibliothek sind nicht zielführend. Sie kosten lediglich unnötig Zeit und Energie. **Setzen Sie Ihrem eigenen Perfektionismus eine klare Grenze:** *Bis hierher und nicht weiter!* Denn sonst hat man sich schnell verzettelt und droht, vom einmal eingeschlagenen Weg abzukommen, in dessen sorgfältige Planung und Überlegungen Sie im Vorfeld bereits so viel investiert haben. Setzen Sie Ihre eigenen Ansprüche nicht höher als die vorgegebenen Rahmenbedingungen für das wissenschaftliche Arbeiten und Schreiben und die Ansprüche Ihres Betreuers verlangen.

Im Volksmund gibt es ein Sprichwort: *Nichts ist so gut, dass es nicht auch noch verbessert werden könnte.* Wenn Sie gegen Ende zu sehr an sich zweifeln sollten, was erfahrungsgemäß häufig vorkommt, kleben Sie sich den Spruch am besten über Ihren Rechner. Dieser Satz trifft besonders auf wissenschaftliche Arbeiten zu. Wissenschaft basiert nun einmal auf Dynamik, Entwicklungsprozessen und auch offenen Fragen – sonst würden wir in vielen Bereichen Stillstand haben. Krämer (2009, S. 169) bringt es vor dem Hintergrund des Selbstzweifels zum Ende der Arbeit oder auch bei der Überarbeitung der Rohfassung treffend auf den Punkt, indem er klar sagt: *Irgendwann muss man sich sagen: Es ist gut, es reicht!*

Auch das Loslassen gehört zu einer wissenschaftlichen Arbeit, wenngleich es bei der Überarbeitung der Rohfassung vielen verständlicherweise schwerfällt. Am roten Faden oder dem Aufbau können Sie nicht mehr viel ändern, aber Form und Inhalt sollten in jedem Fall noch einmal systematisch überprüft werden.

Es gibt so gut wie kaum eine fehlerfreie Studienarbeit. Dennoch sollte es Ihr oberstes Ziel sein, eine makellose Abschlussarbeit abzuliefern. Denn formale und inhaltliche Fehler widersprechen – wie bereits bekannt – dem wissenschaftlichen Anspruch und spiegeln sich letztlich in der Note wider. Nichts ist ärgerlicher, als Fehler, die man hätte vermeiden können. Disterer (2011, S. 179) spricht in diesem Zusammenhang treffend von *unforced errors*. Der Ausdruck findet seinen Gebrauch vor allem im Sport und bezeichnet im Gegensatz zum *forced error* einen selbstverschuldeten Fehler, mit dem sich der Sportler disqualifizieren kann. Um sich nicht selbst ins Abseits zu manövrieren, sollen Ihnen die folgenden Hinweise auf die am häufigsten auftretenden Fehler und deren Vermeidung eine Hilfestellung geben.

Rechtschreibung

In einem fehlerfreien Text drückt sich der Respekt des Schreibers gegenüber seinem Leser am ehesten aus. Die automatische Rechtschreibprüfung sollte obligatorisch sein. Dennoch zeigt die computergesteuerte Prüfung manchmal Wörter an, die richtig geschrieben sind, zugleich bleiben viele Grammatikfehler unbeachtet. Es empfiehlt sich daher, sich selbst zum Zuhörer der eigenen Arbeit zu machen, indem Sie sich den Text einmal laut und konzentriert vorlesen. Drucken Sie sich Ihre Arbeit hierzu aus. So springen Fehler schneller ins Auge. Ebenfalls hat sich gezeigt, dass man die eigenen Fehler mit ein wenig zeitlichem Abstand zum Geschriebenen schneller erkennt.

Wissenschaftliche Sprache

Wissenschaftliche Arbeiten zeichnen sich durch eine sachliche, präzise, eindeutige und nachvollziehbare Sprache aus. Überprüfen Sie noch einmal Ihre Ausdrucksweise. Haben sich vielleicht an der einen oder anderen Stelle doch noch ungenaue oder missverständliche Formulierungen, floskelhafte, journalistische, bildhafte oder nichtssagende Ausdrucksweisen eingeschlichen? Dann ist das jetzt die letzte Chance, dies zu ändern.

Begründete Aussagen und Annahmen

Schnell passiert es, eine Aussage oder Annahme zu treffen, ohne einen entsprechenden Beleg oder eine Begründung zu liefern – entweder, weil man sich der Sache so sicher ist oder es schlichtweg im Zuge des Schreibflusses versäumt hat. Beides sind keine Gründe für eine schlampige Arbeitsweise. Unzureichend belegte oder begründete Aussagen bzw. Annahmen zeigen die folgenden Beispiele:

- Der Konzern wird in der Sparte Steel & Engineering mit erheblichen Einbußen zu rechnen haben.
- Henkel ist Weltmarktführer im Bereich Klebstoffe.
- Der Export im Automobilsektor ist rückläufig.
- Rund 40% der Belegschaft musste in den vergangenen zwei Monaten mehr als 80 Überstunden machen.

Alle Aussagen, in denen man Kenntnisse über die Zusammenhänge oder Fakten vermittelt, sind auch als solche kenntlich zu machen, sei es durch eigene Begründungen, Verweise oder Quellenangaben (► Kap. 4.2.3 und 4.4.4). Um sicherzugehen, ob auch wirklich alle Aussagen/Annahmen überprüf- und nachvollziehbar sind und damit die wissenschaftliche Sorgfalt und Genauigkeit gewährleisten, ist es empfehlenswert, sich bei der Abschlusslektüre ganz auf diese Aussagen zu konzentrieren.

Abkürzungen und Symbole

Eine häufige Fehlerquelle bilden Abkürzungen und Symbole, die falsch oder im Text nicht durchgehend einheitlich verwendet werden. Überprüfen Sie daher bei Abkürzungen genau, ob Sie diese unmissverständlich gebraucht haben und die Darstellung – etwa Groß- und Kleinschreibung, mit Punkten, Anführungszeichen oder Ähnlichem versehen – in der gesamten Arbeit gleich ist. In jedem Rechner befindet sich inzwischen ein *Suchen-Ersetzen-Tool*. Das erleichtert die Überprüfung im ersten Schritt. In jedem Fall ist es ratsam, den Text in einem zweiten Schritt noch einmal mit eigenen Augen gezielt auf die Einheitlichkeit von Abkürzungen und Symbole hin zu überprüfen.

Fachbegriffe

Fachbegriffe sind Teil der Wissenschaft und damit auch des wissenschaftlichen Schreibens. Sie dienen dazu, Sachverhalte terminologisch zu präzisieren. Per Definition sollten sie kurz erklärt werden, um dem fachfremden Leser deutlich zu machen, womit Sie arbeiten oder worauf sie sich damit beziehen. Die einmal von Ihnen genannte Bedeutung sollte im gesamten Text beibehalten werden, um Missverständnisse und Ungenauigkeiten zu vermeiden. Gerade in den Wirtschaftswissenschaften gibt es feine Nuancen. Disterer (2011, S. 182) bringt die Gefahr auf dem Punkt, indem er Beispiele aus der Kostenrechnung wie *Auszahlung/Ausgabe/Aufwand/Kosten* und *Einzahlung/Einnahme/Ertrag/Erlös* nennt. Begriffe, die zwar ähnliche Dinge bezeichnen, jedoch für klar differenzierte Sachverhalte stehen. Sehen Sie deshalb bei Fachbegriffen noch einmal genau hin.

Einhaltung der Zitierrichtlinien
Primär- und Sekundärliteratur ist notwendig für eine akademische Arbeit und bildet die Basis des wissenschaftlichen Austausches (▶ **Kap. 4.1**). Die Dokumentation der verwendeten Literatur ist daher Pflicht und folgt eindeutigen Zitierrichtlinien, die ebenfalls einheitlich im Rahmen Ihrer Arbeit eingesetzt werden müssen (▶ **Kap. 4.2**). Sie sollten sich jedoch im Vorfeld Ihrer Arbeit über die gewünschte oder sogar von Ihrer Hochschule vorgegebenen Richtlinien erkundigen. Nichtbeachtung gibt hier Punktabzug! Überprüfen Sie vor diesem Hintergrund noch einmal jede Quellenangabe, die Sie vorgenommen haben, auf Ihre richtige und konsistente Form. Denken Sie dabei auch an die Abbildungen und Tabellen.

Literaturangaben
Mit der gewählten Zitationsmethode ist auch die Literaturangabe eng verbunden. Sie entscheidet, ob Sie in Kurzform oder in Fußnoten angegeben werden muss (▶ **Kap. 4.3**). Vergewissern Sie sich noch einmal bei jeder Literaturangabe, ob Sie alle notwendigen Angaben sorgfältig aufgeführt haben und auch die Sortierung im Literaturverzeichnis (▶ **Kap. 3.7**).

Verweise auf Abbildungen und Tabellen im Text
Gerade während des Schreib- und Arbeitsprozesses fallen immer wieder Ergänzungen im Textteil an. Das ist normal, allerdings hat man dabei schnell vergessen, dass sich mit dem Einfügen einer Abbildung oder Tabelle auch die Nummerierung verschiebt. Beziehen Sie sich in Ihrem Text beispielsweise auf eine Abbildung, vergewissern Sie sich sicherheitshalber noch einmal, ob der Verweis stimmt Gleiches gilt für Verweise auf Seitenzahlen in der akademischen Arbeit. Zum Beispiel: *Eine genaue Bestimmung der Einkommensverhältnisse soll auf der folgenden Seite vorgenommen werden.* Ist das tatsächlich die nächste Seite oder haben Sie in der Zwischenzeit den Abschnitt noch einmal überarbeitet, so dass sich Ihr Hinweis auf eine andere Seite bezieht.

Inhaltsverzeichnis
Es lohnt sich ganz zum Schluss, das Inhaltsverzeichnis noch einmal gezielt zu überprüfen und die einzelnen Kapitel und Unterkapitel noch ein-

mal mit den im Text gewählten Überschriften zu vergleichen. Sind auch alle Unterkapitel mit einer Überschrift versehen und im Inhaltsverzeichnis aufgeführt? Viele erstellen das Inhaltsverzeichnis automatisch, indem sie die Überschriften bereits mit der Dokumenterstellung definieren. Doch wenn Sie bewusst oder unbewusst abweichende Formatierungen in den Überschriften des Textteils vorgenommen haben, werden diese Aktualisierungen nicht übertragen.

Vier Augen sehen mehr
In jedem Fall ist es empfehlenswert, die Arbeit nach Ihrer Überarbeitung anhand der aufgeführten Kriterien, noch einer zweiten Person zum Lesen zu geben. Vier Augen sehen mehr. Da Sie sich nun über einige Monate hinweg intensiv mit einer bestimmten Materie beschäftigt haben, droht die Gefahr, betriebsblind zu werden. Bitten Sie einen Freund, Studienkollegen oder ein Familienmitglied um Korrektur. Am besten eignet sich eine Person, die selbst schon einmal eine akademische Arbeit verfasst hat und die Anforderungen an wissenschaftliches Arbeiten und Schreiben kennt. Sie werden überrascht und erfreut sein, dass und was beim Korrekturlesen noch gefunden wird und können noch rechtzeitig korrigieren. Zudem bieten Schreibbüros ein professionelles Korrekturlesen (Proof-Reading) gegen Entgelt an.

7.2 Checkliste

Anstelle zusammenfassender Tipps, die Ihnen am Ende jedes vorangegangenen Kapitels mit auf den Weg gegeben wurden, folgt hier nun eine Checkliste. Jetzt geht es nur noch um das Abhaken, wenngleich das mit der einen und anderen zusätzlichen Korrektur an Ihrer (Bachelor-)Arbeit verbunden sein könnte.

Es hat sich in der Praxis bewährt, die Arbeit unter verschiedenen Gesichtspunkten jeweils separat, also gezielt auf ein Kriterium hin zu prüfen und ggf. entsprechend zu überarbeiten. Zu empfehlen ist eine Vorgehensweise in drei Schritten, wie Abbildung 36 zeigt. Danach wird die Arbeit im ersten Schritt inhaltlich, im zweiten Schritt sprachlich und im dritten, abschließenden Schritt gestalterisch geprüft und korrigiert. Planen Sie daher im Vorfeld ausreichend Zeit für die Überarbeitung der Rohfassung ein.

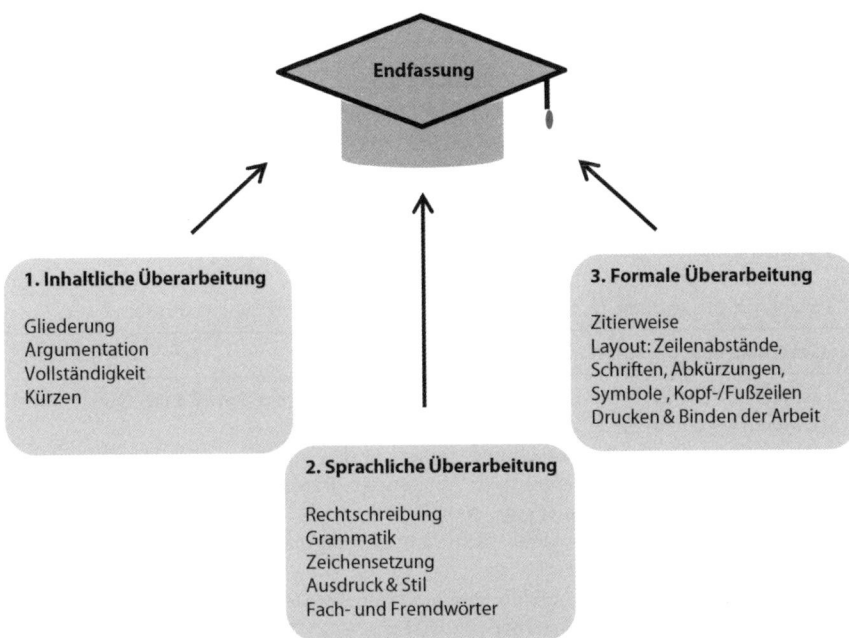

Abb. 36: In drei Schritten zur Endfassung

Hier nun die Checkliste:

Tab. 12: Checkliste für die letzte Überarbeitung

1. Inhaltliche Überarbeitung
☐ Habe ich die Problemstellung und meine Zielsetzung erklärt?
☐ Ist das Thema ausreichend eingegrenzt?
☐ Ist der aktuelle Forschungsstand transparent dargestellt?
☐ Entsprechen die Quellen wissenschaftlichen Standards?
☐ Sind alle zentralen Begriffe definiert und wird an den gewählten Definitionen konsequent festgehalten?
☐ Ist der rote Faden durchweg erkennbar?
☐ Sind Gliederung und Ausführung stimmig und nachvollziehbar?
☐ Ist der rote Faden durchweg erkennbar?
☐ Sind die entwickelten Argumentationsketten logisch und nachvollziehbar aufgebaut?
☐ Habe ich die Schlussfolgerung/ das Ergebnis klar formuliert?
2. Sprachliche Überarbeitung
☐ Ist der Text verständlich?
☐ Sind die einzelnen Sätze klar, inhaltlich aussagefähig und in sich schlüssig?
☐ Habe ich das Wesentliche prägnant und treffend auf den Punkt gebracht, oder gibt es noch komplexe Wort-Satz-Labyrinthe?

Tab. 12: Checkliste für die letzte Überarbeitung – Fortsetzung

2. Sprachliche Überarbeitung
☐ Habe ich – wo es nötig war – Fach- und Fremdwörter richtig verwendet? ☐ Tauchen Modewörter, Floskeln oder umgangssprachliche Formulierungen auf? ☐ Sind Rechtschreibung, Zeichensetzung und Grammatik korrekt? ☐ Sind die Bezüge deutlich? ☐ Sind die Übergänge zum jeweils folgenden Kapitel verständlich? ☐ Werden Abbildungen und Tabellen erklärt? ☐ Werden Abkürzungen und Symbole erklärt? ☐ Habe ich die Namen (z. B. anderer Autoren etc.) alle richtig geschrieben?
3. Gestalterische Überarbeitung
☐ Ist jede Quelle belegt und wissenschaftlich korrekt angegeben (Zitate, Quellen und Literaturverzeichnis)? ☐ Ist die Formatierung einheitlich und entspricht den Vorgaben (Titelblatt, Inhaltsverzeichnis, Abkürzungsverzeichnis, Abbildungsverzeichnis, Tabellenverzeichnis, Textteil, Literaturverzeichnis, ggfs. Anhang)? ☐ Habe ich alle formalen Angaben (Schriftart, Schriftgrößen, Zeilenabstand) eingehalten? ☐ Tragen alle Tabellen und Abbildungen eine selbsterklärende Überschrift? ☐ Habe ich ggfs. einen Sperrvermerk gemacht? ☐ Habe ich die eidesstattliche Erklärung unterschrieben?

Alles erledigt? Dann ist es an der Zeit, die Endfassung komplett auszudrucken und in einem Copyshop – meistens sind diese hochschulnah gelegen oder befinden sich sogar direkt auf dem Campus – binden zu lassen. Idealerweise haben Sie sich im Vorfeld einen Termin geben lassen, so dass sich lange Wartezeiten vermeiden lassen. In der Regel verbleiben zwei Exemplare in der Hochschule. Danach sollten Sie sich frühzeitig erkundigen und auch überlegen, wie viele Exemplare sie für sich selbst, für die Familie, für Freunde, den Projektpartner (vielleicht bald Ihr zukünftiger Arbeitgeber!), die Bibliothek etc. benötigen.

Voilá! Jetzt müssen Sie nur noch abgeben, durchatmen und vor allem: **loslassen** – denn nun können Sie nichts mehr ändern. Ihre Bachelorarbeit ist fertig!

Viel Erfolg und alles Gute für Ihren weiteren Werdegang!

8 Bewertungskriterien für die Beurteilung wissenschaftlicher Arbeiten

Nenne keinen weise, ehe er nicht bewiesen hat, dass er eine Sache von wenigstens acht Seiten her beurteilen kann.
Konfuzius (551 – 479 v. Chr.)

Um die Bewertung der Abschlussarbeiten machen sich viele Studierende bereits während der Erstellung Ihrer Arbeit viele Gedanken. Doch wer die wissenschaftlichen Arbeitstechniken und Methoden kennt und mit Ihnen seine Arbeit erstellt hat, braucht sich kein unnötiges Kopfzerbrechen zu machen. Denn auch Prüfer haben Bewertungskriterien, die sich an den wissenschaftlichen Standards anlehnen, um zu einem sachlichen und transparenten Prüfungsergebnis zu gelangen. Im Folgenden geht es abschließend

- um die Messbarkeit und Transparenz der zu erfüllenden wissenschaftlichen Anforderungen und erreichten Ziele,
- die sieben wissenschaftlich allgemeingültigen Bewertungskriterien.

8.1 Leitfaden

Dieses Buch ist bewusst wie ein Leitfaden aufgebaut, der Sie von Ihrer Idee über die Planungsschritte bis zur fertigen Bachelorarbeit konstruktiv begleiten soll. Schließlich sind Sie in dem Moment, indem Sie sich mit einer Frage wissenschaftlich auseinandersetzen, Teil der Scientific Community, also mit Ihrer wirtschaftswissenschaftlichen Arbeit auch in den wissenschaftlichen Dialog eingebunden. Die vorgegebenen Rahmenrichtlinien verstehen sich vor diesem Hintergrund nicht etwa als »notwendiges Übel«, sondern erleichtern Ihnen und Ihren Lesern vielmehr diesen ebenso spannenden wie lebendigen Austausch. Denken Sie dabei an das Sender-Empfänger-Prinzip, das wir in Kapitel 3.1 kennengelernt haben.

Im Gegensatz zu einigen Leistungsnachweisen im Studium, in denen das Prüfergebnis *bestanden* oder *nicht bestanden* lautet, steht am Ende der Bachelorarbeit eine feste Note, die Aufschluss darüber gibt, inwieweit der Studierende die Anforderungen der Prüfungs- und Studienordnung seiner Hochschule erfüllt hat.

Wir haben bereits im ersten Kapitel die fünf wichtigsten Eigenschaften einer wissenschaftlichen Arbeit herausgestellt. Sie muss *nachvollziehbar, objektiv, präzise, übersichtlich und überprüfbar* sein. Auch für Ihren Dozenten bedeutet dies, dass er über inhaltliche und fachliche Fragen und Antworten hinaus das Erreichen der Anforderungen und Ziele messbar und transparent machen muss. Denn als Studierende haben auch Sie ein Recht darauf, das Ergebnis ihrer Bewertung im Zweifel nachvollziehen zu können. Sicherlich ist dies nicht der angenehmste Part der Bachelorarbeit – weder für den Betreuer noch für den Studierenden. Schließlich kann eine positiv oder negativ bewertete Bachelorarbeit, also ein erster akademischer Abschluss, gravierende Auswirkungen auf die berufliche Laufbahn haben.

Um eine Bachelorarbeit, längere Haus- oder Studienarbeiten objektiv und transparent beurteilen zu können, halten sich die meisten Prüfer an ein bestimmtes Kriterienschema. Im Folgenden werden zunächst auf Basis von Lorenzen (2002, S. 7 ff.) sieben inhaltliche, allgemein anerkannte wissenschaftliche Anforderungen an akademische Arbeiten erläutert, um daraus eine möglichst objektive Beurteilung der Prüfungsleistung abzuleiten. Darüber hinaus sind die Bewertungskriterien nach inhaltlich-formalen Anforderungen und der Qualität der schriftlichen Ausführungen differenziert, die je nach Hochschule und Prüfer durchaus variieren. Einen bundesweit einheitlichen Kriterienkatalog gibt es selbstverständlich nicht. Eine Checkliste erleichtert es dem Prüfer jedoch, zu einer nachvollziehbaren Bewertung Ihrer Arbeit zu gelangen. Der folgende Kriterienkatalog eignet sich zum Beispiel für Arbeiten im Bereich der Wirtschaftswissenschaften. Er soll im Sinne eines Leitfadens als Unterstützung für Betreuer dienen und zugleich auch die Selbstkontrolle der Studierenden fördern. Schauen wir uns die möglichen Fragen, die ein Prüfer an Ihre Arbeit haben könnte, einmal näher an:

☺ ...Und: Um das Positive voranzustellen, kann ich Ihnen versichern, dass Sie alle Fragen an Ihr Thema, Ihre Vorgehensweise und Form jetzt mit dem entspannten Gefühl eines guten Gewissens bejahen dürften.

8.1.1 Inhaltliche Kriterien

Aufgabenstellung

Hier könnte der Prüfer mit folgenden Fragen an die Arbeit gehen: Ist – sofern das Thema vorgegeben wurde – die Aufgabenstellung verstanden worden? Sind alle wichtigen Aspekte erkannt und entsprechend berücksichtigt worden? Wird der fachlich übergeordnete Zusammenhang deutlich? Welche Bedeutung hat das Thema für den Stand oder die Weiterentwicklung der jeweiligen wissenschaftlichen (Teil-)Disziplin?

Die Vorgehensweise, mit der Sie ihr Thema finden und eingrenzen können, haben Sie bereits in Kapitel 1 kennengelernt. Sind Sie sich dennoch unsicher? Dann schauen Sie sich einfach noch einmal die verschiedenen Beispiele im Buch an.

Thematische Eingrenzung

Sind Sie in der Lage, die thematische Abgrenzung vorzunehmen? Sind dabei alle wesentlichen Aspekte berücksichtigt worden oder möglicherweise in Teilen verloren gegangen? Und wenn ja, ist dies hinreichend begründet? Sind die Arbeitshypothesen begründet und nachvollziehbar?

Literatur- und Materialauswertung

Sind Literatur, Materialien und sonstige Quellen sehr gut, gut, befriedigend oder ausreichend recherchiert worden? Sind die Informationen vollständig ausgewertet und verarbeitet worden? Wurden dabei alle wesentliche Ansätze und Erkenntnisse hinreichend berücksichtigt?

Lösungsansatz, Methodik

Über welche Fachkenntnisse verfügt der Verfasser und wie bringt er diese bei der Bildung eines Lösungsansatzes ein? Werden verschiedene Methoden diskutiert und objektiv miteinander verglichen? Wird die Wahl einer bestimmten Methode begründet? Wie wurde das Thema abgehandelt? Empirisch, theoretisch, referierend, vergleichend, auswertend oder experimentell, das heißt durch eigene Untersuchungen oder Erhebungen?

Lösungsweg, Gliederung

Ist die Gliederung logisch, nachvollziehbar und ausgewogen? Finden einzelne Sachverhalte gleichermaßen Berücksichtigung? Entspricht die Ausarbeitung dem gestellten Thema, also der eigenen Einleitung? Stehen Gliederung und Darstellung in einem angemessenen Verhältnis oder gibt es Ungleichgewichte? Ist die Argumentation vollständig, objektiv und sachlich korrekt? Gibt es unterschiedliche oder nur eine (Argumentations-)Position? Ist das Spektrum abgedeckt oder werden wichtige Positionen vernachlässigt? Werden Argumente auf die (Unter-)Fragen bezogen und zur Lösung des Problems explizit kenntlich gemacht? Stellt der Autor seine Position zutreffend dar? Basieren seine Ergebnisse auf empirischen Belegen, theoretischen Begründungen oder bloßen Behauptungen?

Selbstständigkeit

Wurde die Themenstellung selbstständig entwickelt, oder war diese vorgegeben? Wie selbstständig wurde die Abschlussarbeit erstellt, nachdem
sie hinsichtlich Fragestellung, (Grob-)Gliederung, Auswertung und Er-
gebnisdarstellung besprochen wurde? Waren wichtige Fähigkeiten bereits
vorhanden, oder mussten sie noch erarbeitet werden? Das heißt, waren
danach noch viele Fragen und Probleme zu klären, die in mangelnden
Fertigkeiten des Studierenden begründet lagen? War gegebenenfalls eine
Verbesserung beim Fertigkeitsniveau erkennbar? Entwickelt der Studierende eigenständige Arbeitshypothesen? Geht er auch auf schwierigere
Einzelfragen ein? Sind Einfallsreichtum und gedankliche Tiefe zu erkennen? Wurden auch eigene Ideen in die Arbeit eingebracht oder nur das
Vorgegebene ausgeführt? Werden die einzelnen Positionen in eigenen
Worten wiedergegeben, kritisch geprüft und zueinander in Beziehung
gesetzt oder nur durch Zitate in Form einer additiven Collage präsentiert? Lässt der Text die Fähigkeit des Autors zur Problematisierung des
Themas und zur Kritik erkennen? Werden eigenständige Bewertungen
durch Rückgriffe auf eigene Argumente oder persönliche Erfahrungen
hergeleitet?

Qualität der Ergebnisse

Kommt der Autor zu neuen Erkenntnissen, die als sachlicher Fortschritt
auf dem Gebiet der Aufgabenstellung bewertet werden können? Sind diese ausreichend begründet und belegt?

8.1.2 Formale Aspekte

Sprachkompetenz und Stil

Ist der gedankliche Aufbau erkennbar, der Text präzise, logisch und übersichtlich gegliedert? Ist die Gedankenfolge aus dem Thema heraus nachvollziehbar oder folgt sie dem *Vom-Hölzchen-auf-Stöckchen-Prinzip*?

Arbeitet der Studierende im Umgang mit der Terminologie fachlich
korrekt und beim sprachlichen Ausdruck angemessen oder umgangs-
sprachlich? Werden klare Begriffe, treffende Wörter in logische Sätze zu-
sammengeführt? Sind Satzbau, Orthographie und Zeichensetzung korrekt
und stimmig?

Wird die Verständlichkeit durch sinnvolle Beispiele, Abbildungen, an-
schauliche Grafiken und aussagekräftige Tabellen unterstützt oder sind
viele überflüssig, nicht selbsterklärend oder fachlich nicht korrekt?

Darstellung

Entspricht die Abschlussarbeit einem gut gegliederten wissenschaftlichen Werk, sind alle Bestandteile der Bachelorarbeit vorhanden und entsprechend ihrer Funktion dargestellt? Werden alle im Text benutzten Quellen vollständig und korrekt im Literaturverzeichnis aufgeführt? Sind Abbildungen und Tabellen vollständig gezählt und beschriftet? Entsprechen Schriftbild und Layout den aktuellen oder gegebenenfalls vom Prüfungsamt vorgegebenen Richtlinien zur Gestaltung einer Bachelorarbeit?

8.1.3 Qualität der schriftlichen Ausführung

Ist die zentrale Fragestellung in der Einleitung klar herausgearbeitet? Wird die Problemstellung deutlich? Wird in die für die Fragestellung bedeutsame Literatur eingeführt? Erfolgt darauf eine geeignete Schwerpunktsetzung?

Ist die Ableitung von Fragestellungen und Hypothesen nachvollziehbar? Werden die methodische Vorgehensweise und die verwendeten Instrumente (theoretische Begründungen, aktuelle Entwicklungen, empirische Untersuchungen etc.) mitgeteilt? Sind die verwendeten Methoden angemessen? Entspricht der Hauptteil der in der Gliederung festgelegten Vorgehensweise? Geht die Diskussion auf die in der Einleitung genannten Probleme ein? Erfolgt eine Einordnung in den Zusammenhang der bisherigen Literatur? Werden in der Diskussion begründete Schlussfolgerungen abgeleitet? Werden Hinweise auf noch offene Fragen, weitere Untersuchungen und nachvollziehbare Handlungsempfehlungen gegeben?

Die vorangegangenen Kapitel sollten Sie Schritt für Schritt an die für erfolgreiches wissenschaftliches Arbeiten erforderlichen konzeptionellen, sprachlichen und formalen Aspekte herangeführt haben. Spätestens jetzt sollte Ihnen klar geworden sein, wie sehr Ihnen die vorgestellten Techniken und Hilfsmittel das Anfertigen einer wissenschaftlichen Arbeit erleichtern. Sie unterstützen Sie dabei, den Überblick zu bewahren, zeiteffektiv zu arbeiten und Ihre Ergebnisse in schriftlicher Form besser darzustellen.

Dank

Bedanken möchte ich an dieser Stelle bei Fabian Stubbe, Lena Odendahl und Larissa Bauer-Hellmann, die mir Ihre hervorragenden Bachelorarbeiten für mögliche Praxisbeispiele zur Verfügung gestellt haben.

Ebenfalls nicht unerwähnt lassen möchte ich Michael Burchardt und Rebecca Juwick, die mit viel Geduld meine handgefertigten Skizzen und Illustrationen in Grafiken umgestaltet haben sowie den Kohlhammer Verlag, insbesondere die Verlagsleitung mit ihrem Lektor Dr. Uwe Fliegauf, der das vorliegende Lehrbuch so professionell realisiert hat.

Besonderer Dank gilt dem Herausgeber Prof. Dr. Horst Peters, der mich dazu angeregt und darin bestärkt hat, dieses Buch zu schreiben.

Literaturverzeichnis

Balzert, Helmut; Schröder Marion; Schäfer Christian (2011): Wissenschaftliches Arbeiten. 2. Aufl., Herdecke, Witten

Brink, Alfred (2013): Anfertigung wissenschaftlicher Arbeiten. 4. Aufl., Springer Gabler: Wiesbaden

Bünting, Karl-Dieter; Bitterlich, Alex; Pospiech, Ulrike (1996): Schreiben im Studium: Ein Trainingsprogramm, Berlin

Die Zeit 43 (18. Oktober 2012): »Wie bitte«, S. 63.

Disterer, Georg (2011): Studienarbeiten schreiben. Seminar-, Bachelor- Master- und Diplomarbeiten in den Wirtschaftswissenschaften. 6. Auflage, Springer-Verlag Berlin Heidelberg

Eco, Umberto (2003): Wie man eine wissenschaftliche Arbeit schreibt. Im Original u. d.T.: Come si fa una Tesi di Laurea (10. Auflage). Übersetzt von Walter Schick, Nachdruck der 6. Aufl. von 1993. Heidelberg

Feldheim, Julian (o. J.): Erfahrungsbericht Diplomarbeit – Teil 3: Lernen von den Besten. In: WiWi-Treff – Die Online-Zeitung für Wirtschaftswissenschaften: http://www.wiwi-treff.de/home/index.php?mainkatid=1&ukatid=10&sid=24&artikelid=67&pagenr=1 (zuletzt abgerufen am: 10. August 2014)

Heimes, Silke (2011): Schreiben im Studium: Das PiiP-Prinzip. Vandenhoeck & Ruprecht, Göttingen

Kornmeier, Martin (2011): Wissenschaftlich schreien leicht gemacht für Bachelor, Master und Dissertation. 4. Aufl., Bern/Stuttgart/Wien

Krämer, Walter (2009): Wie schreibe ich eine Seminar- oder Examensarbeit. 3. Aufl., Frankfurt/New York

Kruse, Otto (2007): Keine Angst vor dem leeren Blatt. Ohne Schreibblockaden durchs Studium. 12. Aufl., Frankfurt/Main

Limburg, Angelika; Otten, Sebastian (2011): Schreiben in den Wirtschaftswissenschaften, Paderborn

Lorenzen, Klaus F. (2002): Wissenschaftliche Anforderungen an Diplomarbeiten und Kriterien ihrer Beurteilung. 3. Ausg., S. 7ff. In: http://www.haw-hamburg.de/fileadmin/user_upload/DMI-I/Studium/lorenzen_wissenschaftliche_anforderungen_dipl.pdf (zuletzt aufgerufen am: 13.10.2014)

Schneider, Wolf (1999): Deutsch für Profis, München

Thomas-Johaentges, Ursula; Thomas, Carmen (2013): Dein Schreib-Coach! Bachelor-, Master-, Doktor- und Projektarbeit. Vom Rohtext bis zur Endfassung, 2. Aufl., Norderstedt

Universität Hannover: Definition Plagiat: https://www.uni-hannover.de/imperia/md/content/pruefungsamt/formulare/magister/02_plagiat.pdf (zuletzt abgerufen am: 10. August 2014)

Wölker, Martin (2011): Wozu guter Stil? – Ich bin doch brillant! Das praktische Handbuch zum Schreiben einer guten Abschlussarbeit, Dortmund

Stichwortverzeichnis

Abbildungen 101
Abbildungsverzeichnis 103
Abkürzungen 97
Abkürzungsverzeichnis 97
Adjektive 155
Aktiv 162
Anglizismen 153
Anhang 107
Anhangsverzeichnis 108
Anmerkungen *Siehe* Fußnoten 130
Argument 147
Argumentationstechniken 148
Aufzählungen 160

Bachelorarbeit 15
Baustellen-Taktik 172
Betreuer 39
Betreuergespräch 41
Beurteilungskriterien 196
Bibliografien 57

Checkliste 192
Codieren 75

Datenbanken 60
Diskussionspapier 51
Dokumentlieferdienste 63

eidesstattliche Erklärung 120
Einleitung 109
Einstieg in die Arbeit 176
Erhebungen 76
Exposé 18

Füllwörter 155
Fachlexika 48
Fachzeitschriften 49
    deutsche 50
    internationale 50
Fernleihe 64
Fremdwörtern 153
Fußnoten 130
Gender balance 158

Gliederung 34
graue Papiere *Siehe* Diskussionspapier 51

Handwörterbücher 48
Hauptteil 111

Inhaltsverzeichnis 90

KISS-Formel 152
Konjuktionen 184
Konjunktionen 159

Layout 85
Lehrbücher 49
Lesetechniken 71
Literaturauswertung 66
Literaturrecherche 53
Literaturverwaltung 68
Literaturverwaltungssysteme 69
Literaturverzeichnis 117

Metaphern 154
Metasuchmaschinen 62
Mind Mapping 32

Nominalstil 161

Paraphrasieren 140
Passiv 162
Polemik 154
Political Correctness 168
Primär- und Sekundärliteratur 46
Proportionen der Gliederung 92

Ranking 51

Satzzeichen 182
Schreibbalance 178
Schriftarten 85
Sender-Empfänger-Prinzip 82
Sperrvermerk 116
SQ3R-Methode 73

Symbole   99
Symbolverzeichnis   100
Synonyme   154

Tabellen   105
Tabellenverzeichnis   106
Themenabgrenzung   29
Titelblatt   89

W-Fragen   71
Wikipedia   48

Zitieren
   aus dem Internet   142
   direktes   135
   Havard-Methode   125
   traditionelle Methode   127